Doble Bendición

DOBLE BENDICIÓN

Cómo recibirla. Cómo compartirla.

Mark Batterson

ORIGEN

El contenido de este libro es de índole general y no es un sustituto de la evaluación o tratamiento con un especialista médico competente. Si cree que tiene necesidad de intervención médica, por favor diríjase a un doctor tan pronto como sea posible. El autor y el editor no se responsabilizan por ninguna pérdida o riesgo, personal o de otra índole, en que se haya incurrido como consecuencia, directa o indirecta, de la utilización y aplicación de cualquiera de los contenidos de este libro.

Título original:
Double Blessing:
How to Get It. How to Give It

Primera edición: noviembre de 2019

Esta traducción es publicada bajo acuerdo con Multnomah,
sello editorial de Random House, una division de Penguin Random House LLC

8950 SW 74th Court, Suite 2010
Miami, FL 33156

Traducción: María José Hooft
Adaptación del diseño de cubierta de Mark D. Ford: Penguin Random House Grupo Editorial
Ilustración: Lszl Sashalmi / EyeEm via Getty Images

Detalles en algunas de las anécdotas e historias de este libro se han cambiado para proteger la identidad de sus protagonistas.

ISBN: 978-1-644730-40-9

Impreso en Estado Unidos — *Printed in USA*

Penguin
Random House
Grupo Editorial

Para aquellos que generosamente invirtieron
su tiempo, talentos y tesoros
en la National Community Church.
Una vez accionista, siempre accionista.

ÍNDICE

PREFACIO

El hilo de Ariadna

Luego Dios los bendijo con las siguientes palabras: "Sean fructíferos y multiplíquense..."

GÉNESIS 1:28, NTV

Una leyenda de la mitología griega cuenta que existía un laberinto inexpugnable y sin salida. Aquellos que entraban nunca lograban escapar, porque en su interior deambulaba el Minotauro, una criatura aterradora mitad hombre y mitad toro. Cada nueve años, el malvado rey de Creta demandaba que le rindieran tributo sacrificando a siete jóvenes y siete doncellas atenienses al Minotauro del laberinto. Como te puedes imaginar, los atenienses no estaban felices con esa tradición.

En la tercera edición de los juegos del Minotauro, el príncipe de Atenas se ofreció como voluntario para el sacrificio en lugar de sus jóvenes ciudadanos. Cuando Teseo llegó a Creta, la hija del rey cretense se enamoró perdidamente de él. La princesa Ariadna sabía que nadie había logrado salir del laberinto, por eso ideó un plan ingenioso. Ariadna le dio a Teseo una espada para matar al Minotauro y, aún más importante, un ovillo de hilo. Teseo ató un extremo del hilo en la entrada y lo fue desenrollando a medida que avanzaba por la telaraña de corredores. Luego de vencer al Minotauro, Teseo pudo retroceder hasta la salida del laberinto gracias a la ayuda del hilo de Ariadna.[1]

La vida es un laberinto, ¿verdad? Está llena de curvas relacionales y giros ocupacionales que no podemos anticipar. Vamos de aquí para allá entre grandes y malas decisiones. Nos metemos en situaciones de las que no sabemos cómo salir y encontramos algunos minotauros en el camino.

Atravesar las épocas difíciles de la vida puede resultar tan desesperante e imposible como intentar escapar de ese antiguo laberinto; sin embargo, hay una salida. Hay un ovillo de hilo para ti, pero debes dar marcha atrás, hasta el principio de la humanidad, para encontrar su nudo.

El instinto ancestral

El psicólogo austríaco Alfred Adler era famoso por comenzar sus sesiones con los nuevos pacientes preguntándoles: "¿Cuál es tu recuerdo más antiguo?". Sin importar qué respondiera el paciente, Adler le decía: "Y así es la vida".[2]

Adler creía que nuestros primeros recuerdos dejaban una impresión profunda en nuestra alma. Para bien o para mal, puede ser muy difícil escapar de su fuerza de gravedad. Nuestros primeros recuerdos tienen un poder de permanencia extraordinario.

Imagina que Adler está sentado con Adán, el primer Adán, y le hace su clásica pregunta. Los primeros recuerdos de Adán pueden ser la cirugía de costilla o los paseos por el jardín. Nombrar a todos los animales debe de haber sido una experiencia inolvidable, especialmente al armadillo pichiciego. Sí, ¡es un animal de verdad y tiene ese nombre! Por supuesto, después recordaría la vergüenza por su desnudez luego de ceder ante la tentación de la serpiente. Y, estoy seguro de que hablaría de ¡las pesadillas acerca de estar desnudo en público! Sin embargo, ninguno de esos recuerdos son los primeros de Adán.

> Luego Dios los bendijo con las siguientes palabras palabras: "Sean fructíferos y multiplíquense. Llenen la tierra y gobiernen sobre ella. Reinen sobre los peces del mar, las aves del cielo, y todos los animales que corren por el suelo".[3]

Antes del pecado original, existió la bendición original. ¡Y así es la vida! Esa primera bendición definió las pautas y preparó el terreno. Estableció las bases emocionales y las tendencias espirituales de la vida de Adán. No solo es el primer recuerdo de Adán, también revela la esencia ancestral del instinto de Dios.

Bendecir es la configuración de Dios por defecto, su primer y principal reflejo. Si no lo crees, estarás dudando de la bondad de Dios, y si dudas de su bondad, estarás renunciado a su bendición.

Dios quiere bendecirte mucho más de lo que puedas pedir o imaginar.

Así es. Lo dije. Y lo creo. La pregunta es, ¿tú lo crees?

La bendición de Dios es el hilo de Ariadna y nosotros iremos desenrrollándolo desde Génesis hasta Apocalipsis. Lo que sucede muy al principio, en el inicio de todo, está más relacionado con tu futuro de lo que puedas imaginar y le pido a Dios que este libro comience una nueva temporada de bendición en tu vida. Por supuesto, debes posicionarte para esa bendición y te mostraré cómo hacerlo. Sin embargo, la bendición de Dios es mucho más que un misterio que debes resolver. Es una decisión que debes tomar, un hábito que debes crear y una actitud que debes forjar.

La bendición original

No sé cuál sea tu primer recuerdo, si es bueno o malo, pero, para muchos, los recuerdos de su padre terrenal no son un reflejo de la primera experiencia de bendición de Adán. De hecho, tal vez te sientas maldecido en lugar de bendecido por tu familia de origen. Si ese es tu caso, puede ser difícil concebir a un Padre celestial cuyo mayor deseo es bendecirte. Tal vez hasta haya una maldición generacional que necesites romper. Pero, aunque no lo creas, *Dios tiene bendiciones para ti que ni siquiera puedes imaginar.* Si vas a disfrutar de la vida feliz, sana y santa a la que Dios te ha llamado, debes entender esto: ¡Dios tiene la tarea de bendecir! Y, como sus hijos, su bendición es nuestro derecho de nacimiento.

Ahora bien, sé lo que puedes estar pensando. ¿Te estoy prometiendo salud, riqueza y prosperidad? ¡La respuesta es un rotundo *no*! Dios nos promete algo mucho mejor que la salud física o la riqueza material. Además, algunas de sus mayores bendiciones están camufladas.

La bendición de Dios no es una carta de inmunidad frente al dolor y el sufrimiento, Jesús lo dijo sin rodeos: "En este mundo afrontarán aflicciones".[4] Él mismo soportó mucho más de la cuota justa de aflicción terrenal. ¡Soportó incluso una cruz! ¿Qué nos hace pensar que podemos ser como Jesús sin atravesar las mismas luchas que Él? Pero toma nota, el versículo no termina en "aflicciones". ¡No cometas el error de poner un punto donde Dios pone una coma! En la misma oración, Jesús dice: "pero ¡anímense! Yo he vencido al mundo".[5] Sin duda, hay que hacer sacrificios y soportar sufrimientos, pero del otro lado nos espera una bendición: ¡una doble bendición!

Mejor dejo esto en claro desde el principio: ¡Dios no bendice la desobediencia! ¡Tampoco bendice el orgullo, la codicia o la pereza! Debemos posicionarnos para recibir la bendición de Dios y de eso se trata este libro. Pero que no te quepa la menor duda, desde el principio, la postura de Dios ha sido bendecirte y no solo en el comienzo de Génesis.

Una *nube de etiquetas* es una representación visual de la información de un texto que enfatiza la importancia de las palabras mediante el color y el tamaño de la fuente. Si realizamos una nube de etiquetas del Antiguo Testamento, no creo que haya un término más grande y sobresaliente que *bendición*. De hecho, ¡*bendición* es un centelleante letrero de neón! Para ser honesto, a muchos nos cuesta creerlo por la enorme cantidad de actos brutales y matanzas que hubo antes de Cristo. Sin embargo, la palabra hebrea para bendición, *barak*, se repite trescientas treinta veces. El significado de este término es: "bendecir al que te bendice".[6] En el Nuevo Testamento, aparece de dos maneras: *makarios* y *eulogētos*.[7] El concepto de bendición puede ser solo una palabra griega para ti, pero cuando llegues al final de este libro, sabrás cómo recibirla y cómo compartirla. Exploraremos las diferentes dimensiones de la bendición con mucho más detalle, pero, por favor, es importante que entendamos que la bendición es el argumento central de las Escrituras de principio a fin.

Bendecido para bendecir

La bendición de Dios no es fácil de cuantificar o calificar. Es tangible e intangible a la vez, es oportuna y atemporal. Dios la ofrece universalmente a todos; sin embargo, es tan única como tus huellas digitales. Algunas bendiciones son tan simples y claras como el amanecer, otras son más difíciles de discernir, como el quebrantamiento. Pero de algo estoy seguro: *la bendición de Dios es la solución a tu mayor problema, la respuesta a tu oración más osada y el cumplimiento de tu sueño más valiente.*

Como propone el subtítulo de este libro, veremos *cómo recibir la bendición* y *cómo compartirla*. Hay un arte y una ciencia para ambas cosas. Pero no nos confundamos, ¡la meta no es recibirla, sino compartirla! Dios no nos bendice para que elevemos nuestro nivel de vida, nos bendice para que elevemos nuestros estándares de compartir. Como dijo Winston Churchill: "Nos ganamos la vida con lo que obtenemos, pero construimos una vida con aquello que damos".[8] Esa idea es tan antigua como el pacto de Dios con Abraham:

> Haré de ti una nación grande,
> y te bendeciré;
> haré famoso tu nombre,
> y serás una bendición.
> Bendeciré a los que te bendigan
> y maldeciré a los que te maldigan;
> ¡por medio de ti serán bendecidas
> todas las familias de la tierra![9]

Esta alianza aún tiene validez hoy en día. ¿Por qué? ¡Porque Dios cumple sus promesas! Es más, el antiguo pacto se actualizó y se renovó con el triunfo de Cristo en la cruz. Pero no nos adelantemos aún.

Simplemente, *somos bendecidos para bendecir*. Si compartimos la bendición, podemos duplicarla. El secreto de la doble bendición es simple: *la forma de obtenerla es compartiéndola*. Es algo contradictorio y contracultural, pero es el milagro que se esconde al otro extremo del hilo de Ariadna, y, gracias a eso, podrás ser de bendición para más personas.

Recorrido relámpago

Antes de embarcarnos en este peregrinaje de la bendición, déjame llevarte por la obra magistral de Génesis hasta Apocalipsis. Recuerda, un extremo del hilo de Ariadna debe estar atado a la bendición original: "Sean fructíferos y multiplíquense".[10] Entonces, la bendición de Dios entreteje su camino desde el jardín del Edén hasta Ur de los caldeos, donde Dios establece el pacto de bendición con Abraham. A esto le sigue un encuentro enigmático, pero profético, con Melquisedec. El rey y sacerdote de Salén le ofrece a Abraham pan y vino anunciando el nuevo pacto y Abraham ofrece el diezmo de todos sus bienes.[11] La bendición de Dios permanece incluso después de la telenovela protagonizada por Isaac y Jacob, demostrando que es más grande que cualquier error que podamos cometer. La bendición convierte a Jacob en Israel, quien luego declara bendiciones más grandes y fuertes sobre sus doce hijos, las doce tribus de Israel.[12]

Durante los cuatrocientos años de esclavitud en Egipto, la bendición soporta sufrimientos atroces y circunstancias indescriptibles. Encuentra su voz en una zarza ardiente en las lejanías del desierto y le da a un hombre llamado Moisés la santa confianza para afrontar al faraón.[13] En la víspera del Éxodo, la bendición de Dios es la sangre del cordero de la Pascua que protege al pueblo de Dios y lo libera de la cautividad. Durante la caminata errante de Israel, se convierte de día en una nube que da sombra y de noche en un fuego que da luz.[14]

En el desierto, se pronuncia una bendición sacerdotal sobre el pueblo de Dios.[15] Esa bendición los equipa y los distingue del resto. Luego, Dios la duplica con una bendición elevada en la cima del monte Guerizín.[16] A continuación, la bendición divide el río Jordán, derriba los muros de Jericó y les entrega la región montañosa llamada Hebrón.[17]

Luego, el hilo de Ariadna serpentea abriéndose camino a través del campo de un pastor, la cueva de un fugitivo y entra al valle de Elá, donde David derrota a Goliat. La bendición de mil años que heredó David del linaje de Judá se consuma, conforme a las profecías, en el Hijo de David, en la Ciudad de David, mil años después.

El León de la tribu de Judá nace en Belén: *Dios con nosotros*. La bendición parece dar un giro equivocado en el jardín de Getsemaní cuando atraviesa la Vía Dolorosa y termina con la muerte en la cruz del Calvario. Sin embargo, allí es donde se rompe la maldición y se concede la bendición: *Dios por nosotros*. El pacto se convierte en la copa de bendición, la copa inagotable de la gracia de Dios de la que bebemos cada vez que nos acercamos a la mesa del Señor y celebramos nuestra comunión con Cristo.[18] Al tercer día, una tumba vacía firma, sella y otorga la bendición con una nota al pie de página: la "letra pequeña" que el Padre no ha olvidado: "Yo les daré las bendiciones santas y seguras prometidas a David".[19]

Lo último que hace Jesús antes de ascender al trono es levantar sus manos y bendecir a sus discípulos como hacían los antiguos sacerdotes de Israel.[20] El primer recuerdo de Abraham se vuelve el último recuerdo de los discípulos. Cuarenta días después, en el aposento alto, Dios les otorga una segunda bendición, derrama sobre ellos el Espíritu Santo en el día de Pentecostés: *Dios en nosotros*.

Bendición eterna

¿Cuál es la bendición de Dios? Es Dios: Dios *con* nosotros, Dios *por* nosotros y Dios *en* nosotros. El hecho de menospreciar esto deshonra a Dios y subestima su bendición. Dios *con* nosotros es el gozo indescriptible y la paz que sobrepasa todo entendimiento.[21] Dios *por* nosotros es su favor, el factor *X* entre lo que podemos hacer y todo lo que Dios puede hacer. Por último, Dios *en* nosotros es poder, el poder de la resurrección.

Cada bendición espiritual nos pertenece gracias a lo que Cristo consumó con su muerte y resurrección.[22] Cuando llegamos finalmente a la revelación de Dios, encontramos la expresión de su instinto ancestral. Es allí, en la última bendición de la Biblia, donde atamos el otro extremo del hilo de Ariadna. La bendición original se convierte en la bendición eterna:

> Dichosos los que lavan sus ropas para tener derecho al árbol de la vida y para poder entrar por las puertas de la ciudad.[23]

En las próximas páginas, tiraremos del hilo de la bendición de Dios por todo el camino, desde Génesis hasta Apocalipsis. Oro para que este libro sea el génesis de la bendición de Dios en tu vida y la revelación de las bendiciones mayores que Él quiere darte.

¿Puedo sugerirte algo antes de comenzar juntos este viaje?

No leas este libro a solas. Leerlo con un amigo o un familiar te brinda la posibilidad de convertirlo en una doble bendición. Algunos libros es mejor leerlos uno solo, pero *Doble Bendición* se disfruta más en comunidad. Si lo lees con alguien más, la bendición se multiplicará.

PRIMERA PARTE

Doble bendición: cómo recibirla

CAPÍTULO UNO

Doble porción

Te pido que sea yo el heredero de tu espíritu por partida doble.

2 Reyes 2:9

El 6 de enero de 1998, yo estaba sentado en una clase del doctorado ministerial en la Universidad Regent en Virginia Beach, Virgina, y debí retirarme del salón para contestar una llamada telefónica. No hay nada en el mundo que pueda prepararte psicológicamente para oír que has perdido a un ser amado.

Bob Schmidgall no solo era mi suegro, también era mi padre espiritual. Él fundó y pastoreó Calvary Church en Naperville, Illinois, por treinta y un años. Su ejemplo inspiró en mí el sueño de pastorear una iglesia para toda la vida. Él era mi mentor, mi modelo en el ministerio. No era perfecto, pero había una unción única en su vida.

Dos días antes de esa llamada, mi suegro había celebrado sus cincuenta y cinco años. Estaba en el mejor momento de su vida y su ministerio. En su chequeo anual, su médico le había dicho que se podía conducir un camión a través de sus arterias. ¿Cómo pudo morir de un paro cardíaco a los pocos días? Si has caminado por el valle de sombra de muerte, sabes que eso plantea dudas que no pueden responderse de este lado de la eternidad. Si bien Dios nos da el aceite del gozo para los momentos de luto,[1] nuestro dolor no se acaba hasta que entramos en esa dimensión de la realidad que la Biblia llama cielo.

Los días que siguieron a su muerte transcurrieron como en una bruma donde se diluían las emociones, y ahí estuvo la gracia de Dios. El espíritu sufre una conmoción junto con el cuerpo. No recuerdo mucho de lo que sucedió en esos días, pero hay un momento que nunca olvidaré.

Luego de conducir desde Virginia Beach hasta Washington, D. C. en tiempo récord, Lora y yo tomamos el vuelo a Chicago. Pocas horas después, aunque pareció una eternidad, estábamos en la casa funeraria Friedrich-Jones en Naperville, Illinois. Es difícil describir lo que sucedió después y no puedo explicar por qué oré de la forma en que lo hice, pero mientras estaba a los pies del ataúd de mi suegro, le pedí a Dios una doble porción de su espíritu. Creo que no sabía exactamente lo que estaba pidiendo, pero sabía que necesitaba esa unción si deseaba honrar el legado de ese padre espiritual. Así que le pedí a Dios una doble porción, tal como hizo Eliseo.

Por partida doble

Hacia el final de su ministerio, el profeta Elías sabía que sus días estaban contados, por eso le preguntó a su aprendiz, Eliseo: "¿Qué quieres que haga por ti antes de que me separen de tu lado?".[2] Supongo que Eliseo podría haber pedido muchas cosas, incluso la herencia de Elías. Sin embargo, Eliseo no se anduvo con rodeos y dijo lo que realmente quería: "Te pido que sea yo el heredero de tu espíritu por partida doble".[3]

¿Es una coincidencia que en el *curriculum vitae* de Eliseo haya veintiocho milagros, exactamente el doble de los de su mentor?[4] No lo creo, pero permíteme revisar el texto. La verdadera medida del éxito de Elías no fueron los catorce milagros en los que participó, sino ver a la siguiente generación hacer cosas que él ni siquiera se había atrevido a soñar. Básicamente, el éxito es la sucesión. Por favor, no leas esto como una frase trillada. El éxito es entregar la batuta a aquellos que vienen detrás de nosotros y alentarlos mientras corren más lejos y más rápido que nosotros.

Mi educación de grado comenzó en la Universidad de Chicago, que ha formado a noventa y ocho ganadores de premios Nobel. Sin embargo, creo que ninguno de ellos dejó una huella tan importante en esa universidad como su afamado entrenador de fútbol americano: Amos Alonzo Stagg. Stagg entrenó a los auténticos Monsters of the Midway por cuatro décadas, periodo en el que ganaron dos títulos nacionales, uno en 1905 y el otro en 1913. Entre otras cosas, creó el *huddle*, la patada corta, la formación T y el pase adelantado.[5]

Amos Alonzo Stagg inventó el fútbol tal y como lo conocemos, pero ese no es su mayor legado. Cuando él aceptó la oferta para ser entrenador, dio una especie de discurso de aceptación al presidente de la universidad: "Luego de pensarlo y orar mucho, decidí que mi vida puede ser utilizada mejor para el servicio de mi Maestro en el puesto que me han ofrecido".[6] Stagg entrenó al equipo hasta sus noventa y ocho años, pero no solo los entrenaba, él discipulaba a sus jugadores.

Después de una de sus temporadas ganadoras, un reportero felicitó al entrenador por su gran trabajo. Stagg, en lugar de recibir pasivamente ese cumplido, le dio una enseñanza a ese joven reportero. De una forma muy directa, le dijo: "No voy a saber cuán bueno es el trabajo que hice hasta que no hayan pasado veinte años. Solo entonces, sabré cómo resultaron mis muchachos".[7]

Como puedes imaginar, Amos Alonzo Stagg fue incluido en el Salón de la Fama del Fútbol Americano Universitario. Lo que tal vez no sepas, sin embargo, es que tiene su lugar como entrenador *y* como jugador. Es más, ¡también tiene un lugar en el Salón de la

Fama del Baloncesto! Para ser exactos, Amos Alonzo Stagg fue entrenador de fútbol, baloncesto *y* béisbol en la Universidad de Chicago. De hecho, rechazó seis ofertas para jugar profesionalmente al béisbol, pero ayudó a muchos futuros jugadores de las Grandes Ligas con otro de sus inventos: ¡la jaula de bateo![8]

El legado no se mide por lo que alcanzamos durante nuestra vida, sino por nuestro árbol de entrenadores, por nuestra cadena de mentoreo. Se mide por el fruto que cultivamos en los árboles de otras personas, por lo que invertimos en otros y aún veinte años después sigue produciendo frutos. El legado se mide por cada bendición que recibimos y transferimos.

La relación entre Elías y Eliseo es el ejemplo de lo que es la doble bendición. Luego de recibir el manto de Elías, Eliseo compartió la bendición y la convirtió en veintiocho milagros para otras personas. En el proceso, Eliseo se convirtió en el legado de Elías.

Elías fue la doble porción de Eliseo. Y Eliseo fue la doble bendición de Elías.

¿De quién eres la doble porción? ¿Quién es tu doble bendición?

Ponte de rodillas

Bajo el liderazgo de Bob Schmidgall, Calvary Church creció hasta convertirse en una de las más grandes de Estados Unidos en ese entonces. Y, lo que es aún más importante, era una de las iglesias que más ofrendaba en el país para las misiones. Por supuesto, él ocultaba este hecho lo mejor que podía para que la congregación no se sintiera satisfecha con su nivel de sacrificio. Él y mi suegra eran pioneros en eso. Muchas veces realizaban compromisos financieros de fe que incluso sobrepasaban sus ingresos.

Bob Schmidgall es un retrato difícil de pintar. Cuando él oraba, sentías que no era posible que Dios no le respondiera. Cuando predicaba, estiraba tu fe para que le creyeras a Dios por grandes cosas. Pero lo que impactaba a muchos era la forma en que se desvivía por servir a quienes estaban en necesidad. Si pasaba junto a un automovilista con una rueda pinchada, era muy probable que lo ayudara a cambiarla. A menudo podías encontrarlo en el hospital a cualquier hora de la noche, leyendo las Escrituras y ofreciendo palabras de aliento. Cuando predico en iglesias o conferencias a lo largo del país, a veces cuento alguna historia acerca de él. Casi sin excepción, incluso más de dos décadas después de su muerte, alguien del público se me acerca y me cuenta algo que Bob Schmidgall hizo para bendecirlo en gran manera.

Allí, al pie de su ataúd, el día que falleció, pensamientos y sentimientos inundaban y mente y mi corazón. Sin embargo, estoy seguro de esto: Dios ha honrado esa oración de la doble porción de formas que nunca hubiese imaginado.

¿Puedo quitarle un poco de presión a tu vida de oración? Las bendiciones de Dios no dependen de tu capacidad de combinar las veintisiete letras del abecedario para crear alguna palabra mágica y, definitivamente, no tienes que decirle a Dios cómo hacer su trabajo. Noticia de última hora: ¡Dios no se pone ansioso! Por eso, tampoco debes hacerlo tú. Dicho eso, debes saber que Dios tampoco responderá todas las oraciones que no decimos, así que debemos pedirle de la mejor manera posible. Pero tenemos que hacer aún más. Uno de los errores más comunes que cometemos es pensar que podemos alcanzar los logros que han conseguido otros sin los sacrificios que ellos han hecho. Antes de envidiar mucho o por mucho tiempo el éxito de alguien, debes anhelar pagar el costo. Sus logros son el resultado de esos sacrificios que otros no estaban dispuestos a hacer.

Lo primero que se estropeaba en los pantalones de mi suegro era la tela de las rodillas porque pasaba mucho tiempo orando. Pedir una doble porción de su unción sin ponerme de rodillas como él lo hacía hubiera sido una hipocresía y una falta de respeto. La bendición de Dios no sustituye nuestra responsabilidad de orar como si todo dependiera de Dios y trabajar como si todo dependiera de nosotros. Ambas cosas se complementan. Si quieres tener éxito sin sacrificio, buena suerte con eso, porque es exactamente lo que necesitarás: *suerte*. La bendición de Dios no es un amuleto de la buena suerte, no puedes ganártela, debes trabajar por ella. Y, aunque es completamente gratis, ¡te costará mucho! Si quieres una doble bendición, prepárate para redoblar tu ética de trabajo y de oración.

Por eso, Elías le respondió a Eliseo: "Has pedido algo difícil".[9]

Oraciones audaces

Cuando mi suegro murió, la National Community Church (NCC) apenas tenía dos años. Éramos menos de cien personas y ese año todavía no podríamos sostenernos financieramente. No estaba muy seguro de que la iglesia fuera a sobrevivir, pero confié en esto: *Dios honra las oraciones audaces porque estas honran a Dios.*

Al principio, cuando hice la oración de la doble porción, supuse que se traduciría en una iglesia dos veces más grande que Calvary Church. Esa hubiera sido una oración audaz en ese entonces. Pero ahora estoy convencido de que una doble porción significa mucho más que "dos veces". Dios ha respondido esa oración de formas que no imaginé y nunca podría haber previsto. La doble porción por la que oré, sin saberlo, vino mediante dos unciones distintas. Una es el llamado a pastorear, y la otra, el llamado a escribir. Aunque a veces siento que tengo dos trabajos de jornada completa, no imagino mi vida sin ninguno de los dos.

En las últimas dos décadas, la National Community Church ha alcanzado el tamaño que tenía Calvary Church cuando mi suegro falleció y creemos que duplicará su tamaño en los próximos diez años. Por supuesto, eso está fuera de mi control. Nosotros plantamos y regamos, pero Dios es quien da el crecimiento.[10] Pastorear una iglesia en la capital de la nación no siempre es fácil, pero no desearía estar en ningún otro lugar haciendo ninguna otra cosa.

Amo predicar, pero mi mayor impacto es a través de las palabras que escribo, no de las que digo. En algún lugar del camino, pasé de ser un pastor que escribe a ser un escritor que pastorea. Por supuesto, estoy agradecido de poder hacer ambas tareas. Para que conste, aún tengo metas "tamaño Dios" que todavía no he podido cumplir, como el guion de una película que he estado proponiendo sin éxito. También he vivido mi justa medida de fracaso. Pero creo, en verdad, que cualquier repercusión que haya tenido mi trabajo como pastor y como escritor se remonta a esa oración por una doble porción a los pies del ataúd de mi suegro. Espero honrar su legado y transferir la bendición, como Eliseo lo hizo con la doble porción que recibió de Elías.

Prisioneros de esperanza

El concepto de doble bendición se ha utilizado y abusado de mala manera por predicadores durante más años de los que he vivido. Entiendo los peligros de la mala interpretación o el mal uso, ya que está relacionado con las promesas de Dios, pero el exceso de celo tampoco puede llevarnos a tirar las frutas frescas junto con las podridas. Debemos entender qué es y qué no es. La doble bendición no es *salud*, *riqueza* y *prosperidad*; tampoco son ganancias del doscientos por ciento en cada inversión que hagamos: es algo mucho mejor y más grande.

Hay media docena de "dobles promesas" en las Escrituras. El profeta Isaías prometió doble gozo o doble prosperidad, según la traducción que elijas.[11] El apóstol Pablo confirió doble honor a quienes lideran bien.[12] Y, como ya hemos visto, una doble porción del espíritu de Elías realizó el doble de los milagros en el ministerio de Eliseo. Sin embargo, tal vez la bendición binaria más extraordinaria de la Biblia se manifiesta a través del profeta Zacarías:

> Vuelvan a su fortaleza,
> cautivos de la esperanza,
> pues hoy mismo les hago saber
> que les devolveré el doble.[13]

El profeta Zacarías declara esta doble bendición a los prisioneros de guerra judíos, pero los llama prisioneros de esperanza. Esos son polos opuestos, ¿verdad? Entonces, ¿qué son? ¿Prisioneros de guerra o prisioneros de esperanza? Depende de tu perspectiva. Si dejas que tus circunstancias definan cómo ves a Dios, eres un prisionero de la perspectiva, o peor: ¡un prisionero de tus errores del pasado! Pero si dejas que Dios defina cómo ves tus circunstancias, eres un prisionero de esperanza.

Por favor, no dejes que nadie te diga quién eres, excepto Dios. No eres las etiquetas que la gente te pone. ¡Eres quien Dios dice que eres! Eres la niña de sus ojos,[14] el objeto de su cariño;[15] eres más que vencedor.[16]

Israel había vivido una amarga derrota en manos de Babilonia. Estaban a merced de sus opresores, que habían profanado el templo y se habían burlado de Dios. Sin embargo, Él les recordó quién reiría último. Para dolor de los babilonios, les receta la promesa de la doble bendición.

La versión NVI dice: "les devolveré el doble".

La versión RVR1960 dice: "os restauraré el doble".

La versión NTV dice: "les daré dos bendiciones por cada dificultad".

Debemos tener mucho cuidado de no convertir los principios bíblicos en ecuaciones cuadráticas. Sí, es mejor un día en la casa de Dios que mil fuera de ella.[17] Sin embargo, no creo que el salmista estuviese formulando una relación de mil a uno. Después de todo, las bendiciones de la presencia de Dios no pueden reducirse a horas o minutos, mucho menos, a dólares o centavos. Si bien un día es como mil años para Dios,[18] Él existe fuera de nuestras cuatro dimensiones de tiempo y espacio, por eso el tiempo es irrelevante para un Dios eterno.

Dicho esto, tampoco debemos subestimar las bendiciones de Dios o ignorar que Él es quien promete una doble bendición. Reconozco que esta promesa se les dio a los refugiados judíos que vivían en el siglo V a. C., pero también creo que nos pertenece a nosotros. ¿Por qué? Porque el Dios que hizo esta promesa es el mismo ayer, hoy y siempre,[19] porque todas las bendiciones espirituales nos pertenecen en Cristo,[20] y porque sin importar cuántas promesas haya hecho, todas "son «sí» en Cristo".[21]

No puedes demandar las promesas de Dios como si fuera un juego de "ponle la cola al burro", pero cada promesa tiene tu nombre. Cada bendición de la Biblia es parte de nuestro derecho espiritual de nacimiento gracias a lo que Cristo ha hecho en la cruz. Posicionarnos para recibir esas bendiciones debe comenzar con nosotros arrodillados a los pies de la cruz y debe terminar presentando nuestras coronas ante el trono de Dios. En medio de este proceso, debemos compartir cada bendición.

Lo mejor está por venir

El libro de Job tal vez sea el más antiguo de la Biblia; sin embargo, toca un tema atemporal. A Job le quitaron todo lo que apreciaba: su familia, su salud y su sustento. Sin embargo, él no solo sobrevivió a esos obstáculos, sino que le ofreció a Dios el sacrificio de la alabanza. En su peor momento, él bendijo al Dios que da y al Dios que quita.[22]

En el funeral de mi suegro, hice todo lo posible por ser como Job. Afortunadamente, nuestros amigos y familia hicieron un gran trabajo consolándonos, no como le sucedió a Job. Nunca olvidaré a la persona que tomó todos nuestros zapatos y los lustró antes del funeral. Fue un pequeño acto de bondad, pero para nosotros fue muy importante. Son ese tipo de bendiciones las que anoto mentalmente e intento devolver.

También recibimos palabras de aliento que apoyaron a nuestra familia. Si Bob Schmidgall tenía un Jonatán, ese era Betta Mengistu. Durante esos días oscuros, las palabras del tío Betta fueron un salvavidas: "Cuando tenemos un revés, no debemos retroceder, porque Dios ya está preparando nuestro retorno". Dichas por otra persona, esas palabras no hubieran tenido el mismo peso. De hecho, hubiesen tenido el efecto contrario. Pero en sus labios, nos ayudaron a llevar la carga del duelo.

Recuerda esto.

Hace algunos años, fui parte de un panel en una conferencia con Bob Goff. Bob es una de mis personas favoritas en el planeta y tiene una forma de decir las cosas que simplifica y amplía las buenas noticias del Evangelio. No recuerdo la pregunta, pero la respuesta de Bob fue increíblemente alentadora: "Los mejores títulos para un capítulo surgen después".

Tal vez estás en un capítulo titulado "Obstáculo". Tal vez sea un divorcio, una mala decisión o un diagnóstico difícil. No puedes tener un capítulo llamado "Reaparición" sin el capítulo anterior. Esa es la historia de Job, ¿no crees? El libro de Job parece una tragedia hasta el último capítulo, pero Dios es quien ríe de último. El mejor capítulo de todos es el último y podríamos titularlo "Doble bendición".

> Cuando Job oró por sus amigos, el SEÑOR le restauró su bienestar. Es más, ¡el SEÑOR le dio el doble de lo que antes tenía![23]

¿Necesitas orar por alguien? Como Job, tal vez tengas un amigo que te ofendió o un jefe que te traicionó. El acto de perdonar no solo rompe la raíz de la amargura, también invoca la bendición de Dios. ¡Deja que el perdón comience un nuevo capítulo en tu vida!

Ahora bien, ¿has notado la particularidad de lo que Dios hizo? Dice que el Señor le dio el *doble* de lo que tenía antes. Pero ¿quién lleva la cuenta? Yo te diré quién, el Dios que junta tus lágrimas en un frasco.[24] Por favor, no tomes este pasaje como la fórmula de una promesa, pero sí ten presente que el Señor no pierde la cuenta de las cosas que hemos sufrido.

> Así que el SEÑOR bendijo a Job en la segunda mitad de su vida aún más que al principio. Pues ahora tenía catorce mil ovejas, seis mil camellos, mil yuntas de bueyes y mil burras.[25]

Lo que me resulta fascinante de esta doble bendición es que está alineada con la ley del antiguo pacto. Si un ladrón era hallado culpable de robar un animal, el precio de la multa era restituir el doble.[26] ¿Por qué sería distinto para el ladrón que viene a matar, robar y destruir?[27]

Si has vivido una pérdida tan desgarradora como la de Job, regresar a la normalidad no es fácil. Toma tiempo volver a levantarse y te animaría a que te tomes tu tiempo. Evitar el dolor provoca un cortocircuito en el alma. Si bien no puedo prometer que el dolor se irá y no regresará jamás, la paz de Dios te ayudará a resolverlo y sus promesas te ayudarán a superarlo.

Cuando tu corazón comience a sanar, ¿serías tan osado de creerle a Dios por su doble bendición? ¿Serías tan valiente de creer que Dios quiere bendecir la otra mitad de tu vida aún más que antes? Recuerda, un juego nunca se gana en el medio tiempo, ¡pero tampoco se pierde! Como creo que la bendición de Dios sobrepasa la obediencia,[28] creo que es posible recuperarse en la segunda mitad o reaparecer en el último cuarto del juego. Y lo creo para ti. La pregunta es: ¿tú lo crees?

Ahora permíteme regresar a la promesa de Zacarías.

Estoy de acuerdo con la paráfrasis que aparece en *The Message*: "Hoy mismo les anuncio que les daré doble recompensa". Si tienes una relación con Jesucristo, no corres el mismo riesgo dos veces. Dios perdona tus pecados y los olvida. Sin embargo, aunque es algo asombroso, solo es la mitad del Evangelio. No solo se salda la deuda de nuestro pecado, sino que la justicia de Cristo se transfiere a nuestra cuenta. Sí, toda su justicia. Si esa no es una doble recompensa, ¿qué es? Esto incluye todas las bendiciones espirituales en Cristo.

En mi vida he tenido capítulos con el título "Fracaso" y son frustrantes. Mi historia también ha tenido el capítulo "Angustia" y aún me duele. En el índice encuentras además los capítulos "Dolor" y "Sufrimiento", pero hay un Dios que utiliza todas las cosas para el bien de quienes lo aman y fueron llamados conforme a su propósito.[29] Por eso, ¡lo mejor está por venir!

CAPÍTULO DOS

Paraguas de bendición

Si obedeces al Señor tu Dios, todas estas bendiciones vendrán sobre ti y te acompañarán siempre...

DEUTERONOMIO 28:2

En el corredor oeste del transepto norte de la abadía de Westminster, hay un monumento a un hombre excéntrico llamado Jonas Hanway. La abadía icónica de Londres es el lugar donde descansan los restos de algunos de los poetas, políticos y científicos más famosos de la historia. Entre ellos se encuentran la reina Isabel I, sir Isaac Newton, Charles Dickens y Charles Darwin. El monumento en honor a Jonas Hanway muestra a un hombre entregando ropa a unos niños con una inscripción:

> EL INFANTE INDEFENSO QUE SE NUTRIÓ CON SUS CUIDADOS, LA PROSTITUTA SOLITARIA QUE ENCONTRÓ AMPARO Y CORRECCIÓN, EL JOVEN SIN ESPERANZA QUE FUE RESCATADO DE LA MISERIA Y LA RUINA, Y ENTRENADO PARA SERVIR Y DEFENDER SU PAÍS, UNIDOS EN UN ESFUERZO COMÚN DE GRATITUD DAN TESTIMONIO DE LAS VIRTUDES DE SU BENEFACTOR. ESTE FUE EL AMIGO Y PADRE DE LOS POBRES.[1]

Jonas Hanway hizo su fortuna como capitán de barco y mercader. En sus últimos años, se interesó por la filantropía. Sirvió como gobernador y vicepresidente del hospital Foundling, un hogar para desamparados. En el siglo XVIII, la palabra *hospital* se utilizaba de forma general para describir un lugar que ofrecía hospitalidad a familias que pasaban necesidad y a niños abandonados.[2]

Sin embargo, hay algo más por lo que Jonas Hanway es famoso. Hizo lo que ningún inglés había hecho antes: fue el primer hombre londinense en llevar un paraguas. El techo portátil, como lo llamaban, era un accesorio que se consideraba únicamente femenino. Hace doscientos cincuenta años, los verdaderos hombres se mojaban.

Puedo imaginarme a Jonas Hanway caminando por las calles de Londres, cantando bajo la lluvia con su paraguas. Casi puedo oír a los cocheros y deshollinadores gritándole, haciéndole pasar un mal momento. Jonas Hanway debe de haber sido el hombre de su generación que más burlas recibió, pero también debe de haber sido el más seco bajo la lluvia.

¿Qué tiene que ver esto con la doble bendición?

Me gusta pensar en la bendición de Dios como un paraguas. Un paraguas no cambia el clima. En la vida seguirán lloviendo tristezas, tenlo por seguro; pero la bendición de Dios nos cubre completamente, es una capa de protección adicional contra el clima.

¿Ese paraguas de bendición evita la enfermedad? No. ¿Y el sufrimiento? Tampoco. ¿El fracaso? Me temo que no. Dios nos ama demasiado como para robarnos todas esas cosas que impulsarán el desarrollo de nuestro carácter. Además, ¿qué nos hace pensar que Cristo puede formarnos a su imagen sin sufrir la traición de Judas, la crítica de los fariseos o la tentación del diablo?

La bendición de Dios no evitará que te mojes; sin embargo, te permitirá cantar bajo la lluvia como Jonas Hanway. ¿Qué es ese paraguas de bendición? Es una medida adicional de su gracia durante los tiempos difíciles, es una canción en la noche durante los momentos de tristeza, es la paz que sobrepasa todo entendimiento cuando la vida no tiene sentido, es el gozo inexplicable cuando llegas al final de la cuerda.

Por supuesto, debemos colocarnos bajo ese paraguas de bendición y te mostraré cómo. Me gusta la forma en que lo dice Ed Young: "Necesitamos colocarnos bajo esas cosas que Dios ha puesto sobre nosotros para poder colocarnos sobre las cosas que Dios ha puesto debajo de nosotros".[3]

Los hábitos de la gente altamente bendecida

En el año 1406 a. C., Dios bendijo a su pueblo desde la cima del monte Guerizín. Este monte se eleva a 2849 pies (casi 870 metros) sobre el nivel del mar y era uno de los picos más altos del antiguo Israel. Para mí es un misterio el motivo por el que Dios eligió bendecirlos desde la cima de una montaña, pero en su gran plan, creo que el monte Guerizín puede ser tan importante como el monte Sinaí.

En la cima del monte Sinaí, Dios se encontró con Moisés y grabó diez mandamientos en una tabla de piedra. Esos mandamientos crean la condición en la que se fundamenta la bendición de Dios. Esta bendición no nos da carta blanca para actuar. Todas las bendiciones de Dios tienen una condición. En este caso, es simple y sencilla:

> Si realmente escuchas al SEÑOR tu Dios, y cumples fielmente todos estos mandamientos que hoy te ordeno, el SEÑOR tu Dios te pondrá por encima de todas las naciones de la tierra.[4]

Como dice una de mis camisetas favoritas: "¡NO HAY QUE SER UN GENIO!" para comprender estas palabras. No hay mejor forma de prepararnos para las bendiciones de Dios que la tan antigua obediencia. Pero ¿entendiste los requisitos? Debemos obedecer al

Señor *completamente* y cumplir *fielmente* sus mandamientos. En lugar de buscar pretextos o poner excusas, debemos hacer un esfuerzo extra. Recuerda esto, obedecer completamente y cumplir fielmente sus mandamientos no significa *legalismo*. El legalismo es obedecer la ley escrita, pero violar la ley espiritual; es corregir humanamente la ley de Dios, haciéndola más difícil de obedecer. Eso no honra a Dios. De hecho, deshonra su intención original. El legalismo, en el mejor de los casos, modifica la conducta, pero en el peor, nos vuelve arrogantes. Ese camino no nos lleva a la bendición de Dios.

Permíteme aclararte esto.

Si has puesto tu fe en Cristo, estás bajo el paraguas de la bendición de Dios. Cristo crucificado es quien nos cubre, algo que fue anunciado desde el principio, en el jardín del Edén. Luego de comer del árbol del conocimiento del bien y del mal, Dios cubrió la desnudez de Adán y Eva con ropas hechas de pieles de animales. Ese primer sacrificio anunció el sacrificio final en la cruz del Calvario.

La cobertura de Cristo también se presenta en la Pascua. La noche en que Dios llevó a Israel fuera de Egipto les indicó que pintaran sus dinteles con la sangre del cordero de Pascua.[5] Esta sangre los cubriría y protegería. Jesús es nuestro Cordero y su sangre rompe el poder del pecado.[6]

Si estás en Cristo, estás bajo su protección. Eso merece celebrarse todos los días porque sus bondades se renuevan cada mañana. Dicho esto, todos los días debemos tomar la decisión de permanecer bajo el paraguas de la bendición de Dios y caminar con obediencia. Presta mucha atención a lo que diré a continuación, pero no leas entre líneas. Cuando nos salimos de las vallas de protección de la voluntad de Dios, que, como dicen las Escrituras, es buena, agradable y perfecta, nos sometemos a las consecuencias del pecado. No es una amenaza, es una realidad.

Si evades impuestos, por ejemplo, estás saliendo del paraguas de la bendición de Dios. Sucede lo mismo si engañas a tu pareja. ¿Dios perdona esas ofensas? Si nos arrepentimos, ¡por supuesto! Sin embargo, no puedo prometerte que el servicio de recaudación de impuestos o tu pareja también lo hagan.

En este punto, es importante hacer una diferencia entre *castigo* y *consecuencia*. Cuando confiesas tu pecado, Dios te perdona y lo olvida. El *castigo* por el pecado ya fue pagado por completo hace dos mil años, pero tú tienes que vivir con las *consecuencias* de tus acciones.

Cuando desobedecemos a Dios, nos ponemos en una situación peligrosa. Otra vez, esto no es una amenaza. Estoy seguro de esto: Dios no quiere que el temor sea el que guíe nuestras decisiones. El perfecto amor expulsa todo temor, así que podemos enfrentar el futuro con total confianza. Sin embargo, así como no puedes romper la ley de la gravedad, tampoco puedes romper la ley de la siembra y la cosecha. Nadie puede. Esta ley te conducirá al éxito o al fracaso y el punto de equilibrio de ese subibaja es la obediencia. Básicamente, la obediencia es *el primer hábito* de las personas altamente bendecidas.

Garantía extendida

Así como las bendiciones de Dios vienen con una condición, también tienen una garantía. En la ley contractual, una garantía nos protege contra defectos de fábrica o incumplimientos del vendedor. Esas garantías vienen en diferentes formas, con muchas cláusulas distintas. Están las garantías de por vida, las cuales no tienen límite de tiempo, y las garantías extendidas, que amplían la cobertura. Pero, seamos honestos, muchos hemos sido engañados por la letra pequeña. En mi experiencia, la mayoría de las garantías exageran y están incompletas. Aunque te tengo buenas noticias: las promesas de Dios no tienen fecha de vencimiento y las respalda un Dios que siempre cumple.

> Si obedeces al Señor tu Dios, todas estas bendiciones vendrán sobre ti y te acompañarán siempre...[7]

Fíjate que la condición se vuelve a repetir por si acaso: "Si obedeces al Señor tu Dios". He escrito un libro que habla de cómo oír la voz de Dios, se llama *Susurro*. No nombraré los siete lenguajes que describo en ese libro, pero sí haré hincapié en que la palabra en latín para *obedecer* es *obedire*, que significa "prestar el oído". La obediencia comienza con un oído que está consagrado a Cristo, que ha sintonizado la frecuencia divina y le ha subido el volumen, un oído que obedece sus susurros, aun cuando la cultura grita exactamente lo contrario.

¿El suave murmullo del Espíritu Santo es la voz más fuerte de tu vida?

Observa la garantía: "todas estas bendiciones vendrán sobre ti y te acompañarán siempre". ¿Alguna vez has tenido una bendición que aparentemente apareció de la nada y te tomó por sorpresa? Esa es la bendición de Dios viniendo sobre ti. Así como el pecado te encuentra, las bendiciones de Dios siempre te alcanzarán si permaneces obediente.[8]

Yo vivo a 5879 millas (aproximadamente 9460 kilómetros) del monte Guerizín. Puedes buscar en Google Maps tu propia ubicación. Esa es una distancia enorme, incluso para el vuelo de un pájaro. Sin embargo, no estoy "fuera del área" y no hay tarifa de itinerancia cuando se trata de la bendición. ¡La bendición de Dios no tiene límites ni fronteras de tiempo o espacio! Lo que declaró en la cima del monte Guerizín tiene el mismo valor hoy que hace 3245 años. ¿Por qué? Porque Dios está alerta para que se cumpla su Palabra.[9]

Cuando realizamos un reclamo por una garantía, generalmente debemos llamar varias veces y pasar mucho tiempo "en espera", oyendo música de ascensor. La garantía de Dios funciona de manera completamente diferente. ¡Dios es el que llama! El sacerdote Esdras dijo: "Los ojos del SEÑOR recorren toda la tierra para fortalecer a los que tienen el corazón totalmente compremetido con él".[10] En otras palabras, ¡Dios busca constantemente oportunidades para cumplir sus promesas!

El salmista dijo: "La bondad y el amor me seguirán todos los días de mi vida".[11] La palabra que se traduce como *seguir* es un término hebreo de caza.[12] Puedes darle la espalda a Dios, correr en sentido contrario tan rápido como puedas, negar su existencia y evitarlo todo el tiempo; pero el sabueso del cielo está decidido y nunca dejará de buscarnos porque no se puede dar por vencido con nosotros. Si te das la vuelta, descubrirás que el Padre celestial está justo allí con sus brazos abiertos, listo para bendecirte y darte la bienvenida a casa.

Con esa garantía, es hora de abrir este paraguas de bendición, y ¡un paraguas es solo tan bueno como sus varillas!

Conjunto de Mandelbrot

En la geometría fractal, hay un conjunto de números complejos que producen una forma infinitamente más compleja cuando se grafican en un plano. Se llama conjunto de Mandelbrot, por el creador de la geometría fractal: Benoit Mandelbrot.[13] Las nubes y las líneas costeras son ejemplos clásicos de esta complejidad infinita. Se puede ampliar cualquier detalle para revelar aún más detalles, y así indefinidamente.

Las bendiciones de Dios son como el conjunto de Mandelbrot. No son estándar, sino que cada una se ajusta a tu complejidad y también a tu personalidad. La gracia de Dios, por ejemplo, te ha demostrado ser tan única como tus huellas digitales. El escritor de Lamentaciones dijo que las misericordias de Dios son *nuevas* cada mañana.[14] La palabra hebrea para *nuevas* no solo significa "una y otra vez", significa "diferentes". En otras palabras, la misericordia de hoy es distinta a la de ayer, que a su vez es distinta a la del día anterior.

Si quieres apreciar completamente la gracia de Dios, toma una calculadora. Multiplica tu edad por trescientos sesenta y cinco, luego suma la cantidad de días desde tu último cumpleaños y obtendrás la cantidad de días que has vivido, que son el sinónimo de las distintas formas de misericordia que Dios te ha mostrado. La misericordia de cada día es un milagro que nunca se repite. El día que mi suegro se fue a la eternidad, había vivido 20 077 formas de misericordia.

Déjame ir un poco más allá.

Nunca hubo ni habrá nadie como tú, pero eso no es un testimonio de ti, sino del Dios que te ha creado. Eso significa que nadie puede adorar a Dios *como tú*, ni puede hacerlo *por ti*. Cuando cantamos una canción como "Oh, tu fidelidad", tal vez cantemos las mismas palabras, pero estamos cantando *una canción muy diferente*. Dios ha sido fiel conmigo en miles de formas distintas. Cuando canto su fidelidad, lo hago a partir de mi propia experiencia y tú de la tuya. Si no cantas, la persona que está a tu lado tal vez no eche de menos tu voz, pero Dios sí. De hecho, eso es oponerse a Dios. ¿Por qué? ¡Porque tu alabanza es irreemplazable! Y así como nuestra alabanza es única, también lo son las promesas de Dios para nosotros.

La bendición de la cima del monte Guerizín es una bendición fractal. Según mis cuentas, este paraguas de bendición contiene al menos diecisiete bendiciones distintas. Cubre todo tipo de experiencia humana: relacional, ocupacional, financiera, emocional, generacional y espiritual. ¡Es como una cobertura de seguros completa! Como no quiero desvalorizar esta bendición, la incluí completa. No la leas de manera superficial, tómate unos momentos para meditar en ella y deja que esta bendición penetre en tu espíritu. ¡Hasta vale la pena memorizarla!

> Bendito serás en la ciudad, y bendito en el campo.
> Benditos serán el fruto de tu vientre, tus cosechas, las crías de tu ganado,
> los terneritos de tus manadas y los corderitos de tus rebaños.
> Benditas serán tu canasta y tu mesa de amasar.
> Bendito serás en el hogar, y bendito en el camino.
> El Señor te concederá la victoria sobre tus enemigos. Avanzarán contra ti en perfecta formación, pero huirán en desbandada.
> El Señor bendecirá tus graneros, y todo el trabajo de tus manos.
> El Señor tu Dios te bendecirá en la tierra que te ha dado.
> El Señor te establecerá como su pueblo santo, conforme a su juramento, si cumples sus mandamientos y andas en sus caminos. Todas las naciones de la tierra te respetarán al reconocerte como el pueblo del Señor.
> El Señor te concederá abundancia de bienes: multiplicará tus hijos, tu ganado y tus cosechas en la tierra que a tus antepasados juró que te daría.
> El Señor abrirá los cielos, su generoso tesoro, para derramar a su debido tiempo la lluvia sobre la tierra, y para bendecir todo el trabajo de tus manos. Tú les prestarás a muchas naciones, pero no tomarás prestado de nadie. El Señor te pondrá a la cabeza, nunca en la cola. Siempre estarás en la cima, nunca en el fondo, con tal de que prestes atención a los mandamientos del Señor tu Dios que hoy te mando, y los obedezcas con cuidado.[15]

Según la tradición rabínica, cada palabra de la Escritura tiene setenta rostros y seiscientos mil significados.[16] Cada palabra es caleidoscópica. No puedes sumergirte en su profundidad ni subir a su punto más alto. Definitivamente, esa es la realidad de este paraguas de bendición.

Setenta rostros

Antes de girar el caleidoscopio de este paraguas de bendición, déjame recordarte que a la gente buena le suceden cosas malas. Otra vez, un paraguas no garantiza que no nos mojemos. El algoritmo del Todopoderoso incluye el libre albedrío, que es un radical libre. También debo señalar que a la gente mala le suceden cosas buenas. Esto es parte de la gracia preventiva de Dios. Como dijo Jesús: Dios "hace que salga el sol sobre malos y buenos, y que llueva sobre justos e injustos".[17]

Según el canon vigésimo quinto, aprobado por el Segundo Concilio de Orange en el año 529 d. C., la gracia de Dios es el génesis de todo lo bueno.[18] Ni siquiera podemos llevarnos el crédito por nuestras buenas obras porque su origen es la gracia de Dios.

La bendición de Dios no nos asegura que ganaremos todos los casos, los contratos o las elecciones, ni que terminaremos la temporada invictos o ilesos. Así como tampoco nos asegura que nadie nos pondrá sal en la herida. Pero sí puede ayudarnos a desarrollar al máximo las capacidades que Él nos dio. Sin importar lo que hagas, eso es una realidad.

Si la bendición tuviese nombre, sería Favor.

Si la bendición tuviese apellido, sería Unción.

Dios quiere ayudarte a hacer tus obras de manera que te santifiquen y que le den la gloria a Él. ¿Cómo lo hace? ¡Dándonos tareas que son humanamente imposibles! ¿Por qué? Para que cuando Dios las haga, no podamos llevarnos el crédito.

El favor de Dios es el factor *X*, y su unción es la diferencia entre tu mejor esfuerzo y lo mejor que Dios puede hacer. Él nos da mucho más que nuestra capacidad natural y nos provee más allá de los recursos humanos. También nos da sabiduría más allá del conocimiento, lo que yo llamo "ideas de Dios". Preferiría tener una idea de Dios antes que mil buenas ideas. Las buenas ideas están bien, ¡pero las ideas de Dios cambian el curso de la historia!

Tu mano débil

Este paraguas de bendición tiene todo incluido y abarca todo. Dice: "Vayas donde vayas y en todo lo que hagas, serás bendito". Pero concentrémonos en una de las bendiciones que es un microcosmos de esta macrobendición.

> El Señor bendecirá tus graneros, y todo el trabajo de tus manos.[19]

Si no tienes un granero, lamento decirte que no estás de suerte. Es una broma, por supuesto. Esta bendición tiene términos de agricultura porque se otorgó originalmente a ese sector. Pero puedes sustituir ese término con cualquier cosa que hagas. Dios quiere bendecir tu casa, tu oficina, tu organización, tu gimnasio y tu iglesia.

He orado con esta bendición por atletas profesionales, funcionarios electos, cardiocirujanos, profesores, abogados y emprendedores. Sin importar a qué te dediques, Dios quiere ayudarte de forma sobrenatural para que la gente lo alabe. Todos tenemos malos días, nadie es perfecto, pero la actitud con la que realizamos nuestro trabajo podría cambiar la atmósfera, y la excelencia honra a Dios.

No creo que Dios nos dé el don de Midas, que convertía en oro todo lo que tocaba. Ninguno de nosotros está exento de la regla de las diez mil horas.[20] Debemos desarrollar nuestros dones mediante el método de prueba y error. Durante el camino, algunas veces ganaremos y otras, no, pero la obra de nuestras manos, de alguna forma, debe llevar la bendición de Dios, ya sea a través de un poco más de amor o un poco más de excelencia.

Dorothy Sayers dijo: "Apuesto a que de la carpintería de Nazareth nunca salió una mesa con una pata torcida o un cajón que no entrara".[21] Jesús confeccionaba muebles de la misma forma en que trataba a las personas, con mucho cuidado. No importa si trabajas en una oficina, en una obra o en cualquier otro lugar, debemos dar lo mejor para el más Alto. La excelencia invoca una bendición y una bendición evoca excelencia. Podemos decir que la *excelencia* también es un hábito de la gente más bendecida.

Cuando estaba haciendo el postgrado, tomé una evaluación profesional que mostró muy poca aptitud para la escritura. En otras palabras, decía: "Hagas lo que hagas, ¡no escribas libros!". Yo sentía un llamado a escribir, pero sabía que la escritura no era un don natural en mí. Afortunadamente, Dios no llama a los capaces, sino que capacita a los llamados.

Sin la ayuda del Espíritu Santo, ¡estoy por debajo del promedio! Por eso me quito los zapatos cuando escribo, es mi forma de reconocer que estoy en tierra santa y de pedirle a Dios que me dé una unción para escribir. Cuando comienzo a teclear, lo que realmente hago es adorar a Dios con las veintisiete letras del abecedario. Estoy tomando cada pensamiento cautivo y haciéndolo obediente a Dios con un teclado. Ahora, a tu jefe tal vez no le agrade que te presentes a una reunión descalzo, pero ¿tienes una forma personal de reconocer que estás cumpliendo el llamado de

Dios y que la sala de juntas, el salón de clases o el vestuario es tierra santa?

Sin duda, Dios quiere usar al máximo todo tu talento. ¡Él fue quien te lo dio en primer lugar! Sin embargo, Dios también quiere usarte en tus debilidades. ¿Por qué? Porque su poder se perfecciona en nuestras debilidades.[22] Él no solo unge nuestra mano fuerte, ¡también unge la débil! Y cuando lo hace, tenemos más conciencia de que Dios obra en nosotros y a través de nosotros más allá de lo que podemos pedir o imaginar.

Unción multiplicadora

Durante el otoño de 2006, estaba dando una conferencia en Baltimore, Maryland, con Tommy Barnett. Tommy y su hijo, Matthew, cofundaron la organización Dream Center en Los Ángeles. Tommy habló acerca de la compra milagrosa del hospital Queen of Angels, un edificio de 360 000 pies cuadrados (casi 33 450 metros cuadrados) que se encuentra en 8.8 acres (3.5 hectáreas) de una excelente propiedad con vista a la carretera 101. Los dueños rechazaron varias ofertas más altas de los mejores estudios de Hollywood y se la vendieron a Dream Center por un porcentaje mínimo del costo. Ahora ministra a cincuenta mil personas por mes a través de cientos de ministerios que ayudan a los necesitados. Esa organización inspiró nuestro Dream Center en Washington y Matthew Barnett fue muy amable al impartir la visión a nuestra congregación.

Luego de compartir su testimonio del favor de Dios, Tommy hizo un llamado al altar que cambió la trayectoria de mi vida. Él invitó a todos aquellos que quisieran lo que él llamó una *unción multiplicadora*. Nunca había oído esa frase y hasta me pregunté si era bíblica, pero si Tommy arrojaba el manto como Elías, yo lo tomaría como Eliseo. Y, por supuesto, en ese momento descubrí que sí es bíblico. De hecho, es parte de la trama de la bendición original: "Sean fructíferos y multiplíquense".[23]

La palabra *multiplíquense* proviene del hebreo *rabah*, que significa "hacer más", "hacer abundante" y "hacer grande".[24] Se puede traducir como "mayor" y así lo vemos en: "el que cree en mí las obras que yo hago también él las hará, y aun las hará mayores".[25] La traducción también puede ser "mucho más", como en "muchísimo más que todo lo que podamos imaginarnos o pedir".[26] En una de sus parábolas, Jesús señala que la buena tierra rinde treinta, sesenta y hasta cien veces más.[27] Esa es la meta, ¿verdad? La administración significa brindarle a Dios un buen retorno de su inversión.

Ahora, regresemos al altar donde oré por una unción multiplicadora.

Faltaban pocos días para el lanzamiento de mi primer libro, *Con un león en medio de un foso*. Honestamente, las estadísticas de venta de un libro no son muy altas para los autores de un primer libro. "Un libro promedio de no ficción en Estados Unidos está vendiendo menos de doscientas cincuenta copias por año y menos de tres mil en toda su existencia".[28] Yo reuní toda la fe que pude y oré por una unción multiplicadora para ese libro. ¿El número que pedí en secreto? Me sentí un poco tonto hasta por pedirlo, pero oré para vender veinticinco mil libros. Tal vez en ese momento no lo pensé de esta forma, pero estaba abriendo mi paraguas, estaba invocando la bendición original que Dios declaró en el jardín del Edén. Una oración así no garantiza un número específico de ventas. A decir verdad, ¡muchas veces apuntamos muy bajo! Ahora ese libro ha superado las expectativas con medio millón de copias vendidas y la única explicación que encuentro es la unción multiplicadora.

Si tu meta es multiplicar tus ventas con un propósito egoísta, Dios no te bendecirá. Pero si tus intenciones son puras, Dios tiene toda clase de bendiciones que ni siquiera puedes imaginar. ¿La unción multiplicadora necesita ir de la mano con la ética laboral? ¡Absolutamente! Dios no bendice la falta de esfuerzo ni la falta de integridad. Si quieres el paraguas de la bendición, debes sudar y quemar varias calorías. ¡Deberías incluso perder un poco el sueño! Puedo decirte esto: para escribir un libro debo poner el despertador muy temprano en la mañana. Estoy levantado y trabajando antes de que salga el sol. Durante la temporada que dedico a la escritura, los días son largos y agotadores mental, emocional y espiritualmente. Sin embargo, la bendición de Dios hace que el resultado sea mayor que la suma de las partes. ¿Por qué? Porque Dios multiplica nuestros esfuerzos con su unción.

El paraguas de bendición hace esta promesa: "El Señor te concederá abundancia de bienes: multiplicará tus hijos, tu ganado y tus cosechas en la tierra que a tus antepasados juró que te daría".[29] Como la multiplicación es uno de los argumentos principales en las Escrituras, no debería ser una sorpresa que sea la trama secundaria de este paraguas de bendición. Básicamente, la bendición de Dios *es* una unción multiplicadora.

¿Qué es lo que Dios quiere multiplicar? Todo lo que sea bueno, recto, puro y justo. Él quiere multiplicar los dones y el fruto del Espíritu. Quiere multiplicar tu tiempo, tu talento y tu tesoro para su gloria y por tu bien. Sin embargo, ¡lo que Dios hace por nosotros no es solo para nosotros! Él quiere bendecir a tu familia hasta la tercera y cuarta generación, quiere multiplicar sus bendiciones en tu vida para que desborde sobre tus vecinos y colegas.

Nosotros pensamos en el aquí y el ahora, pero Dios piensa en las naciones y en las generaciones. Te aseguro esto: *su visión para tu vida es mayor y mejor que tu visión*. De eso se trata el paraguas. Esa unción multiplicadora está a tu disposición, ¡solo debes pedirla!

Considera que este es tu llamado al altar.

CAPÍTULO TRES

El factor *X*

El Señor brinda generosamente su bondad a los que se conducen sin tacha.

Salmos 84:11

Durante su célebre carrera como compositor, Georg Friedrich Händel escribió cuarenta y dos óperas, veintinueve oratorios y ciento veinte cantatas. Ludwig van Beethoven dijo: "Doblo mis rodillas ante él".[1] Sin duda, Händel es uno de los compositores más grandes de la historia, pero más tarde en su vida alcanzó un punto donde comenzó a decaer. A los cincuenta y seis años, ya no estaba en su mejor momento para componer, estaba deprimido, endeudado y un accidente cerobrovascular le dificultó el uso de la mano derecha. A Händel le estaba costando mucho mantener su lugar dentro de la música, lo cual es irónico, dado que estaba por lograr una de las piezas musicales más emblemáticas de la historia.

El 21 de agosto de 1741, Händel comenzó a componer. No salió de su casa por tres semanas. De hecho, casi no salió de la silla en la que componía. Veintiún días después, salió de su habitación con una obra maestra de doscientas cincuenta y nueve páginas llamada *El Mesías*. El primer acto señala proféticamente la llegada del Mesías. El acto central es el comentario de Händel acerca de la pasión de Cristo. El acto final celebra la resurrección del Salvador que "reinará por siempre". Finalmente, Händel escribe tres letras en la última página S. D. G. (*Soli Deo gloria*): "¡Solo a Dios sea la gloria!".

Ese es el trasfondo, pero aquí está el resto de la historia.

El Mesías debutó como una ofrenda de Pascua en la Sala de Conciertos de Dublín, Irlanda, el 13 de abril de 1742.[2] La música cautivó a sus oyentes, pero logró mucho más que eso. No fue solo un concierto, fue un concierto de beneficencia. Esa presentación inaugural recaudó cuatrocientas libras esterlinas, ¡casi ochenta y seis mil dólares de hoy![3] Esa recaudación se utilizó para liberar a ciento cuarenta y dos hombres de la cárcel de deudores. Eso es lo que hace a *El Mesías* una doble bendición. La primera es la hermosa música que inspira el alma. ¿La segunda cuál es?: ¡liberar a ciento cuarenta y dos cautivos!

Por supuesto, esas solo fueron las primicias de la que estaba destinada a ser tal vez la obra musical más representada de la historia occidental. En su testamento, Georg Friedrich Händel dejó una partitura completa de *El Mesías* al hospital Foundling. ¿Recuerdan a Jonas Hanway, el que usaba paraguas? Bueno, Händel fundó el hospital que dirigió Hanway desde 1758 hasta 1772. Todas las ganancias de esa obra se utilizaron para promover la misión de Mateo 25: alimentar a los hambrientos, acoger a los desamparados y cuidar a los enfermos.

¿Cuál es la doble bendición?

La primera bendición es utilizar el tiempo y el talento que Dios nos da para marcar una diferencia en el mundo. Para Händel fue hacer música que conmovía el alma. La segunda bendición es utilizar el tesoro que produce nuestro tiempo y nuestro talento, por lo regular en la forma de un cheque, para bendecir a otros generosamente.

Tiempo, talento y tesoro

Como pastor, he visto pasar muchos cubos de ofrendas en muchos servicios de iglesias; pero aún no he visto a nadie levantarse de su asiento, pararse dentro del cubo e intentar pasárselo a alguien. Seguramente, eso lo rompería y sería muy extraño. Sin embargo, es precisamente lo que hacemos cuando le devolvemos a Dios, ¿no? La persona que da ese dinero intercambia su tiempo y talento por ese tesoro. Para algunos, es un salario mínimo ganado con el sudor de su frente; para otros, son las comisiones que reciben por sus ideas creativas. De cualquier modo, lo que damos no es solo dinero, es el tiempo y el talento que intercambiamos por ese tesoro. Cuando pones algo en la ofrenda, pones parte de ti mismo junto con eso. Por supuesto, esa ecuación funciona de dos maneras.

Se necesitan cerca de quinientos voluntarios para llevar a cabo una docena de servicios un fin de semana cualquiera en las siete instalaciones de la National Community Church. En promedio, nuestros voluntarios sirven cerca de tres horas durante un fin de semana. Si calculas, son más de mil quinientas horas de voluntariado. Si multiplicas ese número por los ingresos medios por hora en Washington, verás que cada semana se donan 49 500 dólares de tiempo. Por supuesto, eso no incluye nuestros ministerios de evangelismo o los viajes misioneros. Nuestro gran equipo del Dream Center donó dieciséis mil horas de voluntariado el año pasado, dando amor, sirviendo y enseñando a niños en Ward 7, un barrio indigente y de pocos recursos de la capital del país. Esto suma una donación de hasta 528 000 dólares, pero se multiplica en mucho más.

¿Recuerdas el viejo dicho “El tiempo es dinero”? ¡Es cierto en muchos aspectos! Tú intercambias tu tiempo por el saldo en tu cuenta bancaria. Para muchos de nosotros esto es de nueve a cinco, de lunes a viernes. Sin importar si eres contador, empleado administrativo, educador o chofer de viajes compartidos, tú también intercambias tu talento por ese tesoro. Eso es lo que hace que tus dones sean tan valiosos o, debo decir, invaluables. Tal vez das la misma cantidad de dinero que alguien más, pero tu donación es absolutamente única. ¿Por qué? Porque fue *tu* tiempo y *tu* talento los que ganaron ese dinero.

Georg Friedrich Händel intercambió veintiún días por *El Mesías*. Por supuesto, también intercambió años de tocar escalas y décadas de componer cantatas. Luego utilizó el tesoro que produjo su obra para bendecir a los más necesitados. Esa es la doble bendición, eso es lo que hace, ¡y es tan única como tú!

Händel no era un músico que seguía a Cristo, él era un seguidor de Cristo que hacía música. Ese orden es tan importante como buscar *primero* el reino de Dios, y espero que sea una realidad en ti en todo lo que hagas. La pasión de Händel era la música, pero su misión era el Evangelio; por lo tanto, su música cumplía un doble propósito. Él administró el talento musical que Dios le dio para escribir oratorios ungidos, pero también utilizó el tesoro que produjo para convertirlo en una doble bendición: una para aquellos que escuchaban su música y otra para aquellos a quienes beneficiaba con su generosidad.

"*El Mesías* ha alimentado a los hambrientos, vestido a los desnudos y acogido a los huérfanos mucho más que cualquier otra producción musical", dijo uno de los biógrafos de Händel. Otro de sus biógrafos dijo: "Quizá ninguna obra de ningún otro compositor haya contribuido tanto a aliviar el sufrimiento humano".[4]

Digamos a eso: Aleluya.

Doble final

En la década de 1950, había un programa de juegos llamado *La pregunta de los $64 000*. Seguramente nunca has visto el programa, pero apuesto a que has escuchado algo similar. El nombre del programa hacía referencia a una pregunta crucial. Muchas veces es la pregunta más importante y, por lo tanto, la más difícil de responder. ¿Por qué? Porque la respuesta depende de factores que no se pueden predecir.

Te hago esta pregunta de los 64 000 dólares: ¿El éxito de *El Mesías* está relacionado con el hecho de que debutó como un concierto benéfico o con que los ingresos fueron donados al hospital Foundling? Sé que algunos pueden discutir que *la correlación no implica causalidad*. Y, aunque entiendo esa falacia lógica, es vencida por una convicción teológica. Si Dios sabe que vas a honrarlo con el resultado, creo que Él se deleita en bendecir. El éxito de *El Mesías* seguramente tiene mucho que ver con las partituras, pero también hay otro factor en juego: un factor *X*.

¿Sabes por qué Dios bendijo nuestra cafetería en la colina del Capitolio? No es gracias a nuestro *latte* de lavanda y miel, aunque debo decir que es delicioso. Y si bien está a una calle de Union Station y diagonal a la Comisión de Bolsa y Valores, no es gracias a la buena ubicación.

Entonces ¿por qué? Creo que es porque la cafetería Ebenezer dona cada centavo de ganancia a las causas del reino. ¿Qué podemos hacer más que bendecir?

Nuestro café además de saber bien, hace bien y se siente bien. ¿Por qué? ¡Porque es café con una causa! Los más de 1.2 millones de dólares de recaudación han financiado docenas de causas muy preciadas para Dios. También utilizamos Ebenezer para la Sala de Estar, un ministerio para nuestros amigos sin hogar. Como iglesia tenemos una convicción fundamental: *Dios nos bendecirá en la misma proporción en que demos para las misiones y el cuidado de los pobres en nuestra ciudad.* Si invertimos nuestro tiempo, nuestro talento y nuestro tesoro en obras que son valiosas para Dios, no me preocupa nuestro final. ¿Por qué? Porque Dios nos cubre las espaldas.

Varias veces, Ebenezer ha sido elegida como la mejor cafetería de Washington D. C. frente a una competencia bastante difícil. De nuevo, algunos pueden creer que es una correlación sin causalidad. Sin embargo, yo creo, honestamente, que Dios nos ha bendecido porque sabe que el dinero no se queda con nosotros. El factor *X* es el favor de Dios, que es la consecuencia de bendecir con cada taza de café que servimos.

En Ebenezer tenemos dos metas. Como cualquier negocio, queremos generar ganancias netas al emplear las mejores estrategias empresariales. Nos encantan las reseñas de cinco estrellas y sabemos que la calidad de los productos y la atención al cliente son muy importantes para lograrlas. Pero las ganancias no son nuestra meta final. Cuando haces negocios con una misión hay otro fin. ¡Nuestra meta es darlo todo!

Si cultivas la actitud de la doble bendición y te enfocas en compartir cada bendición, mejor ajústate el cinturón de seguridad. ¿Por qué? Porque Dios abrirá las ventanas del cielo y derramará más bendiciones de las que puedas contener. Por supuesto que no solo hablo de bendiciones materiales: dar produce gozo, ¡y el mundo necesita más de ese gozo!

Compartir la bendición te quita presiones y pone la pelota en la cancha de Dios. Eso te permite vivir expectante de lo que Dios hará.

Bendición completa

Regresemos a *El Mesías* de Händel y a *La pregunta de los $64000*. ¿Cuál de los dos es responsable por la permanencia y popularidad de *El Mesías*: el concierto benéfico o el legado al hospital Foundling? Mi opinión es esta: si Dios sabe que no vas a acaparar la bendición de esas cuatrocientas libras esterlinas, Él no niega su favor.

> El SEÑOR brinda generosamente su bondad a los que se conducen sin tacha.[5]

¿Te acuerdas cuando recibiste tu primer pago? Aún recuerdo la emoción que tenía al abrir el sobre, pero sufrí una gran decepción. ¿Por qué? Bueno, para empezar, solo ganaba 5.25 dólares por hora y además descubrí algo llamado retención de impuestos, que es lo que te retiene el empleador para enviarlo directamente al gobierno. Digamos que mi primer pago no fue lo que imaginé que sería.

Tengo muy buenas noticias, pero primero debo advertirte algo. Dios no bendice el engaño, y eso también incluye a tus impuestos. ¿Entiendes? Si quieres recibir la bendición de Dios, la integridad va de la mano con la humildad. Es muy tentador tomar atajos y acortar camino, ¿no? Especialmente cuando nadie te está viendo. Pero si comprometes tu integridad, arruinas la bendición de Dios.

La buena noticia es que si actuamos con integridad, no hay retenciones en las bendiciones de Dios. Ese es el objetivo, ¿no? Vivir de tal forma que Dios pueda darnos su bendición completa, *mucho más de lo que podamos pedir o imaginar*. No te conformes con menos, ni con otra cosa.

Si tienes que comprometer tu integridad por una oportunidad, no es una oportunidad: es una tentación. No sacrifiques el favor de Dios por las ofertas de los hombres. Así como los primeros serán los últimos y los últimos serán los primeros, a veces lo que parece un paso hacia atrás termina siendo un gran salto hacia adelante. Al final, la integridad te llevará más lejos que las maniobras o la manipulación. La integridad está en el carril de la bendición, incluso cuando tienes ganas de cambiar de carril. Créeme, la integridad es el acceso rápido a la bendición.

Si no te aferras a Dios, Dios no se aferrará a ti. Si le das la gloria a Dios, Él te dará todas las cosas buenas. ¿Por qué? ¡Porque Él es nuestro Padre bueno!

> ¿Quién de ustedes, si su hijo le pide pan, le da una piedra? ¿O si le pide un pescado, le da una serpiente? Pues si ustedes, aun siendo malos, saben dar cosas buenas a sus hijos, ¡cuánto más su Padre que está en el cielo dará cosas buenas a los que le pidan![6]

Una acotación divertida. Cuando descubrí esa retención de impuestos, me desanimé, pero mi lamento se convirtió en danza pocos meses después cuando recibí una carta del Servicio de Recaudación de Impuestos con una devolución. ¡Ganaba tan poco dinero que me lo devolvieron todo! Así como recibí ese reembolso, las bendiciones —que son la consecuencia de la integridad— regresan como un bumerán meses, años o décadas después.

El buzón

Además de la cafetería, también tenemos y dirigimos un cine en la colina del Capitolio. El Miracle no es un cine tan importante, pero hemos sido anfitriones de un montón de proyecciones exclusivas y preestrenos. Una de las más memorables fue la del documental *Emanuel.* La película contaba la historia del perdón incomprensible para el hombre que protagonizó el tiroteo racista y lleno de odio de Charleston, Carolina del Sur, la noche del 17 de junio de 2015. Cuando pasaron los créditos, estaba sin palabras. La película y su director, Brian Ivie, tienen una unción única.

En 2011 Brian era un prometedor alumno de tercer año en la Escuela de Arte Cinematográfico de la Universidad del Sur de California (USC). Él leyó un artículo en *LA Times* sobre un pastor de Seúl, Corea del Sur, que construyó un buzón para bebés abandonados. Ese pastor se había ocupado de más de seiscientos bebés no deseados. La mayoría de ellos eran abandonados porque tenían alguna deformidad o discapacidad.

Mientras Brian leía ese artículo, un pensamiento salió disparado a través de sus sinapsis: "Si no hago algo con esto, si no cuento esta historia, todos van a olvidarla".[7] Llámalo como quieras, yo creo que fue una idea de Dios, pero solo es una idea hasta que te pones en acción. Tienes que tomar ese pensamiento cautivo y someterlo a Cristo.[8] ¿Cómo lo haces? Con tu tiempo, tu talento y tu tesoro; con sangre, sudor y lágrimas.

Brian envió un correo electrónico al pastor Lee, el pastor coreano. Reclutó un equipo de once estudiantes para rodar la película y recaudó sesenta y cinco mil dólares para financiarla. Luego, durmió en el piso del orfanato durante los tres meses que duró la filmación. Mientras filmaban, Brian Ivie puso su fe en Cristo gracias a la forma en que el pastor coreano amaba a esos niños. Cuando terminó todo, Brian creó el documental galardonado que se llamó *El buzón.*

Regresemos a *Emanuel.* Como sucede con cualquier película, no es fácil recaudar los fondos. ¡Yo mismo he estado negociando algunas películas por más tiempo del que me hubiese gustado! Poco después de nuestra proyección, Steph Curry y Viola Davis intervinieron como productores ejecutivos de esa película, que es una de las más poderosas que he visto y te recomiendo que la veas.

¿Sabes por qué creo que Dios ha bendecido las películas que produjo Brian con fondos y galardones? Es por el corazón que hay detrás de esos filmes, que tocan temas muy preciados para Dios. Y hay algo más. Brian Ivie, con *Emanuel*, está actuando como Händel. ¿Cómo? Es una película benéfica. Si la ves, bendecirá tu alma. Pero hará aún más, pues es, además, una doble bendición, ya que las ganancias son destinadas a quienes han perdido un ser querido en ese trágico tiroteo.

Con esto te digo: ¡ve y haz tú lo mismo!

Superhabilidades

Al final de su vida, Moisés bendijo a las doce tribus de Israel. Una de mis bendiciones favoritas es la que hace a los levitas: "Bendice, Señor, sus logros y acepta la obra de sus manos".[9]

Como he necesitado someterme a una docena de cirugías, he pronunciado esta bendición sobre unos cuantos cirujanos. Desde luego que deseo ser operado por un cirujano que se haya graduado de la facultad de medicina y haya tenido buenas notas, pero de todos modos pido la unción de Dios en sus habilidades.

La unción de Dios convierte nuestras habilidades comunes en superhabilidades. ¡Es el factor *X* elevado a la máxima potencia! Pronuncié esta bendición sobre mariscales de campo de la NFL, ejecutivos, miembros del gabinete y también lo hice sobre los meseros de nuestra cafetería. Hagas lo que hagas, Dios quiere ungirte para hacerlo.

El Dr. Martin Luther King Jr. dijo: "Si un hombre está llamado a ser barrendero, debería barrer las calles de la misma forma en que Miguel Ángel pintaba o que Beethoven componía música o que Shakespeare escribía poesía. Debería barrer las calles tan bien que todos los habitantes del cielo y de la tierra se detuvieran para decir: «Aquí vivió un gran barrendero que hizo bien su trabajo»".[10]

El *Diccionario Cambridge* define *factor X* como "una cualidad que no se puede describir y hace a alguien muy especial".[11] El *Diccionario Oxford* lo define como "una variable que puede tener el impacto más importante en el resultado."[12]

En su lecho de muerte, Moisés bendijo a José con "el favor del que mora en la zarza ardiente".[13] Sé que no debemos elegir las bendiciones de Dios como si fueran las opciones de un examen o una cena a la carta. ¡La verdad es que todas nos pertenecen! Si perteneces a Cristo, eres la descendencia de Abraham y eres heredero de las bendiciones de su pacto.[14]

No estoy completamente seguro de qué es lo que implica este favor, pero sé que lo quiero y, al igual que la unción multiplicadora, sé que lo necesito. En la zarza ardiente sucedió algo que convirtió a un pastor tartamudo en uno de los grandes líderes que el mundo ha conocido. La zarza representa la bendición de la gracia que le dio a Moisés el valor de enfrentarse al faraón y decirle: "Deja ir a mi pueblo".[15] Fue el factor *X* el que convirtió su vara en una serpiente, abrió el mar Rojo y les dio maná cada mañana.

Presta atención al significado que hay detrás de esta bendición. Cuando Moisés bendijo a José, ¿qué es lo que estaba haciendo? ¡Está compartiendo la bendición! Él sabía que José necesitaba una revelación del *Yo Soy,* tanto como él la necesitó. Nuevamente, la bendición es Dios: Dios con nosotros, Dios por nosotros y Dios en nosotros.

¿Serías tan valiente de pedirle a Dios "el favor del que mora en la zarza ardiente"? ¿Le pedirías el factor *X*? Y no solo treinta o sesenta veces, sino cien veces más. Si no tienes es porque no pides.[16]

Por supuesto, una gran bendición implica una gran responsabilidad. Generalmente, la bendición viene con un faraón que enfrentar y un pueblo que guiar. No hará tu vida más fácil, pero te ayudará a realizar lo más difícil y Dios logrará grandes cosas por las que no podrás llevarte el crédito.

CAPÍTULO CUATRO

La constante de Avogadro

El Señor te bendiga y te guarde.

NÚMEROS 6:24

¿Cuántos átomos crees que hay en una gota de agua?

Eso me preguntó Bob DeMoss durante un desayuno informal. Puso su dedo en un extremo de la pajita que tenía en su vaso de agua para crear una pequeña succión, la sacó del vaso y dejó caer una gotita de agua sobre su dedo índice. Luego, Bob preguntó:

—¿Cuántos átomos crees que hay en una gota de agua? Adelante, adivina.

Una gota de agua es extremadamente pequeña. Contiene cerca de cinco centésimas de mililitro. Sin embargo, parecía una pregunta capciosa, así que decidí arriesgarme y dar una respuesta exorbitante. Pensé que debía haber casi un millón, pero supuse que mil millones sería una buena respuesta. En ese momento, Bob se inclinó sobre la mesa y dijo:

—Hay cinco trillones de átomos solo en esta gota de agua.

No tenía motivos para desconfiar de Bob, pero acababa de conocerlo, y ese número astronómico resultaba un poco difícil de creer. Por eso investigué un poco, y ¡era cierto! Un científico italiano, Amedeo Avogadro, calculó la cantidad de moléculas que hay en un mol de sustancia. Se le llama la constante de Avogadro y suma un total de $6.022x10^{23}$.[1] Así que los cálculos de Bob pueden haber sido bastante moderados.

¿A qué quiero llegar con esto? Una gota de agua no es algo tan simple como parece. De hecho, es más compleja de lo que podemos imaginar. Lo que sucede con el agua también sucede contigo y con las bendiciones de Dios. ¡Ahora sabes por qué hay una gota de agua en la tapa de este libro! Representa las bendiciones de Dios, cuyos átomos suman aún más que la constante de Avogadro y crean, como un efecto dominó, la doble bendición.

La bendición séxtuple

El punto central de la bendición sacerdotal es la palabra hebrea *barak*. Si ubicas esa palabra bajo un microscopio lingüístico, descubrirás seis significados básicos. Cada uno de esos seis significados es una subbendición, una constante de Avogadro en sí misma.

Mientras los israelitas vagaban por el desierto, Dios le ordenó a Aarón que pronunciara una bendición sacerdotal sobre el pueblo. Esta es una bendición singular porque contiene las palabras de Dios. Debemos tener cuidado de no convertir esta invocación en un hechizo, pero tampoco debemos subestimar su poder profético.

> El Señor te bendiga
> y te guarde;
> el Señor te mire con agrado
> y te extienda su amor;
> el Señor te muestre su favor
> y te conceda la paz.[2]

El origen del saludo militar es algo debatible, pero una teoría sugiere que se originó con los caballeros medievales cuando alzaban la visera de sus yelmos.[3] Enseñar el rostro era la forma de demostrar que tenían intenciones amigables. En ese aspecto, es una reminiscencia de esta bendición sacerdotal. Dios alza la visera de su yelmo para hablar, vuelve su rostro hacia nosotros y encontramos nuestra paz en su actitud —Dios con nosotros, Dios por nosotros y Dios en nosotros—. Alzar la visera era una forma medieval de revelar la identidad. ¿No es eso lo que hace Dios cuando se revela a sí mismo diciendo "YO SOY EL QUE SOY" en la zarza ardiente?[4]

Para recibir esa bendición, tú también debes alzar tu visera. Dios no bendecirá a ese que *finges* ser. Tu disfraz puede engañar a todos los demás, pero bloqueará la bendición de Dios. ¿Sabes a quiénes Dios está dispuesto a bendecir? A aquellos que tienen la humildad y la valentía de ser ellos mismos, sin pretensiones. ¡Este es otro hábito de la gente más bendecida! De todos modos, Dios ve a través de nuestras máscaras, pero Él quiere levantar la visera. ¿Cuál es el resultado de esta bendición? La intimidad con el Dios Todopoderoso.

Un saludo es un gesto de respeto. Por lo general, son los subordinados los que saludan a sus superiores, pero en el reino de Dios es al revés. El mayor de todos es el que sirve a todos y Jesús estableció este precedente.

El primer significado de la palabra hebrea *barak* es "saludar".

El segundo significado es "arrodillarse".

Si quieres bendecir a niños pequeños, debes ponerte a su nivel. Cuando te pones a gatas, se nivelan las condiciones y cambia el juego. ¿No es eso lo que hizo Dios en Belén? El Dios más alto se convirtió en un Dios más cercano. El Dios que saludó a Moisés en la zarza se arrodilló en un pesebre. Dios no solo pronuncia bendiciones asépticas desde lo alto, él toca a los leprosos, celebra a la actitud de los samaritanos y come con los pecadores.

El tercer significado es "un beso en la boca".

Desearía que esto fuese tan simple como suena, pero vivimos en una era de afectos corrompidos y de abuso de poder. El amor puro y el verdadero poder son difíciles de encontrar y aún más difíciles de dar. ¿Por qué? Porque muchos han sido traicionados con un beso y ese beso falso se siente como una maldición. Jesús les habló a quienes roban la inocencia de los demás en términos bien claros: "Pero, si alguien hace pecar a uno de estos pequeños que creen en mí, más le valdría que le colgaran al cuello una gran piedra de molino y lo hundieran en lo profundo del mar".[5] ¿Por qué es tan duro? Porque Dios es amor y odia cualquier cosa que pervierta su pureza.

Me temo que hemos olvidado cómo es el amor puro y el poder verdadero, así que permíteme volver a recrear un cuadro antiguo. En él vemos al Hijo de Dios, libre de pecado, cargando una cruz de trescientas libras (poco más de ciento treinta y seis kilos) en la Vía Dolorosa por los pecados de todos y luego perdonando a quienes lo clavaron allí. Que conste que Jesús mismo fue traicionado con un beso. Esa traición le atravesó el alma, así como lo hicieron los látigos que rasgaron su espalda, la corona de espinas que lastimó su frente y las puntas de nueve pulgadas (casi veintitrés centímetros) que lo clavaron a la cruz.

Si tú has estado del lado equivocado de un falso beso, es decir, si te han traicionado, sabes que hay pocas cosas más difíciles de perdonar. Pero el perdón es lo único que te hará libre. Sé que es difícil olvidar, pero, con la ayuda de Dios, vas a poder superarlo y pasar página. El beso de Dios tal vez no borre el recuerdo, pero Él te otorga su bendición con ese cariño de Padre que perdona todo. Pero no solo eso, hay indicios en el idioma original de una reanimación por respiración boca a boca. Así como Dios sopló su aliento sobre el polvo para formar a Adán, la bendición de Dios es la quinta fuerza que nos anima.[6] Es en Él que vivimos, nos movemos y existimos.[7] Su bendición es nuestro segundo soplo de aire, nuestra segunda oportunidad.

¿Sabes por qué Dios quiere bendecirte mucho más de lo que puedas pedir o imaginar? ¡Porque Él te ama mucho más allá de lo que pudieras pedir o imaginar!

El poder de la lengua

Cuando estaba en el seminario, le hablé a un grupo de hombres en un programa de rehabilitación de drogas. Conocí a uno que había cometido algunos errores que causaron su adicción. Él salió del paraguas de bendición y pagó el precio en rehabilitación. Sin embargo, sentí mucha compasión por él cuando compartió su historia. Me contó que cada vez que se equivocaba de niño, su papá le decía: "¿Qué diablos? ¿Eres estúpido?".

¿Te imaginas esas palabras sonando en tus oídos? Por las lágrimas en sus ojos, era obvio que habían lacerado su alma profundamente. Esas palabras resonaron en él durante mucho tiempo. No culpo a su padre por los errores de este hombre, pero esas no fueron solo palabras poco cuidadosas, fueron una maldición que dejó una herida abierta. ¿Es una sorpresa que su hijo haya tomado decisiones estúpidas? Simplemente estaba viviendo a la altura de las palabras de su padre, o bajo su influencia.

> En la lengua hay poder de vida y muerte.[8]

Hay un viejo refrán que dice: "Los palos y piedras podrán romper mis huesos, pero las palabras nunca me herirán". ¡Pero todos sabemos que esto no es así! Nuestras palabras tienen peso y además tienen el poder de reescribir la historia. Una maldición puede convertir una comedia en una tragedia, pero una bendición puede cambiar el guion completamente.

Durante una época muy difícil de mi adolescencia, me regalaron palabras de vida. Yo estaba arrodillado en un altar cuando un misionero puso su mano sobre mi hombro y comenzó a orar por mí. Luego, su oración se volvió profética: "Dios te usará de una manera grandiosa". Solo fue una oración, pero me aferré a esas palabras en las buenas y en las malas e intenté compartir esa bendición dando palabras de vida a los demás.

Esto nos lleva al cuarto significado de *barak*: "decir palabras de excelencia". Este significado merece un poco más de atención.

Una de las bendiciones más poderosas que puedes darle a otra persona son palabras oportunas. ¿Recuerdas a la mujer que abrió su perfume de alabastro y lo derramó sobre Jesús? ¿Recuerdas la forma en que los fariseos y los discípulos la criticaron? Jesús contrarrestó las críticas dándole palabras de vida: "Les aseguro que en cualquier parte del mundo donde se predique el Evangelio, se contará también, en memoria de esta mujer, lo que ella hizo".[9] ¿Te imaginas cómo alimentaron esas palabras el espíritu de esta mujer por el resto de su vida? Esas son palabras que te tatúas en el cuerpo o escribes en tu lápida. Jesús la bendijo con palabras proféticas y se cumplieron una vez más cuando tú las leíste.

Como hijos de Dios y seguidores de Cristo, nosotros tomamos ese manto de los sacerdotes del Antiguo Testamento que administraban la bendición. Tú eres parte del real sacerdocio,[10] así que eso nos corresponde. Es nuestro deber alabar a Dios y proclamar sus bendiciones. Debemos cumplir nuestro deber sacerdotal, pero no debemos *espiritualizar en exceso* la bendición y la maldición. Estos no son conceptos bíblicos divididos en categorías. Bendición y maldición son dos formas de vida distintas, dos formas diferentes de tratar a la gente.[11]

Si alguien leyera en voz alta todo lo que dices en tu vida, ¿qué revelarían tus palabras? ¿Cómo hablas de las personas cuando no están presentes? ¿Las criticas o te jactas de ellas a sus espaldas?

¿Cómo les hablas a las personas cuando están presentes? ¿Las menosprecias o las miras a los ojos y las elogias de frente?

Tengo una carpeta de tres pulgadas (siete centímetros) de grosor llena de notas cariñosas y cartas muy atentas que he recibido de lectores de mis libros y de personas que he tenido el privilegio de pastorear. ¿Por qué las conservo? ¡Porque cada palabra de aliento es un recuerdo! Las palabras de vida son al espíritu lo que el oxígeno es a los pulmones.

¿Las palabras de quién están en tu carpeta?

¿Las carpetas de quién llenarás?

> Como naranjas de oro con incrustaciones de plata son las palabras dichas a tiempo.[12]

Hace algunos años, escalé el Camino Inca a Machu Picchu. Cuando llegamos al paso de la mujer muerta, me agarró un dolor de cabeza punzante por la falta de oxígeno. A esa altura, la atmósfera tiene un treinta y siete por ciento menos de oxígeno. Afortunadamente, nuestro guía sacó un tanque de oxígeno puro. A medida que inhalaba, el dolor de cabeza desaparecía. Las palabras de vida son oxígeno puro. Hay muchos dolores de cabeza y angustias producidas por la falta de palabras de vida. Puede haber un treinta y siete por ciento menos de oxígeno en la atmósfera en que vivo, en la ciudad de Whashington D. C., pero las palabras correctas dichas a tiempo pueden cambiar el juego. ¡Hasta pueden cambiar una vida!

Genealogía

¿Te sorprende que al enemigo de nuestra alma lo llamen el padre de las mentiras o el acusador de nuestros hermanos? Él dice mentiras que pueden consumir la vida que hay en nosotros y sus acusaciones son un golpe inesperado que puede dejarnos sin aliento. ¿Cómo podemos vencer sus mentiras y sus acusaciones? Según el escritor de Apocalipsis, las vencemos "por medio de la sangre del Cordero y por el mensaje [de nuestro] testimonio".[13] A primera vista, una cosa no es como la otra, ¿verdad? No pondría mi testimonio a la par de la preciosa sangre de Cristo, pero es una clave para vencer al enemigo.

¡Tu testimonio tiene el poder de liberar a los demás! ¿Cómo? Bueno, si Dios lo hizo por ti, también tú puede hacerlo por los demás; y si Dios lo hizo antes, puede hacerlo otra vez. ¡Un testimonio es una bendición profética! Es el semillero donde la fe echa raíz y da fruto. Ahora, permíteme lanzar esta moneda al aire:

> El precio de su rescate no se pagó con cosas perecederas, como el oro o la plata, sino con la preciosa sangre de Cristo, como de un cordero sin mancha y sin defecto.[14]

La sangre de Cristo anula la maldición del pecado, rompe el yugo de la esclavitud, paga el rescate por tu redención, garantiza las promesas de Dios y firma el nuevo pacto en la línea punteada.

Es nuestra redención.[15]
Es nuestro perdón.[16]
Es nuestra confianza.[17]
Es nuestra purificación.[18]
Es nuestra sanación.[19]
Es nuestra vida.[20]

En las carreras de caballos es común apostar basándose en la genealogía, o en el linaje. Por si te interesa, casi todos los quinientos mil caballos purasangre de carrera del mundo descienden de veintiocho ancestros que nacieron entre los siglos XVIII y XIX. Según un estudio genético, el origen del noventa y cinco por ciento de los machos purasangre se encuentra en un semental.[21] La genealogía basada en la ascendencia es algo importante cuando se trata de caballos, y lo mismo se puede decir de nosotros.

Una de las canciones que puse una y otra vez el año pasado es *Ya no soy esclavo*, de Bethel Music. Me encanta la parte de la letra que dice: "Tu sangre en mí fluyó".[22] El himno antiguo dice así:

> Hay una fuente sin igual,
> la sangre de Emanuel,
> en donde lava cada cual
> las manchas que hay en él.[23]

Como hijo de Dios, ¡tú perteneces a su linaje! Ese es tu derecho de nacimiento. Esa es tu bendición.

El quinto significado de *barak* es "hacer la paz". Los ángeles que anunciaron la bendición a los pastores en las afueras de Belén dijeron: "… en la tierra paz a los que gozan de su buena voluntad".[24] Ese tratado de paz fue firmado con la sangre de Cristo, sellado por el Espíritu Santo y cumplido con una tumba vacía.

Larga vida y prosperidad

El sexto significado de *barak* es "hacer prosperar".

Si has sido bendecido económicamente, dale el crédito a quien lo merece. Es Dios "quien [nos] da el poder para producir esa riqueza".[25] Es Dios quien nos enriquece "para que en toda ocasión [podamos] ser generosos".[26] Debido a los estragos causados por lo que se conoce como el evangelio de la prosperidad, tendemos a dejar de lado esta bendición. Ese es un error que está a la par de la falsa humildad. En su núcleo, la bendición de Dios tiene trasfondos de productividad y matices de prosperidad. El problema no es la mala interpretación, es el mal uso de ella. Recuerda, Dios no nos bendice para aumentar nuestro nivel de vida, Dios nos bendice para aumentar nuestro nivel de dar.

Antes de pronunciar esta bendición séxtuple, los sacerdotes judíos extendían sus brazos y formaban la letra hebrea *shin* con ambas manos. Esta es la primera letra de la palabra *shalom*, que significa "paz y armonía, prosperidad y tranquilidad". También se utiliza en el idioma como un saludo y una despedida.[27] La *shin* también se encuentra en *Shaddai*, el nombre con el que Abraham, Isaac y Jacob conocieron a Dios. Él se presenta a sí mismo como El Shaddai cuando establece su pacto con Jacob, que es una reafirmación de la bendición original: "Yo soy El-Shaddai, «Dios Todopoderoso». Sé fructífero y multiplícate".[28]

Este es un dato curioso para los fanáticos de *Star Trek*. Leonard Nimoy, quien hizo el papel de Spock, tomó la idea del saludo vulcano de su educación judía ortodoxa. Él utilizaba una mano en vez de las dos, pero el saludo vulcano —"larga vida y prosperidad"— es una versión abreviada de la bendición sacerdotal.[29]

Esta bendición ancestral tiene tu nombre. Nuevamente, no significa que sea un abracadabra que digamos sin pensar como si fuesen palabras mágicas, pero sí es una invocación poderosa. No leas simplemente la bendición, recíbela:

El Señor te bendiga
y te guarde;
el Señor te mire con agrado
y te extienda su amor;
el Señor te muestre su favor
y te conceda la paz.[30]

CAPÍTULO CINCO

Dios en manos de gente airada

Que el Señor sonría sobre ti y sea compasivo contigo.

NÚMEROS 6:25, NTV

El 8 de julio de 1741, Jonathan Edwards predicó un sermón que puede ser uno de los más famosos de la historia estadounidense. Se le atribuye haber sido el catalizador del Gran Despertar, pero me pregunto si ha hecho más daño a largo plazo que el bien que hizo a corto plazo. Aunque no hayas crecido en una iglesia, seguramente en algún momento te topaste con el título "Pecadores en las manos de un Dios airado". No estoy de acuerdo con ese título, ni con el tono.

Antes de que me tildes de hereje, déjame decirte que los escritos de Jonathan Edwards han impactado profundamente mi vida de una forma muy positiva. Edwards fue un académico brillante. Entró a la Universidad Yale cuando tenía doce años y fue el tercer presidente de Princeton. Era un escritor prolífico y un pastor devoto. Su descendencia es bastante impresionante. Algunos nombres que tal vez reconozcas son el de su nieto, Aaron Burr, que se batió en duelo con Alexander Hamilton; el del hijo de su tataranieto, Frank Nelson Doubleday, que fundó la editorial con el mismo apellido; y el de la hija de su tataranieto, la primera dama Edith Roosevelt, esposa de Teddy Roosevelt. Uno más por si acaso: Aaron Rodgers, mariscal de campo de los Green Bay Packers, es un primo muy lejano, ¡pero no quiero desviarme del tema![1]

Jonathan Edwards dejó un gran legado, pero en mi humilde opinión, su sermón más famoso le erró al blanco. El mismo estándar que estoy utilizando con Jonathan Edwards debe utilizarse conmigo y con todos, si vamos al caso. Constantemente le digo a mi congregación: "En cuanto sea omnisciente, se los diré, pero deberán esperar sentados". Y también les digo: "No tomen mi palabra como la verdad". Mi palabra no es el Evangelio. El Evangelio es el Evangelio. Cuando se trata de fe y práctica, la Biblia es nuestra autoridad final. Si lo que digo no se ajusta a las Escrituras, llámenme la atención y disciplínenme.

Estoy completamente de acuerdo con los sermones firmes sobre temas difíciles porque el amor firme lo demanda. Pero esas palabras duras nunca deben traicionar el corazón de nuestro Padre celestial. No tengo ningún problema con la primera palabra del título: *Pecadores*. Eso es exactamente lo que somos, pecadores que necesitan un salvador: "... pues todos han pecado y están privados de la gloria de Dios".[2] Sin embargo, sí tengo un problema con las últimas dos palabras: *Dios airado*.

¿Dios se enoja? Créeme que sí y es muy importante que entendamos cuál es el detonante de la ira de Dios. El rey Salomón nos da una larga lista: "Hay seis cosas que el Señor aborrece, y siete que le son detestables: los ojos que se enaltecen, la lengua que miente, las manos que derraman sangre inocente, el corazón que hace planes perversos, los pies que corren a hacer lo malo, el falso testigo que esparce mentiras, y el que siembra discordia entre hermanos".[3] Sí, Dios aborrece esas cosas. Pero la pregunta es: ¿por qué? ¡Odia esas cosas porque nos ama!

El profeta Malaquías agregó algo más a la lista de Salomón: Dios aborrece el divorcio.[4] Teniendo en cuenta el hecho de que la mitad de los matrimonios terminan en divorcio, es mejor que no malinterpretemos lo que Dios quiere decir. Dios odia el divorcio, pero ¿odia a los divorciados? ¡Claro que no! Dios odia el divorcio por el dolor que causa y por la forma en que hace astillas el árbol genealógico de una familia. Por eso Jesús dijo: "... lo que Dios ha unido, que no lo separe el hombre".[5] Dios odia el divorcio porque el pacto matrimonial es sagrado. Pero si estás atravesando un divorcio, deseo que sepas que Dios no te ama menos por ello. De hecho, ¡no puede amarte más! Dios está contigo, Dios es por ti y Él te ayudará a superarlo.

El corazón de Dios

Digo "amén" a casi todo el mensaje de Edwards: "Pecadores en las manos de un Dios airado", pero no estoy de acuerdo con este pequeño fragmento:

> El Dios que te sostiene sobre el hoyo del infierno, así como uno sostiene una araña o a algún insecto asqueroso sobre el fuego, te aborrece y está terriblemente enardecido; su ira contra ti arde como fuego; él solo te considera digno de ser echado al fuego; sus ojos son tan puros que no soporta tenerte en su vista; eres diez mil veces más abominable a sus ojos que la peor serpiente venenosa.[6]

Reconozco que Edwards vivió en una época muy distinta, ¡pero caramba! ¿Soy yo el único que tiene esta percepción o esas afirmaciones parecen una especie de táctica para atemorizar? Sí, el temor a Dios es el principio de la sabiduría,[7] pero cuando se trata de arrepentimiento, esa no es la estrategia que Dios utiliza. Es su bondad la que nos lleva al arrepentimiento.[8] Cuando Dios quiere que cambiemos, Él nos muestra su bondad y, si eso no funciona, se muestra aún más bondadoso.

No tengo dudas de que subestimamos groseramente la santidad de Dios y, para que conste: no me importa para nada ser políticamente correcto. Lo que estoy defendiendo es la exactitud de la Biblia. Cualquier teología que comience con el pecado original, y no con la bendición original, es una falsa teología y traiciona el corazón de nuestro Padre celestial.

Conozco mucha gente, seguramente tú también, que ha sido golpeada por cristianos creyentes de la Biblia que ocultaban el corazón de Dios con su falta de amor. Proyectan sus propias imperfecciones en Dios y Él se convierte en un "Dios en manos de gente airada". Como resultado final, hay mucha gente que rechaza a Dios por las razones equivocadas: lo rechazan por ser alguien que *no es*, rechazan un reflejo de la gente que proyecta sus imperfecciones en Dios.

Permíteme arriesgarme aquí y darle un pequeño giro a la bendición sacerdotal al intentar traducirla en emojis. No son exactamente un idioma, pero por algo los utilizamos cuando queremos expresar un poco más de emoción.

"El Señor te bendiga" es una cara sonriente con ojos risueños, y le agregaría un saludo vulcano, unas manos de alabanza y un puño cerrado extendido al frente. "Y te guarde" es una cara sonriente con los brazos abiertos para abrazar y un brazo flexionado mostrando los bíceps. "El Señor te mire con agrado" es un sol con cara y una cara dando un beso. "Y te extienda su amor" es la cara guiñando un ojo y el pulgar hacia arriba. "El Señor te muestre su favor" es la cara sonriente con ojos de corazón. "Y te conceda la paz" es la bomba de confeti, el aplauso, el confeti y el *cupcake*, a menos que seas intolerante al gluten. Finalmente, agregaría algunos fuegos artificiales para que comprendamos la dimensión festiva de la bendición.

Algunos de mis profesores del seminario hoy se estarán retorciendo en sus tumbas, pero otros, como el emoji, tendrán lágrimas de alegría. No quiero minimizar esta bendición sacerdotal con ningún tipo de moda, pero me gustaría bajar esta bendición un poco a la tierra. La bendición no es algo abstracto, es tan tangible y cercana como un bebé envuelto en pañales.

Vamos a poner las cosas en claro. Dios no te aborrece (emoji enojado). Sin la revelación del amor de Dios, te relacionarías con Él por miedo y no por afecto, y eso es lo más lejos que puedes estar del corazón de Dios.

Tibio, tibio

Cuando yo era niño, solíamos jugar a un juego con mi abuela llamado *Esconde el dedal.* No tengo idea de si mi abuela inventó ese juego o si otros lo han jugado. Mi abuela escondía uno de sus dedales más grandes y los nietos los buscábamos por toda la casa. Si nos estábamos alejando del escondite, ella nos decía: "Frío, frío". Si nos acercábamos, nos alentaba diciendo: "Tibio, tibio". Cuando estábamos muy cerca de encontrarlo, mi abuela alzaba el tono de su voz y decía: "Caliente, caliente". Esto es lo que hacían los niños antes de los videojuegos, jugábamos a *Esconde el dedal* y nos encantaba.

Si tu Dios está enojado contigo, estás "frío, frío".

Si tu Dios te ama, estás "tibio, tibio".

A. W. Tozer dijo: "Lo primero que viene a nuestra mente cuando pensamos en Dios es lo más importante de nosotros".[9] Déjame hacerte esta pregunta: ¿Qué es lo primero que te viene a la mente? ¿Hay una expresión de enojo en su rostro o tu Padre celestial tiene sus ojos entrecerrados por una sonrisa cariñosa? ¿Está retrocediendo con sus brazos cruzados o se acerca a ti con sus brazos abiertos?

¿Puedo decirte quién eres? No eres una araña que Dios aborrece, desde luego.

Eres la niña de sus ojos.[10]

Eres el objeto de su cariño.[11]

Eres deseado.[12]

¡No dejes que nadie te ponga otra etiqueta!

¡No te pongas tú otra etiqueta!

La clave para una identidad sana y santa es creer que eres quien Dios dice que eres. Creer que eres menos de lo que Dios dice no es favorable para nadie, mucho menos para ti. Eso es falsa humildad, y es tan peligrosa y dañina como el orgullo.

¿Puedo decirte quién es Dios y qué piensa de ti?

Según Job, Dios presume de ti a tus espaldas.[13]

Según Romanos, Él intercede por ti a la derecha del Padre.[14]

Según Salmos, su amor y bondad te siguen todos los días de tu vida.[15]

Según Éxodo, su fidelidad es grande.[16]

Según Jeremías, su bondad es eterna.[17]

Según Cantares, su amor es constante.[18]

Según Sofonías, Él se alegra por ti con cánticos.[19]

¿Por qué estoy citando un sermón del siglo XVIII y sentándolo en el banquillo de los acusados? Porque sus palabras proyectan una gran sombra en el corazón de Dios y nada es más importante que percibir correctamente el corazón de Dios. Sí, Dios *se enoja*, pero no es un Dios airado. ¡Hay una gran diferencia entre ambas actitudes! En pocas palabras, Dios es amor.[20] Sí, su amor genera ese enojo hacia las cosas que están fuera de su voluntad buena, agradable y perfecta. Sin embargo, no hay nada que nos pueda separar del amor de Dios. De hecho, nada de lo que hagas lo hará amarte menos. ¿Por qué? Porque el amor de Dios *no* es reactivo, es la fuerza más poderosa y proactiva de la tierra.

Rechacemos lo que Dios no es

En su autobiografía, *Living With a Wild God* [Viviendo con un Dios salvaje], Barbara Ehrenreich cuenta cómo su familia abandonó a Dios. A finales del siglo XIX, un antepasado de Barbara estaba en su lecho de muerte y su hija llamó al sacerdote para que le diera la extremaunción. El sacerdote mandó a decir que no iría por menos de veinticinco dólares. En ese momento, la bisabuela de Barbara, Mamie McLaughlin, renunció a Dios.[21]

Por una parte, es difícil culpar a Mamie y es muy fácil cuestionar sus decisiones cien años después. Pero quizá, en lugar de rechazar a Dios, Mamie debió haber rechazado al sacerdote. La negativa del sacerdote a dar una bendición resultó contraproducente y se convirtió en una maldición multigeneracional. Luego, Mamie cometió el error que muchos cometemos cuando alguien a quien amamos o en quien confiamos nos defrauda: nos alejamos de Dios. Sé que puede ser algo muy decepcionante, pero si proyectas los errores humanos en Dios, tenemos un "Dios en manos de gente airada". No es la culpa de Dios, a menos que lo culpes a Él por darnos libre albedrío.

Hace algunos años, escuché a Eric Metaxas en el Desayuno Nacional de Oración en Washington D. C. Era difícil no distraerse viendo quiénes estaban allí, pero Eric acaparó mi atención cuando dijo: "Todo lo que rechazaba de Dios, no era Dios". Luego fue un poco más lejos: "Era la religión…, era la gente que va la iglesia y no muestra el amor de Jesús, gente que no hace lo que predica, que es indiferente a los pobres y a los que sufren… Eso era lo que rechazaba, pero ¿adivina qué? Jesús también rechazó eso… Jesús fue y es el enemigo de la religión muerta".[22]

Muchas personas que rechazan a Dios en realidad no lo rechazan a Él, rechazan la religión sin conocerla, rechazan la mala interpretación de quién es Dios. No rechazan a Dios por quien

Él *es*, lo rechazan por quien *no es*. ¿Mi consejo? Ve y rechaza lo que Dios no es, las malas representaciones y descripciones; pero no te detengas allí: emprende una búsqueda para redescubrir quién es Dios en realidad.

Yo tengo una teoría: *si no amas a Dios, es porque no lo conoces*. Espero que esto no resulte altanero, pero si de verdad conoces al Dios de bendición, es imposible resistirse a su amor incondicional e inquebrantable.

Déjame recordarte la latitud y longitud de la bendición de Dios.

En Belén, Él es Dios *con* nosotros.

En el Calvario, Él es Dios *por* nosotros.

En Pentecostés, Él es Dios *en* nosotros.

Espero que hayas experimentado a Dios de las tres maneras en esos tres lugares. Si sabes que Dios está *contigo*, ¡puedes atravesar lo que sea! Si sabes que Dios es *por* ti, ¡puedes superar todos los obstáculos del camino! Y si sabes que Dios está *en* ti, nada puede detenerte. Esa es *la* bendición: ¡Dios con nosotros, por nosotros y en nosotros!

Derechos de nombramiento

Uno de los honores más grandes que Dios le ha dado a la raza humana son los derechos de nombramiento. Él dejó que Adán nombrara a los animales, lo que debe haber sido un poco gracioso para ambos, para Adán y para Dios. Algunos de esos nombres han hecho que los concursos de ortografía sean muy divertidos. ¿Mi favorito? No me decido entre *Wunderpus photogenicus* y *Eucrossorrhinus dasypogon*. Dios también les da a los padres el privilegio de nombrar a sus hijos. Por supuesto, es temporal. Nuestro verdadero nombre será revelado por Dios cuando lleguemos a la eternidad.[23] Mientras tanto, soy Mark.

Al final de la oración sacerdotal, Dios pone su nombre sobre su pueblo:

> Así invocarán mi nombre sobre los israelitas, para que yo los bendiga.[24]

Hay más de cuatrocientos nombres para Dios en las Escrituras y cada uno revela una dimensión única de su carácter. Él es *Jehová Nisi*, nuestro estandarte; *Jehová Rafa*, nuestro sanador; y *Jehová Jireh*, nuestro proveedor.[25] Al darle al pueblo el nombre de Dios, el sacerdote los estaba dotando con el carácter de Dios. Al igual que un escribano que autoriza o una eminencia que respalda, Dios le dio su nombre a su pueblo.

Piensa en ello.

Cuando Diana Nyad tenía nueve años, se paró en la playa de Fort Lauderdale, Florida, y le hizo a su mamá una pregunta inocente:

—¿Dónde queda Cuba?

Su mamá señaló el horizonte y le dijo:

—Está justo allí. No la puedes ver, pero está tan cerca que casi puedes nadar hasta allí.[26]

Veinte años después, en 1978, Diana Nyad intentaría nadar desde Cuba hasta la Florida. Nadó setenta y ocho millas (poco más de ciento veinticinco kilómetros) en cuarenta y dos horas, pero los fuertes vientos del oeste la detuvieron cerca de la meta. El sueño de convertirse en la primera persona en cruzar nadando el estrecho de la Florida permanecería latente por más de tres décadas. A los sesenta años, Diana entendió que era ahora o nunca. Su segundo intento de nadar desde Cuba hasta la Florida se frustró por un ataque de asma. Su tercer intento fracasó porque la picó una medusa azul. Su cuarto intento finalizó con nueve picaduras de medusas.

Finalmente, en la mañana del 31 de agosto de 2013, Diana Nyad haría un último intento. Cincuenta y tres horas y ciento diez millas (ciento setenta y siete kilómetros) después, llegó a la costa de Cayo Hueso.[27] Su lengua estaba muy hinchada, pero logró murmurar estas palabras:

—Tengo tres mensajes: uno, nunca debemos darnos por vencidos; dos, nunca eres demasiado viejo para ir por tus sueños; y tres, parece un deporte individual, pero se necesita un equipo.[28]

Sin su equipo de treinta y cinco personas, entre los que había doctores, meteorólogos, familia y amigos, Diana nunca hubiese llegado a su destino.

¿Cómo Diana Nyad logró hacer lo que nadie había hecho antes? ¿Cómo soportó el castigo físico y mental? ¿Por qué se rehusó a abandonar, incluso después de cuatro intentos fallidos? La motivación es muy complicada y no quiero simplificarla, pero creo que se remonta a algo que sucedió en su quinto cumpleaños.

Su padre, Aristotle Nyad, llamó a Diana a su estudio y le dijo con su acento griego:

—He esperado mucho este momento. Ahora ya tienes cinco años. Hoy es el día en que estás lista para entender lo más importante que te diré en tu vida. —Aristotle abrió un diccionario ampliado que estaba sobre su escritorio, señaló su apellido y le dijo—: Mañana irás a tu jardín de infantes y le preguntarás a tus amiguitos si sus apellidos están en el diccionario. Ellos te dirán que no. Tú eres la única, querida. Tú eres especial.

Luego, Aristotle señaló la página y dijo:

—Tu apellido es Nyad. Primera definición, de la mitología griega: las ninfas que nadaban en los lagos, océanos, ríos y fuentes para proteger las aguas para los dioses. Escúchame, cariño, porque esta es la parte más importante. La siguiente definición: una niña o mujer campeona de natación. Cariño, ¡este es tu destino![29]

¿Cómo Diana Nyad logró hacer lo que nadie había hecho antes? Esta es la respuesta corta: ¡Aristotle Nyad le dio su nombre! La bendición de su padre fue su faro. Cuando la rodearon los tiburones y la picaron las medusas, cuando sufrió deshidratación y alucinaciones, ella persistió gracias a las palabras que su padre le había dicho hacía más de cincuenta y nueve años. ¡Ese es el poder de la bendición!

Así como Aristotle Nyad abrió el diccionario, nosotros debemos abrir la Biblia. Las Escrituras son nuestras. Nos dan un nombre nuevo y una nueva historia. También son nuestra partitura. Habitualmente, los padres judíos cantan la bendición sacerdotal a sus hijos todas las noches. Para cuando un niño cumple trece años, ¡su padre lo ha bendecido 4745 veces! Y el hecho de cantarla ayuda a grabar la letra en su alma.

Nuestros nombres están escritos en el libro de la vida, así como el nombre de Diana estaba en el diccionario. Tu nombre es un derecho de nacimiento y una bendición, pero tu verdadero destino, tu verdadera identidad no serán revelados hasta que te encuentres cara a cara con Dios. Esa bendición eterna resolverá todos los misterios.

Rituales de bendición

Hace algunas décadas, los arqueólogos encontraron dos rollos de plata en un nicho judío cerca de la antigua ciudad de Jerusalén. En ellos estaba escrita la bendición sacerdotal y se cree que son los textos bíblicos más antiguos que existen.[30] Los rollos eran amuletos antiguos, inspirados por las instrucciones dadas en Deuteronomio.

> Grábate en el corazón estas palabras que hoy te mando. Incúlcaselas continuamente a tus hijos. Háblales de ellas cuando

> estés en tu casa y cuando vayas por el camino, cuando te acuestes y cuando te levantes. Átalas a tus manos como un signo; llévalas en tu frente como una marca; escríbelas en los postes de tu casa y en los portones de tus ciudades.[31]

El pueblo judío es ingenioso cuando se trata de rituales para recordar las bendiciones de Dios y se rodean de símbolos de la Torá. En los marcos de las puertas, fijaban unos rollos de pergamino llamados mezuzá, pero no solo en la puerta de entrada. La mezuzá se colocaba en todas las puertas, menos en las de los baños y los armarios. No podías ir a ningún lugar de tu casa sin un recordatorio: "Escucha, Israel: El SEÑOR nuestro Dios es el único SEÑOR".[32]

No puedo evitar pensar en las palabras del entrenador Lou Holtz, que están escritas fuera del vestuario de Notre Dame: "Juega hoy como un campeón". Es una tradición, inmortalizada por la película de culto *Rudy*, que cada jugador de los Fighting Irish golpee el letrero cuando sale del vestuario.

Los judíos practicantes visten, además, un conjunto de cajas de cuero negras llamado filacteria en sus brazos, manos, dedos o frente. Como todos los rituales religiosos, la filacteria se puede asociar fácilmente a un amuleto de la suerte, pero la palabra misma deriva del arameo *palal*, que significa "orar con súplica".[33]

Tatuado

Hace algunos años, prediqué en una conferencia de hombres con Brian *Head* Welch, guitarrista de la banda Korn, ganadora del Grammy a la mejor interpretación de metal. Durante los intermedios, lo entrevisté y decidí salirme del libreto con una pregunta. Brian está bastante tatuado. De hecho, ya casi no le queda espacio para más. Sabía que algunos de sus tatuajes eran de antes de conocer a Cristo, pero me daban curiosidad los que se había hecho después. Así que para comenzar, le dije a Brian:

—Cuéntanos la historia detrás de algunos de tus tatuajes.

Brian dijo que los más dolorosos fueron los de sus párpados. ¡Impactante! Un párpado decía *shekinah* y el otro *kabod*. Ambas son palabras hebreas que significan "la gloria de Dios".[34] Luego habló sobre un versículo que tenía tatuado en el cuello: Mateo 11:28.

> Vengan a mí todos ustedes que están cansados y agobiados, y yo les daré descanso.[35]

Luego de recaudar millones de dólares y de alcanzar grandes éxitos en la industria de la música, Brian tocó fondo. Estaba deprimido al punto de querer suicidarse y se refugió en las drogas y el alcohol. Brian dijo que su vida era un completo desastre cuando su agente inmobiliario le envió un correo electrónico, aparentemente al azar, a las cuatro de la mañana. Brian aún no se había acostado, así que leyó el mensaje. El agente le explicó a Brian que había sentido la necesidad de mandarle un versículo de las Escrituras, específicamente Mateo 11:28. Brian lo leyó y el resto es historia. Decidió aceptar la oferta de Jesús. Trece años después, es una persona completamente diferente. No necesitas estar cerca de él mucho tiempo para sentir que en su corazón y su mente abunda la paz que sobrepasa todo entendimiento.

El perdón de Dios está tatuado en su corazón.

El amor de Dios está tatuado en su alma.

Y, por supuesto, ¡la gloria de Dios está tatuada en sus párpados!

No creo que debas visitar el local de tatuajes de tu ciudad, pero los rituales para recordar las bendiciones de Dios son una misión fundamental. Durante años, me he rodeado de souvenirs espirituales. Por ejemplo, detrás de mi escritorio tengo una foto de los pastos de ganado en Alexandria, Minnesota, donde recibí el llamado al ministerio; colgado en mi pared tengo un letrero de metal de una de las propiedades que hemos comprado milagrosamente; también tengo una botella de licor antigua de la casa de crack que convertimos en la cafetería Ebenezer. Algunos de esos souvenirs pueden parecer insignificantes para otros, como mi boleto al Super Bowl XLV, pero hasta ese recuerdo tiene una historia de bendición.

En la segunda mitad de *Doble Bendición*, exploraremos la importancia de hacer un inventario de tus bendiciones para poder compartirlas. De más está decir que debes establecer rituales de bendición que se ajusten a tu ritmo espiritual. Si eres padre, puede ser una bendición a la hora de dormir o en el desayuno.

Cuando nuestros hijos eran más pequeños, convertí el versículo de Lucas 2:52 en una bendición que hacía sobre ellos casi todos los días. "Crezcan en sabiduría y estatura, y gocen del favor de Dios y de toda la gente". Descubre lo que Dios quiere que hagas, lo que funcione para ti, y ponlo en práctica. Tal vez no veas inmediatamente la rentabilidad de tu inversión, pero esas bendiciones se harán más fuertes. ¡No te sorprendas si inspiran a tus hijos dentro de cincuenta y nueve años!

CAPÍTULO SEIS

Lucha por ello

¡No te soltaré hasta que me bendigas!

Génesis 32:26

Poco después del estallido de la Segunda Guerra Mundial, la Unión Soviética invadió Finlandia. El ejército soviético era tres veces más grande, tenía treinta veces más aviones y cien veces más tanques.[1] Sin embargo, a pesar de llevar todas las de perder, Finlandia salió victoriosa de la guerra de invierno.

El resultado de los conflictos militares está determinado por cosas tangibles como tropas y tanques, pero en esta ocasión, fue algo intangible y difícil de definir lo que los llevó a ganar la guerra. En un artículo del *New York Times* sobre el pueblo finlandés, el autor le dio el crédito a lo que creía que era el mínimo común denominador en el título del reportaje: "Sisu: una palabra que explica Finlandia".

> Los finlandeses tienen algo a lo que llaman sisu. Es una mezcla de bravuconería y valentía, de fiereza y tenacidad, de la habilidad de seguir luchando cuando muchos hubiesen renunciado y luchar con el deseo ganar. Los finlandeses traducen sisu como "el espíritu finlandés" pero es una palabra mucho más rica que eso.[2]

La esencia del ejército finlandés estaba encapsulada en esa palabra: *sisu*. También representó a los atletas finlandeses que dominaron el mundo de las carreras de larga distancia en la década de 1940. El artículo del *New York Times* analiza: "El típico finlandés es un sujeto obstinado que cree en obtener lo mejor de la mala fortuna, demostrando que puede estar aún peor".[3]

Hay momentos en la vida, a menudo aquellos en que sientes que todo está perdido, en los que todo lo que necesitas es un poco de *sisu*. La viuda insistente que Jesús menciona en una de sus parábolas era judía, no era finlandesa, pero tenía *sisu*. Ella no renunciaría a su búsqueda de justicia,[4] tenía lo que yo llamo una santa terquedad. Gente como ella no acepta un *no* por respuesta, pero tampoco se conforman con un *sí*. ¿Por qué? Porque siempre creen en Dios por algo más grande, ¡algo mejor!

No creo en la mala suerte. Es cierto que a la gente buena le suceden cosas malas y que, a veces, esas cosas malas vienen en momentos aún peores. Sin embargo, lo que llamamos "mala suerte" muchas veces es el resultado de malas decisiones o malos hábitos. A veces somos responsables de los resultados y a veces somos espectadores inocentes. De cualquier manera, concentrarse en la *causa* que no podemos controlar es contraproducente. En lugar de eso, debemos enfocarnos en el *efecto* que sí podemos controlar y esforzarnos el doble para hacer algo al respecto.

No podemos evitar que sucedan cosas malas, pero sí somos responsables de nuestra reacción. La vida te derribará, pero tú debes tomar una decisión. Puedes quedarte derrotado o reaccionar como los soldados finlandeses y la viuda judía, y ponerte de pie con más determinación aún para luchar por lo que crees. Un poco de *sisu* puede ayudarte a llegar muy lejos.

Escoge sabiamente tus batallas

Lora y yo solíamos tener una frase en el espejo del baño: "ESCOGE SABIAMENTE TUS BATALLAS". Hay algunas batallas de las que debes retirarte, que no valen tu tiempo o tu energía; pero hay otras en las que no te puedes permitir rendirte. Debes decidir en qué campo de batalla estás dispuesto a morir y entonces, tomar posición.

¿Qué tiene que ver todo eso con la bendición de Dios?

Estaría haciéndole un daño a la doble bendición si no abordara algunas confusiones comunes. Para algunas personas, la bendición de Dios es como un boleto de lotería y esperan tener suerte. Por supuesto, eso no es más que una estrategia bien camuflada para enriquecerse rápido. Otros le quitan importancia a la bendición y la convierten en una especie de truco de magia, reducen a Dios a una fórmula: "si haces *X*, Dios hará *Y*". El problema con eso es que ¡Dios es predeciblemente impredecible!

La bendición de Dios no es buena suerte, es trabajo duro; no es magia, es obediencia a largo plazo. Y ya que estamos hablando del tema, la bendición tampoco es un espectáculo. A Dios no lo impresionan los alardes religiosos. Orar en el lenguaje de la versión Reina Valera Antigua no te hace más efectivo, te lo aseguro.

La bendición de Dios no se puede ganar más que la salvación, es parte del paquete completo que se obtuvo en la cruz del Calvario. Si estás en Cristo, todas las bendiciones de la Biblia te pertenecen.[5] Sin embargo, una vez que has recibido la gracia de Dios, quieres darle a Él todo lo que tienes. Un cuarto de esa ecuación es amar a Dios con todas tus fuerzas, que es con sangre, sudor y lágrimas. También agregaría calorías a dicha mezcla.

El químico francés Louis Pasteur es famoso por decir: "La fortuna favorece a una mente preparada".[6] En el mismo espíritu, Dios bendice a quienes están dispuestos a "sudar la camiseta", a esforzarse por lo que creen. No puedes simplemente orar como si todo dependiera de Dios, también debes trabajar como si todo dependiera de ti. La bendición de Dios no cae en nuestras manos por casualidad. Sí, Dios "les entregó" a los israelitas la tierra prometida, pero eso no significa que los gigantes de la tierra hayan alzado banderas blancas.

Josué no solo peleó la batalla de Jericó, peleó por lo menos trece batallas y derrotó a treinta y un reyes en el proceso. Esos reyes no se rindieron sin dar pelea. Cuando el pueblo de Dios finalmente conquistó la tierra prometida, los campos no produjeron el maíz así solamente, sin que los israelitas plantaran semillas. Ellos tuvieron que arar los campos y cavar pozos con el sudor de su frente. Casi nunca las bendiciones de Dios vienen servidas en bandeja de plata. Debemos trabajar por ellas y, a veces, luchar por ellas con algo de *sisu*.

Buen nombre

En el libro de Génesis, hay un encuentro enigmático que constituye un fascinante estudio de caso respecto a obtener la bendición de Dios. Jacob está regresando a su casa para reconciliarse con su hermano, el mismo a quien le había robado su derecho de nacimiento y su bendición. Luego de enviar a su familia con sus posesiones al otro lado del río, Jacob vivió el momento más decisivo de su vida.

> Una vez que lo habían cruzado, hizo pasar también todas sus posesiones, quedándose solo. Entonces un hombre luchó con él hasta el amanecer. Cuando ese hombre se dio cuenta de que no podía vencer a Jacob, lo tocó en la coyuntura de la cadera, y esta se le dislocó mientras luchaban. Entonces el hombre le dijo:
>
> —¡Suéltame, que ya está por amanecer!

—¡No te soltaré hasta que me bendigas! —respondió Jacob.

—¿Cómo te llamas? —le preguntó el hombre.

—Me llamo Jacob —respondió.

Entonces el hombre le dijo:

—Ya no te llamarás Jacob, sino Israel, porque has luchado con Dios y con los hombres, y has vencido.

—Y tú, ¿cómo te llamas? —le preguntó Jacob.

—¿Por qué preguntas cómo me llamo? —le respondió el hombre.

Y en ese mismo lugar lo bendijo. Jacob llamó a ese lugar Penuel, porque dijo: "He visto a Dios cara a cara, y todavía sigo con vida".

Cruzaba Jacob por el lugar llamado Penuel, cuando salió el sol. A causa de su cadera dislocada iba rengueando.[7]

Los estudiosos de la Biblia no están completamente seguros de quién luchó contra Jacob. Algunos dicen que fue un ángel, mientras otros dicen que es una aparición previa de Jesús. Yo me inclino por tomar a Jacob al pie de la letra: "He visto a Dios cara a cara".[8]

Para apreciar completamente este episodio de la vida de Jacob y su cambio de nombre se necesita un poco de contexto. Cuando nació, Jacob estaba sujetando el talón de su hermano mayor, Esaú, y sus padres lo nombraron conforme a eso. El significado literal de Jacob es "el que sostiene el talón", y eso está bien; pero el significado metafórico es "el que engaña".[9] ¿De verdad? ¿No se les ocurrió un nombre mejor, Isaac y Rebeca? Lora y yo no nos consideramos los mejores padres del planeta, pero fuimos más sensatos y no le pusimos a nuestros hijos Mentiroso, Tramposo e Impostor.

En la cultura judía, nombrar a un hijo es un ejercicio profético. Un nombre es el comienzo de una historia, pero desafortunadamente, Isaac y Rebeca le dieron a Jacob algo para avergonzarlo.

Sin embargo, a pesar de todos sus errores, Jacob tenía una cualidad positiva. Así como los finlandeses, Jacob tuvo *sisu* y su evidencia es esta versión antigua de un torneo de artes marciales mixtas.

Si yo fuera Jacob, habría arrojado la toalla en el mismo instante en que hubiera sabido contra quién tenía que luchar y, probablemente, hubiese admitido la derrota mucho antes de dislocarme la cadera. ¿Qué es lo que mantuvo a Jacob en la lucha? La única respuesta que se me ocurre es esta: Jacob valoraba la bendición sobre todas las cosas. No solo estaba dispuesto a pelear por ella, creo que hasta estaba dispuesto a morir por ella.

Otra vez, la bendición es un regalo de Dios. No puedes ganártela sin más, pero ¿estás dispuesto a jugarte la vida por ella? ¿Estás dispuesto a pasarte la noche en vela por ella? ¿Estás dispuesto a pelear a muerte y recuperarte por ella?

Con todas sus faltas, Jacob sabía exactamente el valor de la bendición y, sin importar si somos conscientes de eso o no, la necesitamos tanto como él. Kate Patterson, en su maravilloso libro *The Promise of Blessing* [La promesa de la bendición], menciona que el pueblo judío entendía las "ventajas concretas" de la bendición. No era solo una ilusión, no era solo algo que vendría. "Por eso, la gente del Antiguo Testamento deseaba la bendición aún más de lo que la gente del siglo XXI desea el éxito", dice Patterson.[10] ¡Tal vez esas dos cosas sean lo mismo!

Nuestras batallas más difíciles muchas veces terminan siendo las lecciones más duras. Esa clase de lecciones que no olvidas jamás. La negativa de Jacob de dejar ir a Dios hasta que lo bendijera termina siendo el punto de inflexión, el momento crítico de su vida. No solo cambió su trayectoria. ¡Dios cambió su nombre! Jacob se convirtió en Israel y ¡el resto es historia!

Ve y trae tus cicatrices

Según la leyenda, cuando los caballeros de la mesa redonda regresaban a la corte del rey Arturo luego de una batalla, eran evaluados cuidadosamente. Si sus cuerpos no tenían cicatrices de guerra, eran enviados nuevamente a la batalla con una orden: "¡Ve y trae tus cicatrices!".

Cuando estudio las Escrituras, la gente que más admiro es la que tiene más cicatrices. Es fácil imaginar a David y a sus valientes comparando sus cicatrices de guerra mientras comparten las historias de cada una. La página de Wikipedia de Pablo incluye una larga lista de incidentes que pusieron en riesgo su vida y deben haberle dejado alguna evidencia física del dolor y el sufrimiento que debió superar. De hecho, dijo: "... yo llevo, en mi cuerpo, cicatrices que muestran que pertenezco a Jesús".[11] Luego está Jesús en sí mismo, quien estableció el paradigma a seguir, no solo con sus manos y sus pies perforados por los clavos, sino también con su espalda tatuada por un látigo romano y la marca permanente de la corona de espinas en su frente.

Por favor, haz todo lo que esté en tu poder para evitar herirte a ti mismo, pero no puedes esquivar los golpes y moretones provocados por jefes malos o pérdidas dolorosas. Sin embargo, esas cicatrices obtenidas por buscar la bendición pueden ser tu mayor fuente de orgullo.

En su libro *Por compasión*, Bryan Stevenson cuenta sus esfuerzos en la lucha contra la injusticia dentro del sistema criminal. Me hizo llorar más de una vez, pero una historia en particular me conmovió. Mientras Bryan contaba su historia en una pequeña iglesia afroamericana de Alabama, vio a un caballero mayor en una silla de ruedas que mantuvo un intenso contacto visual durante toda la charla. Cuando terminó, el hombre arrinconó a Bryan y le hizo una pregunta que no supo responder:

—¿Sabes lo que estás haciendo? —Bryan no sabía qué responderle, por lo que el hombre se lo preguntó tres veces. Luego reveló la respuesta a su pregunta retórica—: ¡Estás proclamando justicia!

El anciano agarró a Bryan del brazo para acercarlo, inclinó su cabeza y le dijo:

—¿Ves esta cicatriz en mi cabeza? Me la hice en el condado de Greene, Alabama, intentando registrarme para votar en 1964. —Sin soltar a Bryan, continuó—: ¿Ves esta cicatriz al costado de mi cabeza? —dijo girando su cabeza para mostrar una cicatriz de cuatro pulgadas (diez centímetros)—. Me la hice en Mississippi reclamando los derechos civiles. —El hombre bajó su cabeza una vez más para mostrar una herida en la base de su cráneo—. ¿Ves esa marca? Me la hice en Birmingham luego de la cruzada de los niños.

El anciano apretó más fuerte el brazo de Bryan y dijo, con lágrimas en sus ojos:

—La gente cree que estas marcas son mis cicatrices, mis cortes y mis heridas, pero no lo son. Estas son mis medallas de honor.[12]

¿Recuerdas el paraguas de bendición? Así como no evita que te mojes, tampoco evita que salgas lastimado. ¡Incluso aunque tu causa sea justa! Después de luchar con Dios, Jacob caminó con dificultad por el resto de su vida, pero esa cojera era un recuerdo constante de la bendición de Dios. Lo mismo puede suceder con tus cicatrices, tu dolor, tus moretones y tus lastimaduras.

¿Puedo contarte un pequeño secreto?

¡No confío en los líderes que no cojean! Un líder que tiene todas las respuestas no responde las preguntas difíciles y un líder que tiene todo resuelto, todo el tiempo, está fingiendo. Lo sé, ¡preferimos caminar sobre el agua! Pero el problema con eso es que ¡nadie puede seguirte! Si quieres inspirar confianza, no compartas solo tus logros. Si compartimos auténticamente nuestros fracasos, inspiramos confianza y provocamos que aumente la empatía. La gente seguirá a un líder como ese hasta el fin del mundo: un líder con una cojera de bendición. ¿No es exactamente lo que hicieron los discípulos? De hecho, siguieron a Jesús aún más lejos. ¡Once de los doce lo siguieron hasta la muerte!

Liderar con cojera

He tenido el gozo y el privilegio de liderar la National Community Church por más de dos décadas y, honestamente, puedo decir que no querría estar en ningún otro lugar haciendo nada más. Sin embargo, si has liderado algo por tanto tiempo, sabes que hay desgastes que producen golpes y heridas.

Déjame contarte algunas de las lecciones más difíciles que he aprendido en el camino.

Primero: *mantén el sentido del humor.*

La gente más feliz, más sana y más santa del planeta es aquella que más se ríe de sí misma. Las palabras *humildad* y *humor* provienen de la misma raíz latina. Etimológicamente, son primas. Por supuesto, mantener el sentido del humor en situaciones duras es tan difícil como mantenerse alerta.

Cuando Ronald Reagan asumió la presidencia, el 20 de enero de 1981, fue el presidente electo de más edad. Cuatro años después, su edad era un problema. Sin embargo, Reagan logró desarmar a su oposición política riéndose de sí mismo. "Cuando me hago un examen físico ya no me preguntan mi edad, me hacen datación por carbono", dijo Reagan.[13] Durante un debate presidencial en 1984, Reagan no evitó el tema de su edad. Dirigió su discurso a aquellos que pensaban que era muy viejo para postularse diciendo: "No voy a hacer que mi edad sea un tema en esta campaña. No voy a aprovecharme con fines políticos de la juventud y la inexperiencia de mis oponentes".[14] Hasta Walter Mondale, su oponente político, no pudo evitar reírse. Cuando todo lo demás falla, ¡intenta mantener el sentido del humor!

Segundo: *mantén el sentido de la perspectiva.*

Una forma de lograrlo es contando nuestras bendiciones. Y aunque, de cierto modo, puede sonar perverso, otra forma de hacerlo es ¡recordándonos que las cosas podrían estar peor! Los psicólogos lo denominan "pensamiento contrafactual". Esta carta ficticia escrita por una estudiante universitaria a sus padres es un buen ejemplo:

> Queridos papá y mamá:
>
> Tengo muchas cosas que decirles. A causa del incendio que se produjo en mi dormitorio por una pelea estudiantil, sufrí un daño pulmonar temporal y tuve que ir al hospital. Cuando estaba allí, me enamoré de un camillero y nos fuimos a vivir juntos. Abandoné la facultad cuando me enteré de que estaba embarazada, y luego a él lo despidieron de su trabajo por su problema con la bebida. Así que vamos a mudarnos a Alaska, donde quizá nos casemos después del nacimiento del bebé.
>
> Su hija que los ama.
>
> P. D.: Nada de esto sucedió en realidad, pero reprobé mi clase de química y solo quería ponerlo en perspectiva.

Una de las mejores formas de mantener la perspectiva es profetizar nuestra alabanza. No es solo alabar a Dios por lo que *ya hizo*, en tiempo pasado. Es alabarlo por fe, por lo que *hará*, en tiempo futuro. En vez de concentrarnos en nuestras circunstancias, declaramos el carácter de Dios y sus promesas. Dicho de otro modo, profetizar es declarar lo que sucederá en el futuro. Puedes profetizar temor, profetizar duda, profetizar sufrimiento. ¡O puedes profetizar alabanza! Se trata de rechazar la presencia de aquello que está mal en nosotros, alabando lo bueno de Dios. Cuando profetizamos nuestra alabanza, recobramos la perspectiva recalibrando nuestro espíritu.

Tercero: *di lo que debas decir.*

Vivo en una ciudad que a veces tuerce los hechos y oculta la mentira tras una imagen de autenticidad. Eso sí, no sucede con todos los políticos, ¡pero sí con unos cuantos! La ironía es que casi todos pueden ver a través de nuestra cortina de humo. ¿Sabes lo que realmente le agrada a la gente? ¡La buena autenticidad a la antigua! ¡Especialmente cuando se combina con humildad! La bendición nunca es engañosa o hipócrita, no dice las novelerías que quieres oír.[15] La bendición está llena de gracia *y* de verdad, la *gracia* de Dios te dice: "Te amo pase lo que pase" y su *verdad*: "Seré honesto contigo pase lo que pase". No interiorices las cosas, verbalízalas, pero asegúrate de hablar con la verdad del amor. Eso significa que no debemos decir las cosas para simplemente "sacárnoslas del pecho", sino porque nos importan lo suficiente como para confrontarlas.

Cuarto: *controla lo que puedes controlar.*

¡Es mucho más fácil *actuar* como cristianos que *reaccionar* como tales! No puedes controlar cómo te trata la gente, pero siempre puedes controlar cómo tratas a los demás. Como líder, he tomado algunas decisiones difíciles con las que no todos estuvieron de acuerdo. Pero eso viene con el paquete, ¿verdad? Los líderes deben tomar las decisiones que nadie más quiere tomar y eso significa que somos el imán para las quejas de la gente, o peor, ¡su saco de boxeo! Sin embargo, me rehúso a reaccionar. Sin duda, confrontaré a la gente si no estoy de acuerdo con su tono o con sus estrategias, pero tomé la decisión hace tiempo de hacer mi mejor esfuerzo para que todos los que se encuentren conmigo se sientan *amados*, *escuchados* y *bendecidos*.

Proverbios 19:11 dice: "El buen juicio hace al hombre paciente; su gloria es pasar por alto la ofensa". En otras palabras, que tu meta sea ser "inofendible". Eso no significa que te conviertas en el saco de boxeo de alguien, pero sí que pongas la otra mejilla. Cuando te ofendes, comienzas a defenderte con tu vida, destrozas a quien hiere tu amor propio y dejas que el escepticismo y el cinismo penetren en tu alma. Si no lo aceptas y te ofendes, tu espíritu se infecta hasta que se llena de amargura. Eso no solo te quita el gozo, también te roba la bendición.

Quinto: *está bien no estar bien*.

Si miras el retrato de un presidente de Estados Unidos *antes* y *después* de asumir la presidencia, por lo general parece que ha envejecido muchos más años que los cuatro u ocho que estuvo ocupando el cargo. El liderazgo te pasa su cuota y también lo hace la vida. He tenido temporadas que me han llevado a lo que creí que era mi punto de quiebre emocional o físico. Es como hacer demasiadas repeticiones de pesas sobre el pecho. Sin un observador para ayudarte, tienes solo dos opciones: que se te caiga la barra encima o inclinarla hasta que se le caiga el peso. Ambas opciones son vergonzosas, y así es como nos hace sentir nuestra debilidad. Sin embargo, son esas debilidades las que nos hacen agradables, alguien con quien los demás pueden identificarse.

Para ser honesto, cada año camino con mucho más que una renguera, y está bien. Me gustaría decirte que el liderazgo se hace más fácil con el tiempo, pero, en mi experiencia, no es así. ¡Los riesgos cada vez son más altos! Pero como a Jacob, ¡la renguera nos recuerda aquello por lo que hemos pasado para obtener la bendición!

Sexto: *las bendiciones de Dios te complicarán la vida*.

Esta simple revelación cambió mi forma de vivir y de liderar. El pecado te va a complicar la vida de formas en las que no debería hacerlo, pero las bendiciones de Dios te la complicarán de formas en las que sí deberían hacerlo.

Cuando Lora y yo nos casamos, nuestra vida se complicó. ¡Alabado sea Dios por un cuarto de siglo de complicaciones! Tenemos tres complicaciones llamadas Parker, Summer y Josiah, ¡y no imagino mi vida sin ellos! Cuanto más grande es la organización que lideras, más complicado es. Cuanto más dinero tienes, más complicados serán tus impuestos. No lo sabía en ese momento, pero cuando oré por la doble porción a los pies del ataúd de mi suegro, ¡le estaba pidiendo a Dios que complicara mi vida el doble! Y, alabado sea Dios, Él respondió esa oración. Si me pides que ore para que Dios te haga la vida más fácil, no lo haré. Oro para que Dios te complique la vida de formas que solo Él puede hacerlo, ¡con una doble bendición!

¿Recuerdas la recompensa por la buena obra en la parábola de los talentos? No eran unas vacaciones extra o una jubilación anticipada. La recompensa por la buena obra era *más* trabajo. Así es como funciona el reino de Dios.

A decir verdad, muchas de nuestras oraciones giran en torno a nuestra comodidad personal. ¡Yo creo que es lo contrario! Si te sientes audaz, intenta hacer esta oración: *Señor,* ¡complícame la vida!

Un plato de lentejas

Permíteme regresar a Jacob una última vez.

Este es un libro acerca de *cómo recibir la bendición*, pero sería negligente de mi parte no describir también todas las formas en que podemos perderla. Esa lista es tan larga como las genealogías de la Biblia y está llena de advertencias. Sansón la perdió vendiendo su secreto por una noche de placer. Judas la perdió por treinta piezas de plata. Luego está Esaú, que vendió su primogenitura a Jacob ¡por un plato de lentejas!

Es fácil condenar a Sansón por su falta de autocontrol, pero ¿cuál es tu llamado de alerta? Es fácil condenar a Judas por venderse, pero ¿cuál es tu precio? Es fácil acusar a Esaú por su poca visión, pero ¿cuál es tu talón de Aquiles?

El pecado es la representación del poco sentido común. Casi siempre, el pecado cubre una *necesidad legítima* de una *forma ilegítima*. ¡El pecado es muy astuto! Y nosotros no tenemos coartada, solo la cruz de Jesucristo. El pecado no merece que paguemos ese precio, y lo sabemos, pero aun así, lo hacemos. Por supuesto, la pregunta es: ¿por qué? No hay una respuesta fácil a esa pregunta, pero si no valoramos la bendición de Dios por sobre todas las cosas, vendemos nuestra alma y nos conformamos con un sustituto barato. Sansón se conformó con sexo; Judas, con dinero; y Esaú, con comida. No ha cambiado mucho, ¿verdad?

Si estamos sometidos al pecado, nuestro intento de *no pecar por el simple hecho de no hacerlo* es una batalla perdida. Necesitas ver más allá de la tentación del plato de lentejas. Solo así comprenderás lo que realmente significa el pecado: conformarse con menos de lo mejor que Dios te puede dar. La bendición de Dios es el tesoro escondido,[16] la perla de gran precio[17] y la corona de gloria que nunca se desvanece.[18]

Existe una diferencia entre la *voluntad* de Dios y la *manera* de Dios. La voluntad de Dios es tan explícita como los diez mandamientos escritos en las tablas de piedra. Las maneras de Dios son extrañas y misteriosas.[19] ¿Sabías que puedes hacer la voluntad de Dios y Dios puede oponerse? Eso suena a sacrilegio, ¿verdad? Pero si haces la voluntad de Dios con un espíritu de orgullo, Dios no puede bendecirte. ¿Por qué? Porque "Dios resiste a los soberbios".[20] Esa es una premisa aterradora, ¿no crees?

Moisés quería liberar a su pueblo de la injusticia de la esclavitud, esa era la voluntad de Dios, pero lo hizo de la manera equivocada. Intentó acelerar el plan de Dios matando a un capataz egipcio y por eso retrasó cuarenta años la liberación.

Si quieres experimentar la completa bendición de Dios, debes hacer la voluntad de Dios a la manera de Dios y tener cuidado de no hacer que *tu manera* sea *la manera*. En las palabras de Oswald Chambers: "No conviertas tus experiencias en principios a seguir, deja que Dios sea tan original con otros como lo es contigo".[21] Nuevamente, la bendición de Dios es tan única como tus huellas digitales.

No te conformes con un plato de lentejas.

Espera lo mejor de Dios, su bendición.

¡Vale la pena luchar por eso hasta el amanecer como Jacob!

CAPÍTULO SIETE

Una bendición disfrazada

¿Quién te crees tú, gigantesca montaña? ¡Ante Zorobabel solo eres una llanura! Y él sacará la piedra principal entre gritos de alabanza a su belleza.

Zacarías 4:7

"Ahora soy el hombre más miserable".

El hombre que pronunció estas palabras también agregó: "Si mis sentimientos se dividieran equitativamente entre toda la familia humana, no habría ni un rostro sonriente en la tierra". Y su pronóstico no era mucho más optimista que su diagnóstico: "No puedo decir si alguna vez estaré mejor. Muy lejos está de mí que lo haga".[1]

Tal vez alguna vez te has sentido así o has dicho palabras similares.

Son pocas las biografías que comienzan con una vida de menos oportunidades o más adversidad. En primer lugar, la vida rural en Estados Unidos a principios del siglo XIX no era fácil, pero además, él nació en una pobreza lamentable. Su madre, a quien adoraba, murió cuando solo tenía nueve años. Como consecuencia de esa pérdida, él y su hermana de doce años fueron abandonados por su padre durante siete meses. Cuando regresó con su nueva esposa, la nueva madrastra los encontró viviendo como animales. Su padre creyó que el tiempo que invertían en la escuela estaba doblemente desperdiciado. No solo era una pérdida de tiempo, sino que también lo privaba del trabajo manual de su hijo. Si su padre lo veía leyendo, era capaz de destruir el libro y de azotarlo.

Cuando alcanzó la mayoría de edad y pudo dejar a su familia, hizo un bulto con sus pocas posesiones, lo colocó sobre su hombro y caminó unas cien millas (casi ciento sesenta y un kilómetros) en dirección oeste para alejarse de su pasado lo más posible. Por supuesto, las millas no borran los recuerdos. Él ya estaba marcado con una "melancolía profunda y misteriosa", como describió un amigo.[2]

La tendencia durante sus años de adulto no fue muy diferente a su niñez. Sufrió de angustia con la muerte de su primer amor, comenzó un negocio que terminó en bancarrota y su incursión en la política se encontró con varias derrotas, no una ni dos, sino seis veces.

A pesar de todos esos desafíos personales y contratiempos profesionales, Abraham Lincoln finalmente ganaría la oficina más importante del país y se convertiría en uno de los presidentes más amados y venerados en la historia de Estados Unidos. Me atrevería a decir que no fue *a pesar* de esos desafíos y contratiempos, sino que fue *gracias* a ellos. Son los desafíos del pasado los que nos preparan de formas extraordinarias para las oportunidades futuras. ¿Quién mejor para dirigir este país durante una guerra civil que un hombre que tuvo que superar tantos obstáculos?

Temporadas de sufrimiento

Dios nos hace crecer espiritualmente de cien maneras diferentes, pero el método más efectivo es permitiéndonos soportar situaciones que demandan el carácter que debemos cultivar. ¿Él podría librarnos de esas situaciones difíciles? Claro que puede, pero nos ama tanto que no quiere que nos saltemos nuestra santificación.

Dios no siempre nos libra de nuestras dificultades, pero sí nos libera a través de ellas.

La mejor forma de cultivar la paciencia es poniéndonos en una situación que demande paciencia, mucha paciencia. ¿Qué hay de la valentía? Bueno, no es la ausencia del miedo, ¡eso seguro! ¿Qué hay del amor? No hay mayor oportunidad para poner en práctica el amor de Dios que cuando estás rodeado de enemigos. ¿Misericordia? No puedes poner en práctica el perdón si nunca te han ofendido. Si necesitas más paciencia, valentía, amor o misericordia, no te sorprendas si te encuentras en una situación que demande una medida mayor de alguna de esas cosas.

No estoy diciendo que es Dios, proactivamente, quien nos pone a propósito en esas situaciones, pero muchas veces Él las permite porque son parte de nuestro proceso de maduración. Como ya dije, el paraguas de bendición no es una carta de inmunidad ni es una carta para salir gratis de la cárcel. Aún estamos sujetos a la ley de siembra y cosecha, y vivimos en un mundo caído, lo que significa que tendremos nuestra justa medida de dolor y sufrimiento. Además, Dios no es un padre sobreprotector. Así como José, Ester, David y Daniel, nosotros también tendremos contratiempos personales y temporadas de sufrimiento. La buena noticia es que serán por nuestro bien y para la gloria de Dios.

Lo último que deseo es restarle importancia a las dificultades que has atravesado. Al contrario, en realidad quiero reconocerlas. Pareciera que cada ciclo de noticias trae nuevas acusaciones de acoso o abuso sexual. Si tú has sido víctima de ese tipo de abusos, no son solo noticias. Esas historias disparan sentimientos muy dolorosos. Si has experimentado la angustia de la pérdida de un embarazo, el llanto de un bebé puede tocar una fibra sensible y provocar una gran tristeza. Si has atravesado un divorcio difícil o el médico te ha dado un diagnóstico desalentador, puedes llegar a sentir que cargas con mil libras sobre tus hombros.

No sé qué desafíos estás enfrentando, pero sé que la gracia de Dios es suficiente. Esa gracia se puede experimentar de mil maneras distintas. A veces se manifiesta a través de amigos cercanos y consejeros sabios. A veces es un día en la playa o una aventura en la montaña. Y, por supuesto, es una relación con el Dios que nunca nos deja ni nos abandona.[3] Él es el Dios que nos da una corona en lugar de cenizas, aceite de alegría en vez de luto y traje de fiesta en vez de espíritu de desaliento.[4] ¿Cómo lo sé? Porque las Escrituras lo dicen y yo lo he vivido. He caminado por el valle de sombra de muerte más de una vez y he visto a Dios redimir el dolor inconsolable y el sufrimiento inimaginable. También he visto a Dios convertir los peores días de mi vida en algunos de los mejores.

Antes de un gran logro

En 1853, Charles Spurgeon se instaló como pastor de la New Park Street Chapel. Era la iglesia más grande de Londres, y Spurgeon solo tenía diecinueve años. Pastoreó la iglesia por treinta y ocho años y, durante su ejercicio, se convirtió en la más grande del mundo. Spurgeon era conocido como el príncipe de los predicadores. Los taquígrafos transcribían sus sermones y los vendían por un centavo. ¿Un dato curioso? Cuando me gradué del instituto bíblico, me regalaron una colección de ochenta y seis volúmenes de los sermones de Spurgeon.

Además de predicar de cuatro a diez veces por semana, Spurgeon escribió ciento cincuenta libros. También fundó un instituto para pastores, abrió un orfanato, fue el jefe de redacción de una revista mensual y supervisó sesenta y seis obras de caridad.[5] ¡Me pregunto qué haría en su tiempo libre!

Exactamente dos semanas después de que Abraham Lincoln se mudara a la Casa Blanca, el 18 marzo de 1861, la congregación de Spurgeon se mudó al Tabernáculo Metropolitano que estaba recién construido.[6] ¿Él estaba feliz? Seguramente, pero hay algo más que debes saber acerca de él. Al igual que Lincoln, sufrió de depresión gran parte de su vida y esos episodios depresivos me resultan intrigantes e instructivos. Dicho en las propias palabras de Spurgeon:

> Antes de cualquier gran hazaña es muy útil cierta medida de la misma depresión. [...] Tal fue mi experiencia cuando llegué a ser pastor por primera vez en Londres. Mi éxito me asombraba, y el pensar en la carrera que se abría delante de mí, en vez de exaltarme, me lanzaba a la más baja profundidad, desde la cual pronunciaba mi *miserere* y no hallaba lugar para un *gloria in excelsis*. ¿Quién era yo para continuar dirigiendo tan gran multitud? Yo me trasladaba a la oscuridad de mi aldea, o emigraba a los Estados Unidos de América y me buscaba un nido solitario en alguna región remota, donde yo fuera suficiente para las cosas que se me exigían. Y eso fue precisamente cuando la cortina del trabajo de toda mi vida se estaba levantando [...] Esta depresión me vuelve cada vez que el Señor está preparando una bendición mayor para mi ministerio.[7]

Descubrí esta confesión de Spurgeon cuando me sentía exactamente como él. Me sentí completamente abrumado cuando nos embarcamos en un desarrollo inmobiliario que sabía que llevaría muchos años y muchos millones de dólares. No me estoy quejando. Honestamente, ¡no lo hubiese hecho de otra manera! Pero mentiría si te digo que, por momentos, no enfrenté dudas, desánimo y depresión. ¡Supongo que no estoy solo!

Hace poco estuve en una reunión multicultural de pastores en Washington D. C., y uno de esos pastores fue muy valiente al compartir su lucha contra la depresión. Continué preguntando si algún otro pastor en la sala estaba luchando contra lo mismo. Según mis cálculos, ¡la mitad de las manos se levantaron! ¿Te puedo decir por qué necesitamos confesar nuestras faltas y puntos débiles unos a otros? ¡Para recordarnos a nosotros mismos que no estamos solos! No creo que todas esas manos representen un episodio depresivo grave según la definición del *Manual diagnóstico y estadístico de los trastornos mentales* (*DSM-V*),[8] ¡pero tampoco lo están escondiendo! Si estás luchando contra la depresión, no intentes enfrentarla solo. ¡Busca ayuda!

Hay momentos en la vida en que se instala la oscuridad y sentimos la tentación de renunciar a un matrimonio, a un sueño o hasta a nuestra relación con Dios. A veces lo más espiritual que puedes hacer es quedarte allí un poco más. Ya vendrá un nuevo día y, con él, vendrán las misericordias de Dios. En mi experiencia, las luchas internas y la oposición externa muchas veces son indicadores de que estás a punto de lograr algo grande. Tal vez, ¡es Dios abriendo caminos para una bendición mayor!

Antes del amanecer siempre está más oscuro

En 1650, un teólogo inglés llamado Thomas Fuller escribió un diario de viaje religioso en el que decía: "Justo antes de que amanezca, el día siempre está más oscuro".[9] Con el tiempo, esa expresión se convirtió en un principio: *Muchas veces las cosas parecen estar en su peor momento justo antes de que mejoren.*

Hay momentos en la vida en que no sabemos cómo llegar al otro lado de nuestros problemas. De hecho, ni siquiera sabemos si existe otro lado. A veces es una etapa de transición. Te mudas a un lugar nuevo, te desorientas un poco y te sientes perdido y solo. A veces es un tiempo de dolor, una pérdida que hace girar la aguja de la brújula mientras intentas orientarte hacia una nueva normalidad. A veces es una nueva estación de la vida, como la crisis de los veintitantos o la de la mediana edad, cuando evalúas tu situación y ves que no está a la altura de las expectativas que tenías hace diez o veinte años. Y, por supuesto, a veces es un tiempo de depresión, como el que sufrieron Charles Spurgeon o Abraham Lincoln.

Si te encuentras en uno de estos momentos, necesitas saber que tenemos un Sumo Sacerdote que se compadece de nuestras debilidades.[10] Jesús no solo cargó una cruz de trescientas libras (ciento treinta y seis kilogramos), sino que cargó todo el peso del pecado del mundo en sus hombros santos y de esa forma derrotó al pecado y a la muerte. También rompió la maldición que venía desde el Edén.

> Cristo nos rescató de la maldición de la ley al hacerse maldición por nosotros, pues está escrito: "Maldito todo el que es colgado de un madero". Así sucedió, para que, por medio de Cristo Jesús, la bendición prometida a Abraham llegara a las naciones.[11]

La cruz era el símbolo de la vergüenza, la muestra de la tortura. ¡No existe injusticia más grande en la historia de la humanidad que el Hijo de Dios siendo crucificado por su propia creación! Sin embargo, Dios cambió la maldición convirtiéndose Él mismo en la maldición y convirtiendo a la cruz en un símbolo universal de amor, esperanza y perdón.

Dios lo bendiga

En el año 536 a. C., un remanente de refugiados judíos regresó a Jerusalén y comenzó a reconstruir el templo que Nabucodonosor había destruido. No mucho tiempo después de echar los cimientos, el proyecto de reconstrucción se detuvo casi quince años sin experimentar ningún progreso.[12] Si has tenido un sueño cuyo cumplimiento se desvía o se retrasa, sabes lo desalentador que puede ser. Sin embargo, muchas veces Dios aparece justo cuando estamos a punto de darnos por vencidos. A último momento, Dios resucita el sueño y llama a Zorobabel para comenzar la reconstrucción con estas palabras:

> ¿Quién te crees tú, gigantesca montaña? ¡Ante Zorobabel solo eres una llanura! Y él sacará la piedra principal entre gritos de alabanza a su belleza.[13]

Zorobabel no tenía muchas posibilidades debido a la abrumadora oposición, pero no había razón para preocuparse. Todo lo contrario, si no estás experimentando alguna oposición, puede ser que estés manteniendo las cosas tal como estaban y tu actitud no esté marcando mucho la diferencia. ¿La oposición es divertida? ¡Para nada! Pero he aprendido algunas lecciones sobre la oposición a lo largo de los años.

Primero: *no puedes complacer a todos todo el tiempo*. La teoría de difusión de innovaciones dice que el dieciséis por ciento de la distribución normal de los humanos son "tradicionales". No importa si tu nombre es Moisés y bajas del monte Sinaí con tablas de piedra escritas por la mano de Dios, aun así, el dieciséis por ciento de las personas no van a comprar lo que estás vendiendo. En las palabras que inspirarían a Abraham Lincoln: "Puedes complacer a algunas personas todo el tiempo; puedes complacer a todas las personas parte del tiempo; pero no puedes complacer a todas las personas todo el tiempo".[14] Así son la vida y el liderazgo.

Segundo: *las bendiciones de Dios no siempre parecen bendiciones al principio*. ¿Has visto lo que la gente grita después de todo?

Grita: "Que Dios lo bendiga, que Dios lo bendiga". Un día le agradeceremos a Dios tanto por las oraciones que no respondió como por aquellas que sí. ¿Por qué? Porque le pedimos cosas que arruinarían los planes y propósitos que Él está obrando en nosotros. Del mismo modo, un día le agradeceremos a Dios los desafíos que hemos enfrentado tanto o más que los que hemos evitado. Tal vez al principio deseamos maldecirlos, pero, al final del día, los veremos como realmente son: ¡bendiciones disfrazadas!

Como a todos, no me gusta la oposición, pero una tercera lección que he aprendido es que *la oposición puede tener el efecto de mejorar la visión*. No hagas caso omiso a las críticas, escúchalas porque, para bien o para mal, pueden ser señales de alarma. Seguro, algunas de esas críticas representan a quienes se resisten, los tradicionales, pero es necesario que no solo escuches esas preocupaciones, sino que intencionalmente las enfrentes y las respondas de manera auténtica. Sin importar lo que hagas, ¡no finjas tener todas las respuestas! Recuerda, la gente no confía en líderes que tienen todo resuelto, confían en líderes que cojean.

Si no permites que la oposición te domine, podrás derrotarla. Eso te hará una mejor persona y allí está la bendición. Llegamos a ser quienes somos gracias a las montañas que superamos. Tendemos a maldecir a las montañas que aparecen en nuestro camino o a intentar evitarlas por completo, pero en ese momento aún no sabemos si el obstáculo es una bendición o una maldición. A veces, lo que creemos una bendición en realidad es una maldición disfrazada y viceversa. No te apresures a maldecir los desafíos que enfrentas porque Dios puede estar preparándote para algo más grande y mejor.

El obstáculo es el camino

En el año 170 d. C., Marco Aurelio se mostró elocuente sobre el tema de poner los obstáculos patas arriba. El último de los cinco buenos emperadores escribió estas palabras inmortales: "El impedimento de la acción la hace avanzar. Lo que se interpone se convierte en el camino".[15] Básicamente, *el obstáculo es parte del camino.*[16] Esto no es solo *jiu-jitsu* filosófico o ver el lado positivo de las cosas. Cada vez que tengo una adversidad, me recuerdo a mí mismo que Dios está aumentando mis habilidades.

En 2017, corrí el maratón de Chicago para celebrar que Dios me había sanado de asma después de haberla sufrido por cuarenta años. Aprendí muchas lecciones mediante esa experiencia. ¿La más importante? Para correr 26.2 millas (42.195 kilómetros), debes desafiar tus límites físicos estableciendo metas ambiciosas y eso requiere un gran dolor. Al principio, correr tres millas (4.8 kilómetros) parecía ambicioso, pero al final de mi entrenamiento, corría tres millas en mi día de descanso y recuperación. Así mismo sucedió con cada distancia que me fui poniendo de meta en el entrenamiento, excepto con el maratón en sí mismo.

La vida es así, ¿verdad? Experimentar estrés estira nuestra resistencia, hace que nos esforcemos al máximo. De esa forma, Dios aumenta nuestra capacidad de tomar decisiones difíciles o de manejar situaciones complicadas. Solía pensar que *estresado* y *bendecido* eran antagónicos y que debíamos trabajar duro para eliminar ese estrés dañino que causa angustia. Sin embargo, si lo manejamos correctamente, el estrés es un catalizador del crecimiento. Tal vez suena a contradicción, pero puedes estar *estresado y bendecido*. Al crecer en la gracia de Dios, las cosas que te estresaban hace diez años ahora parecen un paseo por el parque. Los obstáculos que superaste se añaden a tu testimonio y cada testimonio es una profecía.[17] Dios lo hizo antes, ¡y puede hacerlo de nuevo!

A veces nuestros peores días terminan siendo el regalo más grande de Dios. No lo digo porque sí, lo digo como alguien que pasó dos días con un respirador luego de una cirugía de emergencia por una perforación intestinal. Para probarlo, tengo una cicatriz de catorce pulgadas (casi treinta y seis centímetros) que divide verticalmente mi abdomen en dos. El día que casi muero, el 23 de julio del 2000, sin duda fue uno de los peores de mi vida y no quisiera pasar por esas cirugías nunca más. Sin embargo, no cambiaría por nada del mundo las lecciones que aprendí. Es cierto que lo que no te mata te hace más fuerte.

Yo solía cohibirme un poco cuando me quitaba la camiseta porque mi cicatriz era tan grande que "asustaba a los niños". Pero con el tiempo comencé a ver esa herida de batalla como una medalla de honor. A decir verdad, me hace ver como si tuviera los seis abdominales marcados. Bueno, al menos dos. Cada cicatriz cuenta una historia de dolor, pero también es la evidencia de un obstáculo superado, y son esas cicatrices las que Dios utiliza para ayudar a otros a sanar. ¿Recuerdas a Tomás, el incrédulo? ¡Su duda encontró respuesta en las cicatrices de las manos de Jesús!

Dar vuelta a la maldición

No sé cuáles son los obstáculos que enfrentas, pero estoy seguro de que algunos de ellos parecen una inmensa montaña y es muy tentador querer rodearla. Mi consejo es que la atravieses con la gracia de Dios y, cuando Él te lleve al otro lado, la montaña se habrá convertido en un camino llano. ¡El obstáculo se habrá convertido en el camino!

Parte de prepararnos para la bendición es detectar las bendiciones disfrazadas, es ver oportunidades donde otros ven obstáculos. Eso puede sonar solo como un discurso motivacional o una charla

TED, ¡pero es pura teología! ¿Qué hizo José con sus hermanos que fingieron su muerte y lo vendieron como esclavo? Él no los maldijo, les dio *shin*. Así como los sacerdotes judíos levantaron sus manos y bendijeron al pueblo de Dios, José bendijo a sus hermanos en su dolor y sus palabras revelaron una actitud de doble bendición: "Es verdad que ustedes pensaron hacerme mal, pero Dios transformó ese mal en bien para lograr lo que hoy estamos viendo: salvar la vida de mucha gente".[18]

Si tú maldices a quienes te causan dolor, eso solo agrava el problema. Sé que es difícil no hacerlo. Pero fue la postura de bendición la que reconcilió a José con sus hermanos y tiene el poder de hacer lo mismo por ti. Nada da vuelta a la página o cambia completamente las circunstancias como la bendición.

José soportó trece años de dolor y sufrimiento, incluida una acusación falsa que lo llevó a prisión. Debe haber habido momentos en los que José se sintió maldito, ¿verdad? Sin embargo, a pesar de toda la injusticia, nunca se hizo la víctima. Dios estaba escribiendo una larga historia de redención y José finalmente unió los puntos. Su esclavitud y encarcelamiento fueron bendiciones disfrazadas, ¿no es así? No estoy diciendo que fueron algo *bueno*, pues involucraron circunstancias trágicas y gran sufrimiento. Pero Dios utilizó esas circunstancias para ubicar a José en la administración del faraón, ¡y eso terminó salvando a dos naciones de la hambruna!

Esa no fue la primera ni la última vez que Dios le dio vuelta a una maldición. Presta atención a lo que Dios le dice a Judá e Israel mediante el profeta Zacarías:

> Entre las demás naciones, Judá e Israel se convirtieron en símbolo de una nación maldita. ¡Pues ya no lo serán más! Ahora los rescataré y los haré símbolo y fuente de bendición.[19]

Dios quiere convertirte en un *símbolo* de bendición, pero esa no es su meta final. Si convertimos la bendición de Dios en un símbolo falso de buena posición, esta se convierte en una maldición a causa del orgullo. ¿La meta? ¡Convertirse en una *fuente* de bendición! Sí, eso significa utilizar nuestro tiempo, nuestro talento y nuestro tesoro en los demás, pero también es emplear nuestro dolor para el beneficio de otros.

Dar vuelta al dolor

La forma más fácil de compartir la bendición es hacer un inventario de los dones que Dios nos ha dado y luego devolver el favor con bondad, pero hay una forma mucho más difícil de compartirla, una vuelta, pero a la inversa. Es hacer un inventario de nuestro dolor y sufrimiento para utilizar esas heridas y ayudar a otros a sanar. Por supuesto, es mucho más fácil decirlo que hacerlo.

Cuando sufrimos, es muy difícil pensar en cualquier otra cosa o en alguien más. Es difícil no hundirse en la pena y hacerse la víctima. Eso no les da el derecho a otros a juzgar y subestimar nuestro dolor. Después de todo, la forma en que cada uno procesa el dolor y el tiempo que necesita para hacerlo son tan únicos como nuestra personalidad. Eso significa darles un espacio a aquellos que están afligidos. No desaparezcas de su vida, pero dales tiempo para hacer su duelo de forma personal.

Con las personas que pastoreo, he caminado a través de muchas tragedias inimaginables como para saber que la única salida de nuestro dolor es aprovecharlo para la ganancia de alguien más. Dar la vuelta a nuestro dolor para ayudar a otros no solo lo redime, también funciona como analgésico y muchas veces se convierte en el milagro de alguien más.

¿No es eso lo que hizo Abraham Lincoln? Fue su dolor y sufrimiento lo que le permitió superar una guerra civil. Utilizó las lecciones aprendidas durante los tiempos difíciles y puso en práctica el carácter que cultivó durante las pruebas. Eso es lo que hacen los grandes líderes y nadie lo hizo mejor que Jesús.

Por el gozo que le esperaba, Jesús soportó la cruz.[20] Su dolor es nuestra ganancia, su humillación es nuestra salvación, su sufrimiento nos hace libres.

¿Estás aprovechando tu dolor para la ganancia de otros?

Bendiciones enmarcadas

Una de las suposiciones falsas de muchas personas es que Dios no puede usarlas porque están quebrantadas. ¡Todo lo contrario! ¡Dios no puede usarte hasta que no estés quebrantado! El Salmo 51 probablemente sea el más liberador de todos los salmos. El rey David cometió adulterio con Betsabé y mató a su esposo para ocultarlo. Él es un hombre quebrantado y desde la profundidad de su quebrantamiento escribe estas palabras:

> El sacrificio que te agrada
> es un espíritu quebrantado;
> tú, oh Dios, no desprecias
> al corazón quebrantado y arrepentido.[21]

Es en los lugares resquebrajados, a través de las grietas, por donde penetra la gracia de Dios. Él utiliza las áreas rotas para que ayudemos a otros a sanar y a través de ellas abre el camino para bendiciones más grandes.

Existe un antiguo arte japonés llamado *kintsugi* que repara piezas rotas de alfarería llenando las grietas con una laca compuesta por polvo de oro. Las disfunciones no se ocultan. Las roturas se celebran con uniones de oro. Son ellas, precisamente, las que le otorgan su carácter especial a esa pieza de alfarería que ha sido reparada. Cuando cuentes tus bendiciones, no te olvides de los lugares y las piezas rotas.

Así como las plantas se las ingenian de alguna manera milagrosa para crecer entre las grietas del cemento, así también las bendiciones de Dios son incontenibles y encuentran la forma de florecer aquí, allá y en todos lados. Pero se necesita un buen ojo para identificar las bendiciones disfrazadas.

Regresemos a José. La historia termina con una doble bendición: dos naciones salvadas de la hambruna. Eso no enmienda todo lo malo que José vivió, ¡pero sí lo redime!

Hay otra doble bendición que es más sutil, pero no menos importante. José aprendió la importancia de la bendición gracias a su padre, Jacob, el mismo Jacob que se enfrentó en una lucha contra Dios. Puedo imaginar a Jacob cojeando todo el camino desde Canaán hasta Egipto, apoyado en su bastón. El momento más sorprendente de la vida de Jacob, y tal vez el mayor, fue descubrir que el hijo al que creía muerto estaba vivo y bien. Y algo aún más sorprendente, que José era la mano derecha del faraón. Jacob sabía que ese tipo de ascenso solo podía provenir de Dios como resultado de la bendición. ¡Imagina el manantial de emociones que vivieron José y Jacob ese día!

Lo que sucedió después es fácil de pasar por alto, pero es una trama secundaria muy importante. "Entonces José hizo entrar a su padre Jacob y se lo presentó al faraón. Entonces Jacob bendijo al faraón".[22] ¿Qué hizo Jacob? *Bendijo* al faraón. ¡Esto es lo que hace la gente que ha sido bendecida por Dios! ¡Ellos comparten la bendición por la que lucharon! Sin embargo, Jacob no solo bendijo al faraón al entrar, también lo bendijo al salir. "Entonces Jacob volvió a bendecir al faraón antes de salir del palacio".[23] ¡Jacob pronunció una doble bendición sobre el faraón!

¿Qué pasaría si abordáramos cada encuentro de la misma forma que Jacob? ¿Qué pasaría si bendijéramos a las personas al decir *hola* y las bendijéramos al decir *adiós*? Tengo el presentimiento de que más encuentros y reuniones se convertirían en citas divinas. ¡Apuesto a que también hallaríamos favor con algunos faraones más!

CAPÍTULO OCHO

Vivir con gran asombro

Todos los días te bendeciré; por siempre alabaré tu nombre.

Salmos 145:2

El 5 de septiembre de 1977 se lanzó desde Cabo Cañaveral la sonda espacial Voyager 1 a bordo de un cohete Titan-Centaur. Desde entonces, ha estado acelerando en el espacio a una velocidad promedio de 38 000 millas por hora (unos 61 155 kilómetros por hora), casi un millón de millas (más de 1 600 000 kilómetros) por día. La Voyager 1 es la primera nave espacial en viajar más allá de la heliopausa en el espacio interestelar y la NASA continuamente calcula su distancia desde la Tierra.[1] Mientras escribo esto, la Voyager 1 está a 13 490 006 617 millas (21 710 061 209 kilómetros) de la Tierra y sigue aumentando.

Esto es increíble, ¿verdad? Sin embargo, no lo es tanto como tú.

La Voyager 1 se quedará sin combustible, por decirlo así, en el año 2025. En ese momento habrá viajado más de quince mil millones de millas (24 140 160 000 kilómetros). Pero, ¿adivina qué? Eso es menos de la mitad de la longitud de las cadenas de ADN que hay en tu cuerpo si las extendiéramos de principio a fin. El ADN acumulado en todas las células de tu cuerpo tiene casi el doble del diámetro del sistema solar.[2]

En las palabras del salmista eres "una creación admirable".[3] Si en este momento estás cerca de alguien que amas, recuérdaselo diciendo: "¡Eres increíble!". Después de todo, sus huellas digitales genéticas son tan únicas como las tuyas.

Según un cálculo, hay treinta y siete mil trillones de reacciones químicas ocurriendo en el cuerpo humano en todo momento.[4] Tú estás digiriendo comida, procesando sonido, regenerando células, purificando toxinas, catalizando enzimas, produciendo hormonas y convirtiendo la energía acumulada de la grasa en azúcar en la sangre.

Por supuesto, nada de esto es un testimonio de ti, es un testimonio del Dios que te creó. Pero ¿cuándo fue la última vez que le agradeciste a Dios por cualquiera de esos milagros microscópicos? ¡Apuesto a que fue la última vez que algo salió mal! La salud del cuerpo humano no es algo que hay que dar por sentado, es una razón para alabar a Dios. La bendición del apóstol Juan no es tan simple como parece:

> Querido hermano, oro para que te vaya bien en todos tus asuntos y goces de buena salud, así como prosperas espiritualmente.[5]

Según mis cálculos, alabar a Dios por la buena salud suma un mínimo de treinta y siete mil trillones de bendiciones. Sin mencionar los cinco cuartos de sangre que circulan a través de cien mil millas de arterias, venas y capilares o los quinientos cincuenta litros de oxígeno puro que inhalamos mediante las veintitrés mil inhalaciones que hacemos diariamente.

El escritor inglés G. K. Chesterton una vez declaró que su meta principal en la vida era valorar absolutamente todo,[6] desde un amanecer, una flor o una risa. Me encanta esa meta de vida y si pudiéramos hacerlo, ¡eso provocaría una alabanza sin cesar!

Cosas favoritas

¿Sabes cuál es esta canción?

Nubes y flores de muchos colores,
nieve de fresa y de todos sabores.

"Mis cosas favoritas", escrita en su idioma original por Richard Rodgers y cantada por Julie Andrews, es una de las canciones más populares de *La novicia rebelde*. La melodía simple solo compite con su letra sencilla. Lo que me encanta de la canción es que son los placeres simples los que producen una alegría tan profunda. A medida que crecemos, se vuelve más fácil olvidar nuestras cosas favoritas, ¿verdad? Con el tiempo, ya no las valoramos tanto. La meta de la gratitud es apreciarlas aún más.

La poeta inglesa Elizabeth Barrett Browning dijo:

La Tierra está repleta de cielo,
y cada zarza común arde por Dios;
pero solo el que ve se quita los zapatos;
el resto se sienta alrededor para arrancar las moras.[7]

¡No recojas moras sin alabar a Dios! Es más, ¡ni fresas ni arándanos tampoco! Tal vez esa es una dimensión de lo que Jesús quiso decir cuando afirmó: "Fíjense en las aves del cielo"[8] y "Observen cómo crecen los lirios del campo".[9]

Para que conste, los ornitólogos han identificado al menos dieciocho mil especies de aves.[10] Si te gusta observar a las aves, ¡eso te mantendrá ocupado por bastante tiempo! Si pudieras observar un ave nueva cada día, te tomaría casi cincuenta años apreciarlas todas. Si bien hay solo noventa especies de lirios,[11] ¡no hay dos que sean iguales! Pocas flores son más espectaculares que la azucena de trompeta, el lirio de tigre o el lirio stargazer.

El cinismo absorbe todo lo misterioso que hay en lo mundano, mientras que el escepticismo absorbe lo milagroso, y el alma sufre. ¡La adoración hace exactamente lo contrario! Vivir con gran asombro es recuperar la curiosidad de un niño. Es ver lo misterioso y lo milagroso en cada momento. El filósofo escocés Thomas Carlyle dijo: "La adoración es asombrarse extraordinariamente, un asombro que no tiene límites o medidas; eso es adoración".[12]

Según la ciencia de la bioacústica, todo el tiempo se cantan millones de canciones infrasónicas y ultrasónicas. La mayoría de ellas son imperceptibles para el oído humano porque nuestro rango audible es relativamente pequeño: entre veinte y veinte mil hertz. Sin embargo, según el eminente etimologista Lewis Thomas, si pudiésemos percibir el coro conjunto de la creación (el canto de las aves marinas, el tamborileo rítmico de los moluscos y las armonías de los revoloteos), esa canción literalmente nos elevaría.[13] Eso está relacionado con este versículo:

> Y oí a cuanta criatura hay en el cielo, y en la tierra, y debajo de la tierra y en el mar, a todos en la creación, que cantaban.[14]

Esta revelación no es una profecía en tiempo futuro. ¡Es una realidad en tiempo presente! Además, no es solo teología, es pura ciencia.

¿Sabías que los cantos de las ballenas pueden viajar hasta diez mil millas (más de dieciséis mil kilómetros) bajo el agua? ¿O que las aves de la pradera tienen un rango de trescientas notas distintas?[15] ¿O que los instrumentos más sensibles para captar sonidos han descubierto que las lombrices hacen notas con un leve *staccato*? ¿O que la capa de electrones del átomo de carbono produce la misma escala armónica que el canto gregoriano?

Con razón el antiguo filósofo griego Pitágoras dijo: "Una piedra es música congelada".[16] Si no alabamos a Dios, las piedras cantarán por nosotros[17] y "aplaudirán todos los árboles del bosque".[18]

Un árbol es un árbol y es un árbol

En 2009, un investigador de árboles, el Dr. Martin Gossner, roció el árbol más antiguo del Parque Nacional del Bosque Bávaro con un insecticida llamado piretrina. Todos los organismos que vivían sobre o dentro de la corteza de ese árbol cayeron sobre la tierra. El Dr. Gossner recogió 2041 insectos, organismos y animales de 257 especies distintas.[19] Un árbol, como puedes ver, no es solo un árbol.

Los dendrologistas como el Dr. Gossner están descubriendo que los árboles se comunican y forman comunidades de formas que no podemos percibir. Si una jirafa comienza a comer de un árbol de acacia africano, el árbol libera un químico al aire en señal de amenaza. Esas mismas especies de árboles, a millas de distancia, detectan ese aroma y comienzan a producir químicos tóxicos antes de que la jirafa llegue a ellos. No se comunican con palabras, pero tienen su propio idioma sofisticado y forman una comunidad, una red, por medio de sus sistemas de raíces y microorganismos del suelo que comparten nutrientes.[20]

Eso es un completo milagro, alabado sea Dios.

Para que crezca su tronco, una haya necesita la cantidad de azúcar y celulosa que produce un campo de trigo de 2.5 acres (una hectárea) y a ese tronco le toma ciento cincuenta años alcanzar su completa circunferencia.[21] Durante los cuatrocientos años que dura su vida, tiene sesenta ciclos reproductivos que producen treinta mil hayucos. De los 1.8 millones de hayucos que produce durante su vida, solo uno de ellos se convertirá en una haya madura.[22] Así que un árbol de haya no es uno en un millón, ¡a ese millón hay que agregarle ochocientos mil más!

Cada día, durante los meses de verano, una milla cuadrada (casi doscientas cincuenta y nueve hectáreas) de bosque libera en el aire cerca de veintinueve toneladas de oxígeno. Tú y yo respiramos cerca de dos libras (casi un kilogramo) por día, así que una milla cuadrada de bosque produce el oxígeno diario necesario para unas diez mil personas.[23] ¡Qué tal, fúmate eso! Bueno..., mejor no fumes.

¿Cuándo fue la última vez que abrazaste un árbol o, al menos, le agradeciste? Un árbol es más complejo de lo que el ojo nos permite ver, es un ecosistema en sí mismo, como todo y todos los demás. El salmista dijo: "Del Señor es la tierra y todo cuanto hay en ella, el mundo y cuantos lo habitan".[24] Dios no solo es dueño del ganado que hay en las mil colinas,[25] las colinas enteras le pertenecen. Él es dueño de todo lo que hay en ellas, debajo de ellas y del aire que hay sobre ellas.

Según la tradición rabínica, cuando una persona sale en primavera y ve un árbol floreciendo, debe bendecirlo diciendo: "Bendito es Él que no deja que falte nada en su mundo, y que creó bellos seres y bellos árboles para placer de los hombres".[26] Cuando comemos una manzana, un damasco o un aguacate, sentimos que estamos ganando el juego de la gratitud al agradecerle a Dios por la fruta, ¿no? Pero ¿alguna vez le has agradecido a Dios por el árbol en el que creció o lo has bendecido?

Ya describimos la bendición de la complejidad. En palabras simples, la bendición de Dios complicará tu vida y la hará más compleja. ¡Esas son complicaciones santas! Déjame lanzar esta moneda y concentrarnos en la complejidad de la bendición.

Cien bendiciones

¿Sabías que un judío practicante dice al menos cien bendiciones por día? Esas bendiciones cubren todos los aspectos de la vida humana. Ofrecen una bendición antes de comer, como muchos de nosotros, pero también bendicen durante la comida por los diferentes sabores y aromas. Y cuando terminan la comida, adivinaste, hacen una bendición para finalizar. Los judíos bendicen a Dios por un nuevo día, por una ropa nueva y por una experiencia nueva. Siempre que tienen una experiencia agradable, la traducen en alabanza. Respecto a esto, ¿cuándo fue la última vez que bendijiste a Dios luego de tener sexo con tu cónyuge? Después de todo, fue su idea. No lo prives de las alabanzas. De hecho, ¡alábalo más seguido!

Lo que más me impresiona del judaísmo ortodoxo es la forma en que matizan las bendiciones. Por ejemplo, no solo alaban a Dios por la lluvia. En palabras del Rabbi Judah: "Te damos gracias a ti por cada gota que has hecho caer sobre nosotros".[27] Teniendo en cuenta que hay 90 921 gotas en un galón (casi cuatro litros) de agua, ¡eso es mucho que agradecer! Recuerda, ¡cada gota contiene más de cinco trillones de átomos!

Si alguien siente el aroma del pan recién horneado, debe recitar una bendición: "Bendito es Él, quien creó este pan".[28] Ellos también agradecerán a Dios después de comerlo, pero el aroma y el sabor son dobles bendiciones. Según la tradición rabínica: "Un hombre no debe saborear nada antes de pronunciar una bendición".[29]

Una de mis bendiciones favoritas es zoológica: "Al ver a un elefante, un simio, con o sin cola, uno debe decir: «Bendito es Él, quien hace criaturas extrañas»".[30] No sé por qué señala a esos animales en particular, pero ¿alguna vez has visto la espalda de un babuino? ¡No me digas que Dios no tiene sentido del humor!

Ahora, permíteme hacer la pregunta obvia: ¿Por qué cien bendiciones?

Se cuenta que, en la época del rey David, una peste devastadora acababa con la vida de cien israelitas diariamente. Por eso, un consejo de rabinos judíos ordenó la práctica de recitar cien bendiciones por día para contrarrestar la peste. Según la tradición, la peste se detuvo de inmediato.[31] No puedo prometerte que la gratitud curará cualquier cosa que te cause dolor, pero es un buen comienzo y así es como comienza la doble bendición.

Según el Talmud, si disfrutas algo sin decir una bendición, es como si lo hubieses robado. "Un hombre desfalca a Dios cuando hace uso de este mundo sin pronunciar una bendición".[32] ¿Cuántas pequeñas bendiciones has hurtado? ¿Cuántas grandes bendiciones te hacen culpable de hurto mayor? La forma de restituirlas es reconociendo que todo lo que tenemos y todo regalo perfecto proviene de Dios. Si no hacemos eso, estamos malversando los fondos.

El desafío de la gratitud

Hace algunos años, reté a nuestra congregación a realizar un desafío de gratitud. ¿El reto? Agradecer a Dios por las cosas que normalmente damos por sentado. Este desafío demanda una dosis extra de conciencia, pero revela todas esas cosas que damos por sentado.

Una médica de nuestra congregación se tomó el desafío muy seriamente y de manera literal e intentó agradecerle a Dios por todos los milagros que sucedían en su cuerpo en todo momento. Al salir de la iglesia, comenzó a alabar a Dios: "Gracias, Dios, por la respiración aeróbica. Gracias por la mitocondria que en este momento está creando ATP. Gracias por el ATP. Gracias por la glucólisis. Gracias por el ácido pirúvico". Si tienes que buscar qué es el *ácido pirúvico*, ¡no eres el único! Y tal vez quieras tener el diccionario a mano.

Cuando llegó a su casa, le agradeció a Dios por cada uno de los aminoácidos. "Gracias Dios, por la glicina, la leucina, la isoleucina, el triptófano y porque todos los organismos que forman los aminoácidos tienen la misma quiralidad, para que mi cuerpo pueda reutilizar los nutrientes y las estructuras celulares de los alimentos que descompongo".

Oró mientras daba un paseo al aire libre y le agradeció por los huesos, los ligamentos y los tendones. También le agradeció por no haber tomado otro curso de anatomía en la universidad, porque así se vería obligada a agradecerle por el nombre de cada hueso, lo que le complicaría aún más la misión de nombrar todos los milagros que estaba recibiendo en ese momento. ¡Se pasó todo el día orando sin cesar! Literalmente, no se detuvo y fue haciendo una lista intencional de todas las cosas por las que estaba agradecida.

Mientras escuchaba música, le agradecía a Dios por la cóclea de su oído. Mientras preparaba la cena, le agradecía por el xilema de las plantas que estaba cocinando. Pasó mucho tiempo agradeciéndole por las propiedades moleculares del agua. Le agradeció por las bacterias de su colon que le ayudan a digerir los alimentos. Le agradeció por la recombinación genética que hace posible el desarrollo y el cultivo de las plantas de algodón para los jeans que tenía puestos. Cuando bajó el sol y oscureció, a las nueve de la noche, pensó que Dios se había entretenido con la inutilidad de intentar agradecerle por todo. El Espíritu finalmente le dijo: "Ya puedes detenerte".

No hace falta decir que ella fue la ganadora del desafío de la gratitud. Y aunque algunos pueden pensar que este ejercicio es una exageración, tal vez es porque no apreciamos la atención de Dios a los detalles. Vayamos un poco más allá con esto de la gratitud. Intento vivir esta pequeña máxima: "Todo lo que no conviertes en alabanza, lo conviertes en orgullo". Sin excepciones. Lo que significa que no hay alternativa. Una de las formas más simples de posicionarse para futuras bendiciones es alabar a Dios por las bendiciones pasadas. De hecho, ¡no estamos listos para la próxima bendición hasta que no hayamos agradecido a Dios adecuadamente por la última!

El arte de la gratitud

La familia Batterson tiene cuatro valores: gratitud, humildad, generosidad y valentía. Esos valores son los puntos cardinales de nuestra brújula y no son independientes entre sí. La generosidad aumenta o disminuye según el grado de nuestra gratitud y la gratitud es tanto un arte como una ciencia.

Una gran cantidad de estudios bien fundamentados han descubierto que la gratitud aumenta la paciencia, disminuye la depresión, alimenta la fuerza de voluntad y reduce el estrés.[33] No solo alarga la vida, también mejora su calidad. Así que si quieres tener un buen descanso, no cuentes ovejas, ¡cuenta tus bendiciones!

La ciencia de la gratitud es bastante simple, pero ponerla en práctica es una forma de arte. Experimentar nuevas formas de expresarla no solo es algo aconsejable, también es bíblico. ¿Acaso no es eso lo que propone el salmista?: "Canten al Señor un cántico nuevo".[34] Dios no solo quiere que lo adores con los recuerdos del hemisferio izquierdo del cerebro, también quiere que lo adores con la imaginación de tu hemisferio derecho. Encontrar nuevas palabras y nuevas formas de adorar a Dios es parte de vivir asombrado. Dicho esto, aún no se me ocurre una mejor manera de mantenerse positivo que el clásico diario de gratitud. Lora y yo hemos tenido cada uno un diario de gratitud por casi una década. Mi diario tiene varios propósitos, es de oración, de gratitud y de sueños. Después de todo, son las oraciones respondidas y los sueños alcanzados los que se convierten en gratitud. Simplemente, me estoy adelantando.

Hace varios años, Lora y yo nos sentimos inspirados por el maravilloso libro de Ann Voskamp, *Un millar de obsequios*, y decidimos comenzar a nombrar nuestras gratitudes todos los años, con la meta de alcanzar mil. Generalmente, no llegaba a las mil, pero igual terminaba con muchas más de las que obtendría si no lo hiciera. Enumerar nuestras gratitudes puede ser la forma más práctica de contar nuestras bendiciones, nombrándolas una por una.[35] Sin embargo, no es solo la mejor forma, es el punto de partida de la obediencia. El apóstol Pablo dijo: "Estén siempre alegres, oren sin cesar, den gracias a Dios en toda situación".[36] Esto es más fácil de decir que de hacer, pero anotar todos los días las cosas por las que estoy agradecido es como una alarma que me recuerda que sus misericordias son nuevas cada mañana.[37]

¿Recuerdas a los diez leprosos que Jesús sanó? Los diez se curaron de la lepra, pero solo uno fue sanado de una enfermedad mucho peor: la ingratitud.

> Uno de ellos, al verse ya sano, regresó alabando a Dios a grandes voces. Cayó rostro en tierra a los pies de Jesús y le dio las gracias, no obstante que era samaritano.[38]

La gratitud es un peregrinaje a los pies de la cruz, es dar gracias y darle la gloria a Dios. Compartir la bendición es dar a los demás lo que Dios nos ha dado a nosotros, pero la generosidad radical comienza con la gratitud profunda por cada bien y cada regalo perfecto.

Permíteme regresar al desafío de la gratitud y darte algunas guías. Primero: *cómprate un diario*. A mí me gustan los diarios lisos porque puedo garabatear, pero tú puedes elegir el que más te sirva. Segundo: *escribe tres agradecimientos por día*. ¿Por qué tres? ¡Porque solo uno o dos es muy fácil! Y tal vez aún no estés listo para identificar cien bendiciones por día. Tercero: *hazlo por cuarenta días consecutivos*. No hay nada mágico en los cuarenta días, pero sí hay algo bíblico en eso. Además, es tiempo suficiente como para establecer un hábito de gratitud. La meta no son cuarenta días, es asumir una actitud de doble bendición que dure toda una vida. Cuarto: *recluta a un amigo que lo haga contigo*. Aceptar el desafío con alguien que amas lo hará mucho más significativo y también te hará tomarlo con más responsabilidad.

¿Por qué es tan importante tener un diario de gratitud? Es la forma de hacer un inventario de las bendiciones de Dios. Luego, podremos ser capaces de compartir esas bendiciones, en eso nos enfocaremos en la segunda mitad de este libro. Pero permíteme ir un poco más allá.

La mayoría de nosotros somos buenos en alabar a Dios por las cosas grandes, pero fallamos en alabarlo por las cosas pequeñas. También somos buenos alabándolo después de que ocurran los hechos, pero no un segundo antes. Gratitud es dar gracias a Dios *después* de que haga algo, y eso es genial, pero la fe es el siguiente nivel de la gratitud. Fe es dar gracias a Dios *antes* de que haga algo. ¡Eso es profetizar tu alabanza!

Milagros parciales

Yo sufrí de asma grave desde que era un niño. De hecho, el recuerdo más antiguo que tengo es de un ataque de asma. No hubo ni un día en cuarenta años que no tuviera que utilizar mi inhalador, y lo usaba varias veces al día. Dormía con él debajo de mi almohada y jugaba baloncesto con él en mi calcetín. Nunca fui a ningún lado sin mi inhalador. Era mi compañero constante, mi muleta. Entonces, el 2 de julio de 2016, Dios hizo un milagro inimaginable.

En la National Community Church comenzamos una serie titulada *Mover Montañas* y desafié a la iglesia a hacer la oración *más audaz*. Con esto me refiero a esa oración que hemos hecho cientos de veces y que Dios aún no ha respondido o a pedir el milagro imposible por el que le podamos creer a Dios. De cualquier manera, para mí, la oración más valiente era que Dios me sanara del asma. Y eso fue lo que Dios hizo. Hasta el día de hoy no he vuelto a tocar un inhalador y alabo a Dios contando los días que sigo sin usarlo. Pero déjame contarte la historia completa, porque creo que es una pieza de este rompecabezas milagroso.

En los Evangelios hay un milagro en dos partes que me resulta fascinante y alentador.[39] Jesús puso sus manos sobre un hombre ciego y él experimentó un milagro *parcial*. Recuperó la visión, pero veía a la gente como árboles que caminaban. Por lo tanto, aún era miope: digamos que fue un 20/100. En este tipo de situaciones, es cuando muchos dudamos de Dios en lugar de alabarlo por ese milagro parcial. Nos damos por vencidos porque no recibimos el milagro completo, pero algunos milagros suceden por etapas. En esos momentos, necesitamos redoblar nuestra oración.

Si quieres experimentar el milagro completo, ¡intenta alabar a Dios por los milagros parciales! ¿Qué es un milagro parcial? ¡Es un pequeño paso en la dirección correcta! En este ejemplo, era pasar de una ceguera completa a un 20/100. Muchas veces no alabamos por los milagros parciales y nos preguntamos por qué nunca sucede el milagro completo. Debemos alabar a Dios en cada paso del camino, así sean dos pasos hacia adelante y uno hacia atrás.

Aproximadamente un mes antes de que Dios me sanara del asma, escalé la montaña Cadillac en la isla Mount Desert, en Maine. Sin duda no es la montaña más alta que he escalado, pero me las ingenié para hacerlo sin utilizar el inhalador. Para mí, ¡eso fue milagroso! De hecho, estuve cuatro días sin el inhalador; en ese entonces, probablemente, era el periodo más largo de mi vida sin usarlo. Pensé que el Señor me había sanado de verdad, pero luego tuve que utilizarlo en el quinto día. ¿Que si fue desalentador?

¡Absolutamente! Pero en lugar de quejarme por el hecho de tener que utilizar el inhalador al quinto día, decidí alabar a Dios por haber estado cuatro días sin él. Conté ese milagro parcial en nuestra congregación unas semanas antes de desafiarlos a hacer su oración más valiente. Viéndolo ahora, creo que alabar a Dios públicamente por ese milagro parcial fue un pequeño paso, un salto gigante hacia la doble bendición que fue recibir la sanación de mis dos pulmones.

Ya sea que recibas un milagro completo o uno parcial, alaba a Dios.

Dios te bendiga

En la primera mitad de este libro, nos hemos enfocado en *cómo obtener* la bendición.

Hemos visto los hábitos de la gente más bendecida: humildad, integridad, generosidad y hasta creatividad, y alabamos a Dios por los milagros parciales. Hemos hablado de las distintas formas de posicionarnos para la bendición, una de ellas es orar como si dependiera de Dios y trabajar como si dependiera de nosotros. Dios no bendice la falta de esfuerzo ni la falta de gratitud. La obediencia es el punto de partida de la bendición, ¡pero también se necesita tenacidad! Hasta puede suponer una lucha cuerpo a cuerpo con Dios, como le sucedió a Jacob.

Antes de enfocarnos en *cómo compartir* la bendición, permíteme compartir una nota final:

"Que Dios te bendiga".

Es algo que decimos comúnmente en inglés cuando alguien estornuda y lo decimos de forma instintiva, pero esa bendición, así como muchas otras, ha perdido mucho de su sentido original. ¡No sabemos lo que decimos!

En el siglo VI, la mayor amenaza para la humanidad era la peste bubónica. Se calcula que mató a casi cien millones de europeos.[40]

Estornudar era uno de los síntomas más evidentes de la peste. Por eso, el Papa Gregorio ordenó que cualquiera que estornudara fuese bendecido de inmediato.[41] Es fácil mirar hacia atrás los mil quinientos años de historia y decir que esa práctica solo era una superstición, pero ¿qué más podían hacer? Mil trescientos años después, Louis Pasteur demostró que la causa de la enfermedad era un microbio nocivo que no se puede ver a simple vista.[42]

Al saber esto, podemos decir que la medicina es una de las grandes bendiciones de Dios. Como alguien que está vivo gracias a incontables intervenciones médicas, estoy muy agradecido por la medicina moderna y por los médicos. Debido a todos mis procedimientos quirúrgicos, estoy muy agradecido por las anestesias y los analgésicos. Las bendiciones de Dios vienen de formas muy distintas, incluso en forma de píldoras. Sé que las compañías farmacéuticas las producen, pero ¿quién provee la materia prima?

Si no somos cuidadosos, invocaciones como "Que Dios te bendiga" se pueden convertir en conjuros vacíos. En lugar de rebajarlas a rituales sin sentido, tal vez necesitamos redescubrir su sentido original y volver a imaginar formas de ponerlas en práctica de forma significativa. En lugar de trivializar lo sagrado, debemos santificar lo que parece trivial.

¿Recuerdas la mezuzá, el ritual que recuerda las bendiciones de Dios en las puertas de los judíos? Me gusta la opinión de Leonard Sweet: "La mezuzá en nuestro universo es crear espacios y rituales sagrados en todo lugar a donde vamos".[43] Comienza con un estornudo, pero cuando vives con asombro ¡eso involucra absolutamente todo lo que Dios puso en la Tierra!

La única forma de *obtener la bendición* es visualizarla, incluso esas bendiciones que están muy bien disfrazadas como el quebrantamiento. Cuando la veas, debes tomarla. ¿Cómo? Primero, agradeciéndole a Dios por ella, pero la gratitud debe convertirse en generosidad. Una vez que obtienes la bendición, la única forma de mantenerla es dándola. Eso es totalmente contrario a la lógica, pero así es como se convierten en dobles bendiciones. Es hora de lanzar la moneda y compartir la bendición.

SEGUNDA PARTE

Doble bendición: cómo compartirla

CAPÍTULO NUEVE

La ley de medidas

El que es honrado en lo poco también lo será en lo mucho; y el que no es íntegro en lo poco tampoco lo será en lo mucho.

LUCAS 16:10

En agosto de 1996, la National Community Church apenas comenzaba. Fue un mes memorable por varias razones, entre las cuales destacaron la ausencia de gente y de dinero. La mitad de nuestro grupo original estaba integrado por estudiantes que, justo en ese momento, se encontraban disfrutando de sus vacaciones de verano. Y era el receso de agosto, lo que significaba que nuestro personal estaba de vacaciones. El índice de asistencia más bajo fue un fin de semana en el que solo asistieron trece personas, incluyendo al Padre, al Hijo y al Espíritu Santo. El ingreso total del mes fue de dos mil dólares, de los cuales mil seiscientos se emplearon en el alquiler de la escuela pública en la que nos reuníamos. Eso dejaba cuatrocientos dólares para nuestros salarios y todos los otros gastos. ¿Mencioné que vivíamos en la capital del país donde el costo de vida es uno de los más altos de la nación? Decir que estábamos en modo de supervivencia sería quedarnos cortos, pero es a menudo en ese tipo de situaciones cuando Dios se presenta y nos hace prestar atención a algo más.

Durante esos días veraniegos de altas temperaturas, pude discernir dos situaciones distintas. La primera fue que nuestra iglesia debía comenzar a dar a las misiones, un tema que retomaremos en breve. La segunda fue una indicación a orar en un perímetro alrededor de Capitol Hill, leyendo la siguiente promesa del libro de Josué:

> Tal como le prometí a Moisés, yo les entregaré a ustedes todo lugar que toquen sus pies.[1]

Es imposible ponerle precio a las demandas de Dios, pero esa caminata de oración de casi cinco millas (ocho kilómetros) de distancia ha dejado como ganancia seis propiedades para nuestra iglesia y comunidad, amortizadas a lo largo de veintitrés años. El valor combinado sobrepasará los cien millones de dólares una vez que terminemos todas las construcciones. Sé que es una cifra de dinero enorme, pero ¡la visión de Dios para su iglesia es mucho más grande que la nuestra! *Dios tiene bendiciones para nosotros en categorías que no alcanzamos a imaginar*. Por supuesto, ¡es nuestro trabajo administrar esas bendiciones haciéndolas accesibles para otros!

¡No desdeñes el día de principios pequeños! Si haces las cosas pequeñas como si fuesen grandes, ¡Dios tiene una forma de hacer grandes cosas como si fuesen pequeñas! Y el valor neto de esas propiedades va más allá de cualquier balance contable. Nuestra meta es más grande que simplemente construir una iglesia. Deseamos ser una bendición más grande para nuestra ciudad. De hecho, deseamos solucionar los problemas de nuestra ciudad. Queremos cambiar las estadísticas aquí y ahora. Y deseamos hacer esas cosas que harán una diferencia dentro de cien años a partir de ahora. Es imposible apreciar el valor eterno de vidas cambiadas porque cada una es invaluable e irreemplazable, pero ¡estos milagros de propiedades se han traducido en muchos milagros de personas!

Que conste, *no oraba* por una propiedad cuando oré en ese circuito. Ese pensamiento nunca cruzó mi mente. Al caminar alrededor de Capitol Hill, pedía por las personas. Oraba para que viniera el reino de Dios, para que la voluntad de Dios se hiciera en la capital del país como se hacía en el cielo. Dicho esto, la tierra prometida era *tierra.* Correctamente administradas, esas propiedades nos están ayudando a hacer avanzar el reino de Dios y a convertirnos en una mayor bendición para nuestra ciudad. Y el hecho de que cada dirección que ahora nos pertenece esté en ese círculo de oración no es ninguna coincidencia. Cada una de esas propiedades es un milagro inmobiliario por derecho propio y quiero compartirte algunos trasfondos de esas historias de doble bendición.

La otra situación de agosto fue menos perceptible, pero de ninguna manera menos significativa que el llamado a orar por un perímetro. Sentí que Dios quería que comenzáramos a donar a las misiones, pero ni siquiera nos acercábamos a ser autosuficientes como iglesia. ¿Cómo puedes dar lo que no tienes? Pero en vez de dejar de lado esa revelación, decidimos girar en torno a una promesa.

> Den, y se les dará: se les echará en el regazo una medida llena, apretada, sacudida y desbordante. Porque con la medida que midan a otros, se les medirá a ustedes.[2]

Por fe, hicimos nuestra primera inversión de cincuenta dólares para las misiones. Puede que no parezca mucho ahora, pero tuvimos que hacerlo antes de cambiar de idea. Ese cheque de cincuenta dólares representó un enorme salto de fe y Dios lo honró según su promesa. Al mes siguiente, nuestras ofrendas mensuales se triplicaron de dos mil dólares a seis mil y nunca nos hemos arrepentido ni hemos retrocedido.

Ahora, déjame decirte algunas cosas antes de avanzar.

Primero: que nada te distraiga de la importancia que tienen el mayor mandamiento y la gran comisión. En el gran esquema de las cosas, el dinero es inmaterial. No es más que el recurso para llegar a un fin mayor: llevar adelante nuestro llamado del reino. Habiendo dicho esto, las cuestiones de dinero son asuntos del corazón. Dios no necesita tu dinero, eso es algo que te puedo asegurar. ¡Pero Él desea tu corazón y no puede tener uno sin el otro! Jesús dijo: "Porque donde esté tu tesoro, allí estará también tu corazón".[3]

En segundo lugar, mi oración por ti es que crezcas en la gracia de dar.[4] La gratitud es el génesis de la generosidad, pero espero que la segunda mitad de este libro sea una revelación. Una vez más, no creo que Dios nos debía esa bendición triple porque dimos un salto de fe de cincuenta dólares. Pero sí creo que habríamos perdido todo lo que Dios tenía guardado para nosotros si hubiéramos retenido esos cincuenta dólares. Dios no es un "plan para hacernos ricos rápidamente", pero Él ama bendecir a quienes sabe que compartirán la bendición. Estoy seguro de que *no puedes dar más que Dios*. Aunque, por supuesto, ¡es divertido intentarlo!

Una fe de cincuenta dólares

Durante nuestros primeros cinco años como iglesia, no teníamos mucho dinero para dar a las misiones. Pero dimos lo poco que teníamos y ¡la ley de medidas continúa alcanzándonos! Desde 2001 hasta el momento de escribir estas páginas, nuestra congregación, integrada en gran medida por solteros de veintitantos años, ha invertido 19 391 647 dólares en causas del reino. También hemos hecho doscientos veintiocho viajes misioneros alrededor del mundo. El sol no se pone sobre nuestra familia misionera alrededor del mundo y también estamos haciendo nuestros mejores esfuerzos para tener una influencia decisiva en el ámbito doméstico. La NCC reubica al sesenta y cinco por ciento de los refugiados en el área de DC, ayudándolos a amueblar los departamentos, a encontrar trabajo y a adaptarse a Estados Unidos. El año pasado, servimos seis mil comidas a nuestros amigos que vivían en la calle y ayudamos a varios a encontrar un lugar donde vivir. Nuestro Dream Center de Washington discipula y mentorea a cientos de niños en una zona de pocos recursos.

Dios ha hecho muchísimo más de lo que hubiéramos podido pedir o imaginar en aquel agosto de 1996. Y lo que realmente me entusiasma es que creo que apenas estamos comenzando. ¡Deseamos *crecer más,* pues así podremos *dar más*! Pero aquí está mi punto: la mayordomía no comienza con millones de dólares. ¡La bendición doble comienza con una fe de cincuenta dólares!

Si son fieles en las cosas pequeñas, serán fieles en las grandes.[5]

Conozco personas, y seguramente tú también, que dicen que serán más generosas cuando tengan más dinero. ¡No les creo! Quizá pienses que es más sencillo diezmar con mucho dinero, pero eso es un espejismo. ¡Si no diezmas con un billete de un dólar, uno de cinco o uno de diez, no lo harás con uno de cien! Deja de engañarte. Deja de dar excusas. ¡Y comienza a ejercitar una fe de cincuenta dólares! La generosidad comienza aquí y ahora. No esperes hasta tener bastante, porque bastante nunca será suficiente. ¡Dale a Dios los primeros cincuenta y espera a ver qué pasa!

Una mentalidad de abundancia

En la parábola de los talentos, Jesús llamó malo al siervo que enterró su talento en la tierra.[6] Parece un poco exagerado, ¿no? El siervo solo estaba protegiendo lo que tenía. Pero hay otra palabra para eso: *avaricia*. Esa decisión no solo revela falta de confianza, sino también una mentalidad de escasez.

Una mentalidad de escasez opera desde el miedo más que desde la fe y produce avaricia en lugar de gratitud. Es jugar para no perder, y ese es el motivo por el que se satisface apenas cubriendo los gastos. Un modo de pensar limitado por la idea de escasez nunca daría cinco panes y dos peces, y esa es la razón por la que nunca se experimentan milagros de multiplicación. Un modo de pensar limitado por la escasez piensa en términos de suma y resta, entonces 5 + 2 = 7. Si permites que esta forma de pensar eche raíces, te volverás como el siervo que enterró su talento. Si conviertes la bendición en un callejón sin salida, morirá contigo. En pocas palabras: bastante nunca es suficiente.

Una mentalidad de abundancia, por otra parte, reconoce que todo proviene *de* Dios y es todo *para* Él. Ese es el principio de la doble bendición. Es comprender que todo don bueno y perfecto proviene de Dios,[7] lo cual significa que nosotros no poseemos nada. De hecho, ¡cualquier cosa que pienses que posees probablemente se adueñó de ti! Incluso tu talento es un préstamo de Dios. Dios es quien nos da la habilidad de producir riqueza.[8]

Lo que Dios hace por nosotros nunca es solo para nosotros. ¡En última instancia es para otros! Como la alimentación de los cinco mil, 5 + 2 = 5000 + 12 cestas de excedentes. De forma milagrosa, hubo más cantidad de sobras que la comida con la que comenzaron.[9] Eso es lo que sucede cuando pones en manos de Dios aquello que tienes en tus manos. Una persona con mentalidad de abundancia no deposita las bendiciones de Dios en una caja de ahorros. ¡Abre una cuenta y reinvierte los dividendos en los demás! No solo ama dar, sino que vive para hacerlo.

Comienza a pequeña escala

Amo la manera en la que Jesús celebra a los héroes anónimos como ese pequeño muchacho que dio los cinco panes y los dos peces. Hace lo mismo con la viuda que dio las dos monedas.

> Jesús se detuvo a observar y vio a los ricos que echaban sus ofrendas en las alcancías del templo. También vio a una viuda pobre que echaba dos moneditas de poco valor.[10]

¿Puedes imaginar a esos ricos dejando caer sus monedas desde cierta altura? ¡Lo único que les interesaba era hacerlas sonar! Entonces viene esta viuda que, discretamente, deja caer dos monedas pequeñas en la caja de las ofrendas.

En el siglo XVII, en la época en la que se publicó la versión de la Biblia King James, la moneda en circulación de menor valor era una blanca. Así que esa fue la denominación elegida por los traductores de esa Biblia. Pero la moneda más pequeña y de menor valor de la Judea del primer siglo se denominaba lepta. Su diámetro era del tamaño del borrador de un lápiz y tenía el valor aproximado de seis minutos del salario promedio de un día.[11] Suma estas dos monedas y el resultado será que esta mujer dio el equivalente a doce minutos de tiempo. Eso parece muy poco. Sin embargo, fue su generosidad lo que Jesús celebró.

> —Les aseguro —dijo— que esta viuda pobre ha echado más que todos los demás. Todos ellos dieron sus ofrendas de lo que les sobraba; pero ella, de su pobreza, echó todo lo que tenía para su sustento.[12]

El valor de una ofrenda no está determinado por *cuánto das*. El valor verdadero es una ecuación basada en *cuánto retienes*. Esta mujer dio muy poco, sin embargo, dio mucho.

Como muchas organizaciones no gubernamentales, la National Community Church ha coordinado varias campañas benéficas a lo largo de los años. Mientras que esas iniciativas establecen metas numéricas según las mejores prácticas financieras, la meta real es que todos los que participen crezcan en la gracia de dar. No deseo restarles importancia a las ofrendas más grandes. Estamos más que agradecidos de haber sido los beneficiarios de muchas ofrendas milagrosas, pero las más significativas no siempre son las más elevadas. A menudo son las ofrendas más pequeñas las que representan el mayor sacrificio, como la de la viuda que dio dos blancas.

Cuando Lora y yo oramos por el papel que Dios quiere que tengamos en ese tipo de campañas, usamos dos guías para nuestra forma de ofrendar.

Primero, deseamos *estirar nuestra fe*. En otras palabras, queremos aumentarla, que nuestra ofrenda represente más tiempo, talento y tesoro del que tengamos en ese momento. Como una meta de crecimiento, queremos que nuestra generosidad nos lleve más allá de nuestros límites.

En segundo lugar, queremos que *implique una medida de sacrificio*. ¡Como si fuera un buen entrenamiento, no se sentirá bien hasta que no duela un poquito! Tienes que romper el músculo para que este se fortalezca y eso incluye el músculo de dar. Francamente, queremos que nuestra familia sienta los efectos. De esta manera, todos nos entrenamos juntos.

Por casi una década, fui el orgulloso miembro del Junky Car Club (club de carcachas). Sí, es un club verdadero. De hecho, solían hacer un almanaque y un año fui el "señor agosto". Para dejar constancia, ¡ese es el máximo alcance de mi carrera como modelo masculino! No ingresé al club porque no pudiéramos darnos el lujo de un auto nuevo. Me uní porque sabía que un automóvil viejo costaría menos, por lo que podríamos entregar más al reino por las causas que valen la pena. ¡Y por favor comprende que esto ni siquiera califica como sacrificio bajo los estándares del primer siglo! Pero Lora y yo queríamos que nuestros hijos vieran nuestros valores en acción. Manejar un auto Honda del siglo veinte con doscientas veinte mil millas (unos trescientos cincuenta y cuatro mil kilómetros) recorridas nos dio más margen para invertir en las causas del reino de

Dios que son importantes para nosotros. La única razón por la que dejé de conducir ese automóvil fue porque alguien nos regaló un vehículo nuevo. Bueno, *nuevo* para mi estándar de los Honda. ¡Era la mitad de viejo con más o menos la mitad de millas y de un siglo completamente diferente! Por supuesto, ¡ese nuevo automóvil nos dio la oportunidad de transmitir la bendición!

El diezmo invertido

Hace muchos años, leí una biografía sobre la vida y el legado de J. C. Penney, el fundador de las tiendas por departamento que llevan el mismo nombre. La *C* en J. C. era por efectivo [*cash*, en inglés], y no es broma. Pero esa no fue la motivación detrás de las iniciativas empresariales que dieron como resultado mil seiscientos grandes almacenes que llevan su nombre. Siendo hijo de un predicador bautista, J. C. Penney estaba motivado por la regla de oro. Su primer almacén se llamó Golden Rule Store [Almacén Regla de Oro] y tituló su autobiografía *Fifty Years with the Golden Rule* [Cincuenta años con la regla de oro].[13]

Durante la Gran Depresión, Penney se hundió en su propia depresión. Los tiempos eran duros y Penney se encontró a sí mismo al borde de la bancarrota y del divorcio. Incluso contempló poner fin a su vida. Esa crisis llevó a Penney a un sanatorio en 1932, pero fue allí donde se encontró de nuevo con Dios. Vagando por esos pasillos solitarios una mañana temprano, escuchó un himno de su niñez:

Nunca desmayes, que en el afán
Dios cuidará de ti.
[...]
De sus riquezas te suplirá;
Dios cuidará de ti.[14]

J. C. Penney siguió el sonido de esa canción hasta la capilla del sanatorio en donde los médicos y las enfermeras estaban adorando a Dios. Una persona del equipo del sanatorio leyó las palabras de Jesús: "Vengan a mí todos ustedes que están cansados y agobiados, y yo les daré descanso".[15] De manera similar a Brian *Head* Welch, cuya historia ya compartí, J. C. Penney encontró descanso en esas mismas palabras.[16] Y el resto es historia.

J. C. Penney vivió hasta los noventa y cinco años, y su vida es un testimonio del poder de la doble bendición. Su imperio de grandes almacenes tenía un valor de 4100 millones de dólares cuando murió en 1971.[17] Pero Penney utilizó su patrimonio neto para agregar valor a otros y se ganó un apodo interesante: el hombre con mil socios. Su integridad y generosidad impactaron a muchos millones más, incluyéndome a mí. Hacia el final de su vida, J. C. Penney daba el diezmo invertido: vivía del diez por ciento de su ingreso y regresaba el noventa por ciento a Dios. Ya sé, ¡dar el noventa por ciento de tus ingresos parece mucho más sencillo cuando hablamos de miles de millones de dólares! ¡Pero siempre comienza con una fe de cincuenta dólares!

Comienza aquí

Cuando Lora y yo nos casamos, tomamos la decisión de que siempre íbamos a dar el diezmo. ¿Que si ha sido siempre fácil? ¡No! ¡Especialmente en agosto de 1996! Pero nunca cuestionamos esa decisión porque la habíamos tomado de antemano. ¡Y Dios la honró en formas extrañas y misteriosas! Comenzamos nuestro camino de generosidad dándole a Dios un diezmo del diez por ciento, pero cuando leí la biografía de Penney, sabía que esa no era la meta final.

Lora y yo no teníamos ninguna idea de *cómo* llegaríamos allí, pero fijamos una meta alta de que algún día haríamos lo mismo que

J. C. Penney. Ese fue un punto de inflexión, un momento crucial para nosotros. Dejamos de establecer *metas para recibir* y comenzamos a fijar *metas para dar*, de las cuales hablaré con detalle más adelante. Pero ese cambio de enfoque fue como el timón minúsculo que hace girar una embarcación. Eso cambió la trayectoria de nuestra vida, reorientándonos hacia la doble bendición.

Fue difícil durante los primeros años de plantación de iglesias porque no ganábamos un sueldo de tiempo completo. De hecho, tuve dos trabajos durante varios años para poder llegar a fin de mes. Pero cuando comencé a escribir, mis libros se convirtieron en una doble bendición, más de lo que yo hubiera imaginado. No escribo por las regalías y nunca lo he hecho. Escribo porque Dios me llamó a hacerlo y mi oración es que mis libros puedan cambiar la trayectoria de la vida de los lectores así como la biografía de J. C. Penney cambió la mía. Habiendo dicho esto, ¡nos produce un gozo enorme aprovechar las regalías de los libros para las causas del reino!

Si deseas divertirte el doble, prueba con darle a Dios un diezmo doble. O, si tienes la posibilidad de hacerlo, da el cincuenta por ciento. Puede que te tome cierto tiempo llegar a ese porcentaje de ofrenda, pero asegúrate de que lo haces por las razones correctas. Te puedo prometer esto: ¡cuanto más des, más disfrutarás de lo que conserves! Si duplicas el diezmo, experimentarás *doble gozo*.

Repito, sé que algunas cifras y porcentajes que estoy compartiendo pueden parecer inalcanzables para tu realidad. Y quizá tu próximo paso sea salir de alguna deuda. Pero no permitas que lo que no puedes hacer te impida hacer lo que sí puedes. ¡Comienza con dos blancas o doce minutos!

Lora y yo crecimos en una iglesia cuyo corazón latía por las misiones y dar era llamado una promesa de fe. Como el nombre sugiere, era una promesa basada en la fe. En términos del Antiguo Testamento, era una ofrenda voluntaria. En otras palabras, era una ofrenda superior al diezmo del diez por ciento. No estaba basada en el presupuesto, sino más bien era un producto de la oración. Hice mi primera promesa a los diecisiete años, cuando estaba en el bachillerato y, aunque no recuerdo la cifra exacta, no debe haber sido mucho, considerando el hecho de que ¡ganaba el salario mínimo! Pero como con cualquier otra cosa, en la gracia de dar se crece dando pequeños pasos. Esa promesa de fe representa uno de mis primeros pasos de fe financiera y me enseñó a confiar en Dios.

Ahora, permíteme avanzar quince años.

En 2005, Lora y yo presentamos la promesa de fe a nuestra congregación. Siempre que nos involucramos en cualquier clase de iniciativa de generosidad, deseamos liderar el camino y ser los primeros. Sería poco sincero pedirles a las personas que expandan su fe o hagan un sacrificio más allá de lo que nosotros estamos dispuestos a hacer. Asumimos el compromiso más grande de nuestra vida ubicándonos en una posición en la que Dios iba a tener que proveer más allá de nuestro presupuesto. Algunos meses después de hacer esa promesa de fe, firmé mi primer contrato de un libro, y no creo que estos sean incidentes que no guarden relación entre sí.

Como era un autor novel, el anticipo no fue una gran cantidad. Pero fue suficiente como para hacer que nuestra promesa de fe pareciera pequeña. Fue una experiencia inolvidable ver mi primer libro en el estante de una librería, pero sentimos exactamente el mismo gozo cuando escribimos ese cheque que cumplía nuestra promesa de fe.

Sueña en grande.
Comienza a pequeña escala.
¡Aquí vamos!

CAPÍTULO DIEZ

Siembra las nubes

Quien vigila al viento no siembra; quien contempla las nubes no cosecha.

ECLESIASTÉS 11:4

Durante los años cuarenta, se llevaron a cabo una serie de experimentos clandestinos para las fuerzas armadas de Estados Unidos en un laboratorio de investigación en Schenectady, Nueva York. El proyecto Cirrus, una colaboración entre General Electric y la Fuerza Aérea de EE. UU., fue la primera tentativa de modificar un huracán a través de la intervención humana.[1] La investigación estaba encabezada por una extraña pareja académica.

Irving Langmuir era un químico ganador de un Premio Nobel. Su ayudante, Vincent Schaeffer, había abandonado el bachillerato y tenía mucha facilidad para los proyectos autogestionados. Y los unía su amor por el esquí. De hecho, Schaeffer era el presidente del club de deportes de invierno Schenectady, de quien el laureado Nobel, Langmuir, era miembro. A menudo, durante los meses de invierno, escalaban el monte Washington, en New Hampshire, y realizaban experimentos meteorológicos en el centro de investigación que estaba en la cumbre, para luego volver esquiando montaña abajo.

Durante un ascenso, Irving Langmuir notó un conjunto de nubes justo encima de la cumbre. A pesar de la cantidad de nubes, observó que solo habían producido algunos escasos copos de nieve.

—Mira Vince —dijo Langmuir—. A pesar de la cantidad de nubes, solo hay algunos copos aquí y allá. ¿Por qué? Creo que deberíamos hacer más estudios sobre eso.[2]

Vincent Schaeffer volvió al laboratorio y revisó un congelador de General Electric que había adaptado con terciopelo negro. Después de enfriar el congelador a diez grados por debajo del punto de congelación del agua, Schaeffer sopló dentro de la caja y creó una nube. Debido a que el aire frío es más pesado que el aire caliente, esa nube artificial hecha por el hombre flotó en el congelador. Entonces Schaeffer intentó sembrar la nube, como uno siembra la tierra. Intentó, sin mucho éxito, producir nieve implantando diversas sustancias.

Así como el invierno se vuelve primavera y esta, verano, se hacía cada vez más difícil lograr que el congelador siguiera congelando. Un crucial día de julio hacía tanto calor que Schaeffer decidió agregar hielo seco. Cuando lanzó el dióxido de carbono sólido en el congelador, la nube se convirtió en cristales de nieve. ¡Vince Schaeffer había nucleado la nube y hecho nieve!

Era hora de pasar el experimento al siguiente nivel y de llevarlo a la naturaleza, pero un otoño templado retrasó sus pruebas hasta mediados de noviembre. Cuando las temperaturas finalmente llegaron a bajo cero, compraron unas libras de hielo seco picado, alquilaron un aeroplano de una hélice y volaron hacia un conjunto de nubes. Cuando sembraron esa nube con el hielo seco, algunos testigos presenciales dijeron que parecía que la nube iba a estallar. ¡La nieve que produjo se veía a cuarenta millas (más de sesenta y cuatro kilómetros) de distancia!

Un asistente de redacción en la publicación *GE Monogram* anunció: "Schaefer hizo que nevara esta tarde sobre Pittsfield. ¡La semana próxima caminará sobre el agua!".[3]

En sus marcas, listos, fuera

La ciencia de sembrar las nubes bien puede ser un adelanto del siglo veintiuno, pero la teología de sembrar nubes es tan vieja como Eclesiastés. Hay un versículo en particular que le prescribo a los desidiosos y perfeccionistas, porque cambió el curso de mi vida.

> Quien vigila al viento no siembra;
> quien contempla las nubes no cosecha.[4]

Si esperas hasta estar preparado, entonces esperarás por el resto de tu vida. No estaba listo para casarme. ¿Lo está alguien? Lora y yo no estábamos listos para tener hijos, ¿quién lo está? No estaba preparado para ser pastor de una iglesia a los veinticinco años de edad. No estábamos preparados para invertir en misiones, ni para inaugurar un segundo campus, ni para abrir una cafetería, ni para hacer de una manzana urbana un campus prototipo, un centro de desarrollo infantil y un mercado de uso múltiple.

Sí, tienes que orar como si el mañana no existiera, ¡pero también tienes que planificar como si existiera! Dios no bendice la falta de planificación, así como no bendice la falta de oración. Aclarado esto, los planetas nunca estarán perfectamente alineados. En algún momento tienes que dejar de poner excusas. Tienes que tomar el arado y comenzar a sembrar la tierra. O en este caso, ¡las nubes!

Tenemos un pequeño lema en NCC: ¡Fuera, listos, en sus marcas! Quizá esto parezca estar en sentido contrario, pero esa es la secuencia de la fe. Sí, fe es seguir los pasos de Jesús. Pero la fe también va *primero* y no importa si otra persona hace lo mismo. La fe es la voluntad de ir *solo*.

Cada bendición doble remonta sus orígenes a un solo salto de fe. Tal es el caso del cheque de cincuenta dólares que firmamos para las misiones. Es lo que sucedió con la caminata de oración de casi cinco millas (ocho kilómetros) alrededor de Capitol Hill. Y se cumple para ti también.

¿Qué salto de fe debes dar? ¡No pongas más excusas! ¡No más demoras! ¡La obediencia postergada es desobediencia! Pero si das ese pequeño salto, no te sorprendas si se transforma en una bendición doble.

Un sueño postergado

Me sentí llamado a escribir cuando tenía veintidós años, pero me tomó trece años escribir mi primer libro. En retrospectiva, estoy feliz de no haber escrito el libro a los veintidós años porque seguramente hubiera tenido que escribir otro a los veintitrés para retractarme de todo lo dicho. Sin embargo, cada año me sentía más y más frustrado y mi cumpleaños se convirtió en un recordatorio anual de un sueño postergado.

Ya se aproximaba mi cumpleaños número treinta y tres y estaba leyendo el libro de Eclesiastés. El cuarto versículo del capítulo once me dio el empujón que me hacía falta. Decidí sembrar la nube imponiéndome un plazo de cuarenta días. Había tomado la decisión y estaba determinado a *no* cumplir treinta y cinco sin un libro para exhibir. El producto concreto fue el libro autopublicado *ID: The True You* [Identidad: el verdadero tú]. ¿Es el mejor libro que he escrito? No, no lo es. De hecho, traté de sacarlo de circulación, pero ¡una vez que un libro está en Amazon, permanece allí para siempre!

Ese libro vendió solamente 3641 copias y mi primer cheque por los derechos fue de 110 dólares y 43 centavos. Pero no escribí ese libro para cualquier persona, sino para mí y, por supuesto, como un acto de obediencia hacia Aquel que me había llamado a escribirlo. Escribir ese libro fue mi manera de probar que podía hacerlo. También demostró ser un semillero para libros futuros. Tres de los títulos de capítulos se convirtieron en títulos de libros posteriores: *Con un león en medio de un foso*, *Tras el rastro del ave salvaje* y *Destino divino.*

Hay un momento en el que tienes que dejar de mirar las nubes. El término técnico es *nephelococcygia*, en caso de que te interese saberlo. Si tienes un sueño que esté recolectando polvo, necesitas sembrar las nubes con un salto de fe. Las últimas palabras del Evangelio de Marcos son: "… señales que la seguían".[5] Nos encantaría que fueran "señales que preceden", ¿no es así? ¡Sería mucho más fácil! También desearíamos que la oración del Señor dijera: "Danos este *año* nuestro pan *anual*". ¿Por qué? ¡Porque entonces no tendríamos que confiar en Dios diariamente! Dios nos ama demasiado como para hacer que haya cortocircuitos en nuestra dependencia diaria a Él ocasionados por darnos dádivas en exceso.

No tengo ninguna duda de que Dios está preparando buenas obras por adelantado.[6] Pero a menudo tenemos que dar un salto de fe en dirección a esa buena obra. Hubiera sido mucho más fácil que los discípulos permanecieran en los límites cómodos de Jerusalén, ¿no es cierto? Pero ellos obedecieron la gran comisión que los llamó a salir por fe y predicar la resurrección dondequiera que fueran. ¿El beneficio neto? Señales que los seguían.

¿No sería mucho más fácil si Dios allanara el camino con señales previas en lugar de confirmar la proclamación del Evangelio después? Según la lógica humana, sería mejor. Pero eso nos haría perder la oportunidad de participar del milagro de practicar nuestra fe, ¿no es así? Seguro, Dios hace muchos milagros por adelantado. Pero, más a menudo, tenemos que sembrar las nubes tal como lo hicieron los discípulos del primer siglo.

Esta orden contradictoria que Dios le da a Josué antes de la separación de las aguas del río Jordán es un gran ejemplo de "Fuera, listos, en sus marcas".

> Dales la siguiente orden a los sacerdotes que llevan el arca del pacto: "Cuando lleguen a la orilla del Jordán, deténganse".[7]

Queremos que Dios detenga las aguas del río antes de entrar en él. ¿Por qué? Para que nuestros zapatos no se mojen. Queremos que Dios vaya primero porque así no hace falta la fe. Pero aquí es donde muchos se traban espiritualmente. ¡Estamos esperando que Dios separe las aguas mientras que Él está esperando que entremos al río! Sembrar las nubes es dar un salto de fe y mojarnos los pies, pero déjame dar un paso hacia atrás.

Escribir la historia

Exploraremos diversas maneras de sembrar las nubes, pero todo comienza con la oración. La oración es la forma en la que escribimos la historia antes de que suceda. Es la diferencia entre *permitir* que las cosas sucedan y *hacer* que sucedan. ¡Es la diferencia entre *nosotros luchando por Dios* y *Dios luchando por nosotros*!

¿Recuerdas cuando el profeta Elías le anunció al rey Acab que había escuchado el ruido de la tormenta?[8] Seguramente eso sonó un poco ridículo. No había caído una ni una gota de lluvia en tres años y medio, y no había una sola nube en el cielo. Pero los profetas caminan al ritmo de un tambor diferente porque escuchan con oídos espirituales.

> Elías subió a la cumbre del Carmelo, se inclinó hasta el suelo y puso el rostro entre las rodillas.[9]

No deseo profundizar demasiado en la postura de oración de Elías, pero esta no es una oración superficial: "Dios es grande, Dios es bueno, agradezcámosle por nuestro alimento". Esta es una oración de guerra. No es orar *por* algo, es orar *atravesando* algo. Elías redobla su empeño doblando las rodillas. Recuerda al sabio del primer siglo, Honi el Hacedor de Círculos, que se arrodilló en el círculo que había dibujado en la arena diciendo estas palabras: "Señor soberano, juro ante tu gran nombre que no dejaré este círculo hasta que tengas misericordia de tus hijos".

Yo oro en muchas posturas diversas, pero en términos generales, camino y oro. Eso es debido, en parte, a las cirugías múltiples de rodilla de mis días de jugador de baloncesto que me dificultan arrodillarme. Pero cuando necesito interceder, ¡caigo de rodillas! Sin duda, Dios se interesa más por la postura de tu corazón que por la postura de tu cuerpo. Él puede oírte, ya sea que estés de pie o de rodillas. Pero yo elijo arrodillarme porque es una forma de humildad y una muestra de sumisión. Sin embargo, hay situaciones en las que siento que arrodillarme no es suficiente y entonces me postro ante Dios. En la NCC, lo llamamos "lamer la alfombra".[10] Sé que eso suena un poco extraño, pero no es diferente a la oración de Elías en posición fetal. Y pienso que se aproxima a la intensidad con la cual Elías intercedió para poner fin a la sequía. Su fe constante queda en evidencia por el hecho de que continuó enviando a su siervo a mirar hacia el mar en busca de alguna señal de lluvia.

La séptima vez

Aun cuando no haya evidencia concreta de que Dios está obrando, te aseguro que Dios vela por su Palabra para ponerla en obra.[11] El que comenzó tan buena obra en ti la irá perfeccionando hasta el día de Cristo Jesús.[12] Por supuesto, lo hará en sus términos y a su tiempo.

> Finalmente, la séptima vez, su sirviente le dijo: —Vi una pequeña nube, como del tamaño de la mano de un hombre, que sale del mar .[13]

Cada tanto, hacemos un desafío de cuarenta días de oración en la National Community Church. El día que comenzamos nuestro desafío más reciente fue el mismo en el que un miembro de la NCC tuvo una entrevista de trabajo en la Oficina de Administración y Presupuesto (OMB). ¡Y esa entrevista se logró después de dos meses de entrevistas telefónicas, controles de seguridad y de referencias!

Fue un proceso largo y frustrante, pero me gusta mucho lo que hizo Jessica. Ella sembró las nubes circundando el nuevo edificio de OBM una vez al día durante siete días, tal como lo hicieron los israelitas cuando rodearon la ciudad de Jericó. Al séptimo día, decidió rodear el edificio siete veces, pero descubrió que el Servicio Secreto había bloqueado la avenida Pennsylvania por la visita de un jefe de Estado extranjero. ¡Resultó ser un círculo mucho más grande; de hecho, doce veces la distancia original!

En propias palabras de Jessica:

> Después de catorce kilómetros, tres horas, un poco de lluvia refrescante, algunas miradas de reojo del Servicio Secreto, terminé. Me sentí humilde, empoderada y agotada. Comencé ese círculo a las 3:34 p.m. del 6 de marzo y veintitrés horas más tarde, a las 2:39 p.m. del 7 de marzo, recibí una llamada telefónica del director en la que me ofrecía el trabajo.[14]

¿Qué estaba haciendo Jessica aparte de buen ejercicio? ¡Estaba sembrando las nubes! Nuestras oraciones ciertamente tienen que estar alineadas con la voluntad y la gloria de Dios o fracasarán. Pero si lo están, ¡vas a desear tener un paraguas a mano!

Me gusta la reflexión que Jessica compartió al final de su correo electrónico:

> Pastor Mark, esa caminata de oración fue una de las lecciones de humildad más importantes que he recibido. Lo que aprendí es que Dios no necesitaba que yo caminara siete veces alrededor de esas cuadras para derribar los muros alrededor de OMB. Él necesitaba que yo rodeara esas cuadras siete veces para derribar un muro en mi interior, para llevarme a un lugar de humildad y de total dependencia en Él y para que me preparara para el próximo salto de fe, grande o pequeño.[15]

Permíteme profundizar un poco más el análisis de la doble bendición. El primer salto de fe de Jessica fue postularse para el trabajo de sus sueños. Sé que suena simple, pero la mayor parte de nosotros apunta demasiado bajo o se conforma con una segunda opción. El segundo paso fue una entrevista. Los pasos tres y cuatro fueron controles de seguridad y referencias. ¿Mi enseñanza? ¡Los milagros comienzan a menudo de maneras mundanas e insignificantes! Pero así es como nos metemos en el juego. Y en el proceso, ¡no nos olvidemos de alabar a Dios por los milagros parciales!

Jugarse el pellejo

Así como Jessica rodeó el edificio de OBM y los israelitas rodearon Jericó, nosotros rodeamos un depósito en Capitol Hill durante cinco años antes de que se convirtiera en el café Ebenezer. Primero sembramos las nubes con oración, pero fue un salto de fe de ochenta y cinco dólares lo que dividió las aguas.

Lora y yo estábamos en una subasta para la escuela de nuestros niños en Capitol Hill. La National Community Church aún trataba de establecer sus cimientos y Lora y yo apenas llegábamos a fin de mes. ¡En parte, debido al costo de la matrícula que pagábamos en la escuela que organizaba la subasta!

Uno de los artículos que se subastaban era una carpeta de tres pulgadas de ancho donada por la Sociedad de Restauración de Capitol Hill. Contenía los códigos de zonificación para nuevas construcciones en Capitol Hill, los cuales yo sabía que necesitábamos saber al derecho y al revés si íbamos a construir la cafetería en esa área. Un pequeño detalle: ¡ni siquiera éramos dueños de la propiedad! ¿No hubiera sido más prudente esperar hasta tener el contrato antes de comprar esa carpeta? Además, la apertura de ofertas era de ochenta y cinco dólares, una suma bastante abultada en aquel momento. No teníamos dinero para malgastar, pero sentí el impulso del Espíritu Santo para dar ese salto de fe. Ofertamos y ganamos esa carpeta y ahora ocupa un lugar especial en mi oficina como un recordatorio de sembrar las nubes metiéndome al río.

La fe no es un juego de números, pero algunas veces se puede medir en dólares. Si no estás dispuesto a arriesgar ochenta y cinco dólares por un sueño que Dios te dio, entonces quizá no estés preparado para ese sueño. ¡Sembrar en las nubes significa jugarse el pellejo! Esto puede ser invirtiendo en ti mismo para mejorar tu educación. Puede ser también el costo de la cena de una primera cita. De una forma u otra, tienes que poner tu dinero en donde está tu sueño.

Con la marea alta, el ancho del río Jordán es de un poco más de una milla (poco más de kilómetro y medio). ¡La tierra prometida debió sentirse tan cerca y lejos a la vez! Quizá te sientes de la misma manera acerca de un sueño o una promesa que Dios te ha dado. ¿Puedo recordarte que el milagro no está en realidad a una milla (un kilómetro y pico)? ¡Está a un paso de distancia!

Estás a una decisión de alcanzar una vida totalmente diferente. Sin duda, lograrlo implicará una medida de fe y una medida de sacrificio. Y, definitivamente, tendrás que mojarte los pies. Pero si das el primer paso, Dios se ocupará de todo a partir de ahí.

¿Recuerdas la tormenta de nieve sobre Pittsfield? Según Langmuir, ¡una pelotita de hielo seco del tamaño de un chícharo fue capaz de producir varias toneladas de nieve![16] No te quedes paralizado por el tamaño de tu sueño. ¡Siembra una semilla y mira lo que hace Dios con ella! Podrías cosechar una doble bendición. Dicho de otra manera, quizá debas *darla* antes de *recibirla*.

Siembra una semilla

Cuando escribí mi primer libro publicado por una editorial, *Con un león en medio de un foso*, decidí ofrecer una copia gratuita a todo plantador de iglesias que la deseara. Sentí que era una forma única de retribuir a mi tribu, pero me sorprendí un poco por la respuesta. ¡A los plantadores de iglesias les encantan los libros gratis!

Terminamos regalando cientos de copias antes de vender la primera. ¡Incluso con el descuento de autor, perdimos dinero antes de ganarlo! Pero al mirar por el espejo retrovisor, pienso que estábamos haciendo exactamente aquello que recomienda el escritor de Eclesiastés:

> Siembra tu semilla en la mañana, y no te des reposo por la tarde, pues nunca sabes cuál siembra saldrá mejor, si esta o aquella, o si ambas serán igual de buenas.[17]

¿Recuerdas el secreto de la doble bendición? La forma de obtenerla es dándola. Esa dimensión de la doble bendición merece un énfasis doble: *no esperes obtenerla para darla*. La das *primero* como una expresión de fe. Ese es el principio que practicábamos cuando ofrecimos esos libros gratis.

Sé que la idea de sembrar una semilla ha sido utilizada y sobreexplotada por algunos falsos maestros, pero eso no hace que sea menos verdadera si se aplica correctamente. Tampoco es una garantía de devolución de dinero. Habrá falsos negativos y falsos positivos. A veces tienes que sembrar una semilla justo cuando estás más necesitado. ¡Una razón es que aparta tus ojos de tus problemas! Cuando te enfocas en otros, pones tus problemas en perspectiva. Aunque no debes sorprenderte si la bendición aparece de repente.

Cuando regalamos esos libros, no teníamos idea de cuántas copias se venderían. Como autor principiante, estaba plenamente consciente de que el noventa y siete por ciento de los libros no venden cinco mil copias. ¡Regarlar copias era un riesgo calculado, pero sabía que era lo correcto hacerlo sin importar el costo!

No sembramos esos libros para que los plantadores de iglesias que recibieron una copia compraran el libro al por mayor, sinceramente hablando. Pero eso es exactamente lo que sucedió. Con el correr de los años, varios de aquellos plantadores de iglesias han usado el libro en grupos pequeños, en series de sermones de la iglesia o como regalo para los invitados. No tengo manera de calcular el retorno de la inversión, ¡pero ha vendido más que mil veces lo que dimos!

Una década después, ese libro continúa desafiando la gravedad. La curva de la campana para la mayoría de los libros cae después del primer o segundo año, pero *Con un león en medio de un foso* es el regalo que sigue dando. Dicho de forma sencilla, Dios ha bendecido ese libro más allá de mi capacidad de escribir o de la capacidad de mi editor de comercializarlo. ¿Por qué? Tengo dos teorías.

Primero, estoy agradecido con el equipo de intercesores que oran para que Dios ponga mis libros en las manos correctas en el momento apropiado. Para mí, un libro vendido no es un libro vendido: es una oración contestada.

En segundo lugar, si Dios sabe que estás dispuesto a dar algo, Él puede darte su bendición completa. Después de aprender esa lección con mi primer libro, Lora y yo regalamos un ejemplar de cada libro que escribo a todos los que asisten a nuestra iglesia. ¿Por qué haríamos que nuestra familia lo comprara? Pero parece que cuantos más libros regalamos, más copias se venden.

Pocas cosas siembran la nube de la bendición de Dios con más eficacia que la generosidad. La bendición es producto de la generosidad, pero si le damos vuelta, vemos la otra cara de la moneda, la generosidad es producto de la bendición. Una vez más, Dios no nos bendice para elevar nuestro nivel de vida. Dios nos bendice para elevar nuestro estándar de dar. La generosidad comienza y sostiene la doble bendición.

Sembramos las nubes con fe.

Sembramos las nubes con oración.

Sembramos las nubes con generosidad.

Ganar impulso

En la mecánica newtoniana, *momentum* es el producto de la masa por la velocidad: $p = m \cdot v$. Si la generosidad es la masa en esa ecuación, entonces la positividad es la velocidad. Y no es solamente el poder del pensamiento positivo. La positividad es mantener nuestros ojos fijos en Jesús, el autor y perfeccionador de nuestra fe.[18] Y valora más las promesas de Dios que las opiniones de la gente, especialmente la de los expertos autoproclamados.

Hace poco, tomé un café con un entrenador de las Grandes Ligas de béisbol cuyo equipo se encontraba en la ciudad para jugar con los Nacionales de Washington. Le pregunté:

—¿Cuál es el desafío más grande en este momento? —Tenían una racha de seis juegos consecutivos perdidos. Así que su respuesta realmente no me sorprendió.

—Mantener el positivismo.

El positivismo y el negativismo no solamente afectan la mentalidad de un bateador en la caja de bateo, también tienen efecto en la cultura que se vive en los vestuarios. Y no solamente son problemas de actitud, son asuntos espirituales.

¿Recuerdas a los doce espías que exploraron la tierra prometida? Diez de ellos volvieron con un informe negativo que se difundió tan rápidamente que infectó a toda la nación con negatividad. Detente un minuto y piénsalo: fueron diez personas negativas las que mantuvieron a una nación entera fuera de la tierra prometida ¡y les costó cuarenta años! ¡Solamente dos de ellos, Josué y Caleb, permanecieron positivos! Y gracias a su positivismo, heredaron la bendición.[19]

En NCC comenzamos cada reunión del personal compartiendo triunfos. ¿Por qué? Pues hacerlo nos recuerda *por qué* estamos haciendo lo que estamos haciendo. Esto también siembra las nubes al celebrar aquello que más queremos. Tu actitud, positiva o negativa, ¡marca la diferencia! Y no solo invoca la bendición de Dios. Acelera la velocidad del reino de Dios al difundir su amor.

Una estaca en la tierra

En la película clásica de 1992, *Far and Away* [*Horizontes lejanos*, en Latinoamérica], Tom Cruise y Nicole Kidman hacen el papel de inmigrantes irlandeses que buscan su destino en Oklahoma durante la carrera por la tierra de 1893. Montando un caballo algo ingobernable, Joseph sube cuesta arriba a su porción de tierra y clava una estaca. Esa estaca en la tierra representa sus esperanzas y sueños, y el amor de su vida, Shannon.

Hay momentos en la vida en los que tienes que clavar la estaca en la tierra que se convertirá en el campo de batalla donde estás dispuesto a morir. Eso es lo que hizo Caleb cuarenta y cinco años después de ir como espía a indagar a la tierra prometida. Él reclamó Hebrón con palabras parecidas a las de William Wallace: "Dame, pues, la región montañosa que el Señor me prometió en esa ocasión".[20]

Según la tradición judía, cuando Caleb entró en la tierra prometida con los otros espías, se apartó del grupo y visitó Hebrón. Allí fue donde habían enterrado a Abraham más de cuatrocientos años antes. No sabemos con seguridad qué sucedió mientras estaba ahí, pero me pregunto si Caleb habrá puesto una estaca en la tierra. Es casi como si él hubiera jurado ante la tumba de su antecesor que volvería, aunque fuera lo último que hiciera. Con el tiempo, Caleb conquistaría Hebrón, reclamando ese sitio sagrado. Pero él hizo más que eso: sembró las nubes para el rey David. Cuatrocientos años después, David fue coronado rey en la ciudad que Caleb conquistó e hizo de ella su primera capital.

No estás sembrando las nubes solo para ti. ¡Las estás sembrando para las futuras generaciones! ¡Lo que Dios hace por nosotros nunca es solo para nosotros! Siempre es para la tercera y cuarta generación. Nosotros pensamos en el aquí y el ahora. ¡Dios está pensando en naciones y generaciones!

¿Hay una promesa por la que necesites clavar una estaca y clamar? ¿Una bendición por la cual estás confiando en Dios? ¿Un milagro que no puedes darte el lujo de abandonar? Pon una estaca en la tierra por ti y tus hijos, y los hijos de tus hijos.

He contado ya sobre cómo Dios me sanó del asma después de cuarenta años y centenares de oraciones. Y he compartido sobre cómo corrí el maratón de Chicago para celebrar ese milagro. Pero déjame compartir una cosa más. No recomiendo hacer lo que hice sin antes consultar al médico, pero nunca olvidaré el día que tiré los inhaladores. ¿Daba miedo? ¡Sí, mucho! Durante cuarenta años, nunca fui a ningún lugar sin uno. Y como aclaración digo que los tiré a los cincuenta días después de que Dios me sanó. Pero desechar los inhaladores era poner una estaca en la tierra, y Dios la ha honrado desde entonces.

Sé que muchas de mis historias giran alrededor de pastorear y escribir, pero ese es quien soy y lo que lo hago. Así que compartiré un testimonio más. Justo antes de publicar mi sexto libro, *El hacedor de círculos*, Lora y yo sentíamos que debíamos dar un salto de fe y crear una fundación. Honestamente, parecía un poco descabellado en ese momento. El libro que escribí justo antes de *El hacedor de círculos* no vendió muchas copias, pero tenía la corazonada de que Dios iba a bendecir ese libro más allá de lo que podía pedir o imaginar. Y quería estar en una posición en la que pudiera pasar la bendición a otros. En aquel momento, Lora y yo ya diezmábamos el doble de las regalías de los libros. Pero decidimos aumentar ese porcentaje y llevarlo al cincuenta y cincuenta. Crear esa organización sin fines de lucro era nuestra forma de clavar la estaca en la tierra, y Dios lo honró.

Para mí, escribir es una bendición doble. La primera bendición es la alegría y el privilegio de escribir palabras que cambian la trayectoria de la vida de las personas. La segunda bendición es utilizar esos derechos para financiar causas del reino que nos interesan. Honestamente, no estoy seguro qué produce más gozo. ¡Y estoy feliz de no tener que elegir! Hacer ambos es la doble bendición.

No deseo dar la impresión de que he superado la avaricia. Te aseguro que no. ¡Ni en sueños! Y entiende, por favor, que nuestro viaje de generosidad ha dado muchas vueltas y giros, incluyendo algunos incorrectos. También nos ha llevado muchos años subir la apuesta y convertirnos en una bendición más grande para otros.

¿Puedo recordarte que los resultados están fuera de tu control? Pero la inversión no lo está. ¡No puedes controlar las nubes, pero puedes sembrarlas con tus oraciones! También puedes sembrarlas con generosidad y positividad. Honestamente, no importa que ganes mucho o poco. Nuestra cultura mide equivocadamente el valor total por el valor neto, pero Dios, no. ¿Su medida? Fe, pero no cualquier clase de fe. Fe tan *pequeña* como un grano de mostaza.[21]

¡Siembra esa semilla y mira lo que Dios hace con ella!

CAPÍTULO ONCE

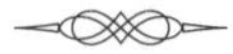

El costo de oportunidad

Hay más dicha en dar que en recibir.

HECHOS 20:35

En 2008, cuatro estudiantes se dispusieron a revolucionar una industria que era tan vieja como los bifocales de Benjamín Franklin. No tenían ninguna experiencia en el rubro de los lentes. Estaban hundidos hasta el cuello en préstamos estudiantiles y no pocos amigos los tildaron de locos. ¡Pero no podían superar el hecho de que comprarse un par de cristales fuera tan caro! Pensaban que era ridículo y se dispusieron con firmeza a hacer algo. Su idea era bastante simple: *ofrecer marcos de moda a una fracción del precio y hacerlo en Internet.* Una década después, ¡Warby Parker es un negocio de mil millones dólares! Adam Grant escribió en su libro *Originales* que a él le ofrecieron la oportunidad de invertir en Warby Parker. Desgraciadamente, la rechazó. En sus propias palabras: "Fue la peor decisión financiera que he hecho en la vida".[1]

En el mundo de la economía, hay dos clases de costos: el real y el de oportunidad. Un *costo real* es un gasto. Se muestra en tu balance como pasivo y es relativamente fácil de explicar. Un *costo de oportunidad* es un costo oculto. Es la pérdida de ganancia potencial, a menudo debido a la indecisión o la inacción. Pensemos en Adam Grant. No haber invertido en Warby Parker no le costó un solo centavo en términos de *costo real*, no hubo daño ni engaño. Pero le costó millones de dólares en términos de *costo de oportunidad*: no arriesgó nada, no ganó nada.

Sin embargo, no comiences sin calcular el costo.[2]

Jesús pronunció esas palabras en el contexto de un proyecto de construcción, pero aplican para casi todo. Cuando se trata de calcular el costo, la mayoría no se da cuenta de que es una moneda de dos caras. Muchos somos muy buenos para calcular el costo real. ¿Y para calcular el costo de oportunidad? No tanto. ¿Por qué? Porque este costo implica plantearse escenarios y un pensamiento sistémico. Y cuando tratas de anticipar el futuro, hay muchas más variables en juego. Espiritualmente hablando, calcular el costo de oportunidad es un cálculo moral que implica una medida de fe. Y pocas cosas son más críticas cuando se trata de tu futuro.

Es posible no hacer nada malo y, al mismo tiempo, nada bueno. La bondad no es la ausencia de maldad. Ese es un evangelio desde la perspectiva del vaso medio vacío. La fidelidad no se trata de defender el fuerte. Es jugar a la ofensiva, lo que es opuesto a jugar a la defensiva. Como seguidores de Cristo, debemos ser más conocidos por aquello que apoyamos que por aquello a lo que nos oponemos. Por supuesto, puedes mantener el *statu quo* y no tendrás pérdida neta. No hay costo real. Pero el costo de oportunidad es asombroso.

Si permaneces en el barco, ¡nunca caminarás sobre el agua!

Si permaneces en el barco, ¡perderás el milagro!

El potencial es el regalo de Dios para ti. Lo que haces con ese potencial es el regalo que le devuelves a Dios. Y ocurre de esa manera con cada bendición.

Calcula el costo

Una de las adquisiciones corporativas más singulares de la historia estadounidense ocurrió el 15 de enero de 1955. No fue una absorción hostil. Fue una rendición de bandera blanca. Stanley Tam, fundador de la Corporación de Plásticos de Estados Unidos, cedió voluntariamente el cincuenta y un por ciento de sus acciones. ¿Quién se convirtió en el accionista mayoritario? Stanley transfirió sus acciones a la persona a la que él se refirió como su socio mayoritario: Dios. El primer abogado al que Stanley le pidió que negociara el trato se rio de él, pero creo que es justo decir que Dios rio de último.

A la hora de la adquisición, la compañía tenía réditos anuales de menos de doscientos mil dólares. Pero Stanley creyó que Dios iba a bendecir su negocio si lo honraba desde el principio. ¡Stanley estaba sembrando las nubes! Supongo que la mayoría de nosotros se estaría dando palmaditas en la espalda por ceder el cincuenta y uno por ciento, pero no Stanley. Mientras leía la parábola de Jesús sobre el comerciante que vendió todo lo que tenía para obtener la perla de gran precio,[3] Stanley decidió ceder *todas* sus acciones y convertirse en un empleado asalariado de la compañía que él había comenzado. ¿Quién hace eso? ¡Alguien que ha calculado cuidadosamente el costo de oportunidad! Durante los siguientes sesenta años, Stanley Tam donaría más de ciento veinte millones de dólares. También conduciría a miles de personas a hacer de Dios su socio mayor, justo como él hizo.[4]

Cuando Stanley Tam habló en la National Community Church, fue el invitado de mayor edad que habíamos tenido en largo tiempo. Triplicaba la edad promedio de la audiencia, que era de veintiocho años. Su mensaje inspiraba, pero lo inolvidable fue la comida que compartimos después. He comido con personas muy admirables, desde expresidentes hasta ganadores del premio al jugador más valioso (MVP) que otorga la Liga Nacional de Fútbol Americano (NFL). Incluso he compartido la mesa con algunos archimillonarios y he disfrutado mucho la compañía de todos ellos. Pero esa comida con Stanley Tam tiene su propia categoría. El valor neto de su sabiduría es imposible de calcular. ¡Si hubiera habido un micrófono en la habitación, Stanley se habría lucido toda la noche! Entre un bocado y otro, Stanley entregaba fragmentos dignos de una entrevista como: "Dios no puede recompensar a Abraham todavía porque su semilla aún se está multiplicando". ¡He meditado sobre ello desde entonces! Luego agregó lo siguiente: "La pala de Dios es más grande que la nuestra". ¡Sí, lo es!

Uno de los temas de conversación giró en torno a la idea del tope salarial y fue muy convincente. Para la mayoría de las personas, el gasto aumenta en proporción directa al ingreso. Stanley, por otro lado, no ha recibido un aumento en tres décadas. ¿Por qué? En sus propias palabras: "Un hombre solo puede comer una comida a la vez, usar una muda de ropa por vez, manejar un solo automóvil a la vez. Yo tengo todo eso. ¿No es suficiente?".

¿Cuánto es suficiente?

Si lees este libro sin responder a esa pregunta, te has hecho muy poco favor. Y no aprovecharás tu máximo potencial para ser una bendición doble. El industrial y filántropo John D. Rockefeller contestó a esa pregunta de esta manera: "Un dólar más". Muchos de nosotros, si somos honestos, podemos identificarnos con ese sentimiento. Nuestro apetito insaciable por más significa que bastante nunca es suficiente, a menos que tú predetermines la cifra en tu corazón. Considerando el hecho de que la mitad de la población del mundo vive con menos de dos dólares al día: "¿Cuánto es suficiente?". Es una pregunta difícil. ¿Recuerdas cómo respondieron esa pregunta los primeros cristianos al enfrentarse a una gran necesidad?

> … vendían sus propiedades y posesiones, y compartían sus bienes entre sí según la necesidad de cada uno.[5]

No hay nada de malo en hacer más dinero, pero hay algo malo en gastarlo todo en ti mismo. No estoy sugiriendo que todos deban hacer un voto de pobreza, pero ¿qué pasaría si cada persona que declara seguir a Cristo fijara para sí misma un tope salarial? Es una manera de vivir que puede parecer ilógica, pero ¿cómo sería el mundo si nosotros practicáramos la generosidad radical con todo lo que ganáramos más allá de ese umbral? Nuestra generosidad pondría al mundo de cabeza, justo como la Iglesia del primer siglo. ¡Seríamos una bendición doble para un mundo que sufre y te aseguro que el impacto sería mucho más que el doble!

Mantenernos a la par de los Jones

En la Declaración de Independencia, Thomas Jefferson esbozó los tres derechos inalienables que nos otorgó el Creador. Los primeros dos se explican bastante bien por sí mismos: vida y libertad. Pero el tercero es un misterio para la mayoría: la búsqueda de la *felicidad*. Menos personas han intentado definir la *felicidad* que el *éxito*, y aún menos la han alcanzado.

En general, si no tenemos una definición personal de éxito, adoptamos una definición cultural predeterminada. Lo mismo sucede con la felicidad. En la cultura estadounidense hemos convertido la felicidad en un deporte al que llamamos "Mantenernos a la par de los Jones". ¡Contamos las bendiciones de nuestros *vecinos* más que las nuestras, así que no es de extrañar que no obtengamos ninguna satisfacción! Ese dicho dio lugar a la creación, en 1913, de una tira cómica con el mismo nombre,[6] pero la lucha que representa es tan antigua como la de Caín y Abel. Si mides el éxito comparándote con otras personas, tu escenario siempre será de fracaso. El juego de la comparación termina con exceso de orgullo o de celos, y ambos son callejones sin salida. La realidad es esta: ¡no puedes mantener el ritmo ni recuperar el tiempo perdido con los Jones! Y la Biblia tiene una palabra para eso: *codicia*.

Tratar de obtener la felicidad imitando las tendencias materialistas del estadounidense promedio es una pobre receta para la felicidad. Aun así, eso es lo que muchos hacemos. ¡Compramos cosas que no deseamos para impresionar a personas que ni siquiera nos gustan! Eso no es #bendición. Es exactamente lo contrario. La bendición no se define por lo que obtenemos, sino por lo que damos. Allí yace el misterio de la doble bendición. Y aunque parezca ilógico, es tan irrefutable como las palabras de Jesús:

> Hay más dicha en dar que en recibir.[7]

Me gusta estar del lado del receptor de la generosidad de otras personas tanto como a todo el mundo. ¡Si me das un regalo, no te privaré de tu bendición! Lo recibiré con genuina gratitud y te diré un sincero "¡Gracias!". Pero la bendición no se administra hasta que hago algo más: ¡un inventario! Presto atención a las formas en las que he sido bendecido y luego repongo la bendición dando a otros lo que se me ha dado a mí. Cuando compartimos la bendición, experimentamos lo que Jesús prometió. El gozo más profundo se encuentra en el otro extremo de recibir, en el lado de dar de la vida.

Compartir la bendición

La frase "Compartir la bendición" es más que un lema memorable. Comenzó como un juego. Pero fue tan divertido que se convirtió en una forma de vida. Si me das algo, cualquier cosa, trato de regresar el favor bendiciendo a otra persona de la misma forma. Si te ayuda, piénsalo como una donación en especie.

Cuando oímos la palabra *generosidad,* tendemos a pensar en términos de dólares y centavos. Pero es mucho más que eso. ¡Hay maneras de ser generoso que no tienen nada que ver con el dinero! La generosidad implica tiempo, talento y riqueza. Siendo honesto, me resulta más difícil ser generoso con mi tiempo y mi talento que con mi riqueza. A veces firmar un cheque es lavarse las manos, la salida fácil. Es un sustituto falso para el compromiso personal. Le damos a una persona sin hogar unos pocos dólares y pensamos que hemos hecho nuestro deber. ¡Y no es verdad si no igualamos esos dólares con dignidad! A lo largo de los años, centenares de amigos que experimentaban desamparo encontraron un hogar en la NCC. Y sé que lo que realmente desean, lo que realmente necesitan, es que alguien los mire directamente a los ojos y vea su alma. Por supuesto, eso lleva más tiempo del que mucha gente está dispuesta a dar.

¿Recuerdas la frustración que sentí como autor inédito durante trece años? Sí, fijar un plazo autoimpuesto fue un punto de referencia clave, pero también lo fue una conversación de dos horas con un autor y pastor que conozco y que sé con toda seguridad que estaba demasiado ocupado para reunirse conmigo. ¡Pero de todas maneras se tomó la molestia de hacerlo!

Nunca he olvidado esa inversión de tiempo y es una bendición que he tratado de compartir con aquellos que sé que tienen un libro en su interior, pero que no saben cómo exteriorizarlo. Ese autor y pastor también me ayudó a encontrar a mi primer agente, utilizando su influencia a mi favor. Esa es una bendición difícil de compartir, pero he ayudado a docenas de autores a encontrar a su primer agente. Y por si acaso, también he sembrado algunos libros autopublicados. Así es como transformo la bendición original que recibí en una bendición doble para otra persona. También me recuerda de dónde he venido, lo que me ayuda a oponerme al impulso de subirme al vagón de "más es mejor" o de instalarme en "la villa de los Jones".

Ahora déjame agregar una pequeña salvedad.

No solo comparto la bendición cuando la he recibido y me agrada la persona con quien voy a compartirla, también trato de hacerlo cuando siento el deseo de mandar a volar a esa persona. ¿Puedo decir eso? Compartir la bendición con alguien que te fastidia no solo reduce tus emociones negativas, sino que puede interrumpir el patrón y tener un impacto profundo en la otra persona. Si no lo crees, inténtalo. Cuando respondes a la grosería con respeto o a la maldad con bondad, las personas se sorprenden. Como el arma paralizante de Spock, ni siquiera saben cómo reaccionar. No es a toda prueba, especialmente si tu situación involucra a un necio. Pero es más eficaz que jugar con fuego y mucho más divertido.

Etiqueta *#bendición*

¿Sabías que la palabra *clue* [*pista*] se refería originalmente a un ovillo de hilo, parecido al hilo de Ariadna? *Flirt* [*coquetear*] significaba "dar un golpe rápido". La palabra *awful* [*terrible*] significaba "digno de temor". La palabra *naughty* [*travieso*] significaba "que no tiene nada". Y *fizzle* [*crepitar*] se refería a una ventosidad silenciosa. Te pido disculpas, pero no me pude resistir a incluir este último ejemplo. ¡Muchas palabras no son lo que eran! A veces las palabras pierden su significado original. En otros casos, adquieren nuevas connotaciones. De cualquier manera, las palabras cambian de significado. Y la palabra bendecido es un ejemplo clásico. De muchas maneras, nuestra cultura la ha reducido a una etiqueta que aparece como una señal de humildad. La utilizamos para etiquetar las fotos de Instagram en lugares exóticos que visitamos o la ponemos en las placas de automóviles muy costosos. Pero cuanto más exótico sea el lugar o costoso el objeto, más devaluamos la idea original.

La bendición de Dios no se puede comparar a las circunstancias externas o a las cosas materiales. Es una realidad interna, un estado de ánimo, un estado del alma. Es un gozo imposible de poner en palabras. Es la paz que sobrepasa todo entendimiento. Son las cosas a las que no puedes ponerles precio. ¿Estás bien con Dios? Entonces estás bendecido más allá de toda medida, aun si manejas un auto que pasa la mayor parte del tiempo en el mecánico o el lugar más exótico en el que hayas estado sea la casa de tu abuela.

La palabra griega para bendición es *makarios* y es la palabra que Jesús empleaba para marcar la diferencia entre dar y recibir. Es una palabra multidimensional que significa "hacer grande".[8] En ese sentido, se alinea con la oración de Jabés: "Bendíceme y ensancha mi territorio; ayúdame y líbrame del mal, para que no padezca aflicción".[9] También se asocia a la exhortación de Isaías: "Ensancha el espacio de tu carpa, y despliega las cortinas de tu morada. ¡No te limites! Alarga tus cuerdas y refuerza tus estacas".[10] No significa "hacer grande", como en agrandar o estar a cargo. Es un corazón humilde que crece más y más grande cuanto más da. Puede incluso crecer tres tallas en un solo día, ¡dándote la fuerza de diez Grinches más dos![11]

Perdón, no pude resistirlo. Dejando las citas de Dr. Seuss de lado, ¡nada expande más las fronteras que la generosidad! Te llevará a lugares a los que no podrías llegar por tus propios méritos y te hará estar con personas con las que no tienes cosas en común. En las palabras del rey Salomón: "Con regalos se abren todas las puertas y se llega a la presencia de gente importante".[12]

Bendecido más allá

Dios quiere bendecirte más allá de tu posibilidad de contener la bendición. De eso estoy seguro. Pero no reduzcas esa bendición a una hoja de balance. Tu valor neto no es una cuenta de pérdidas y ganancias. Si fuiste bendecido con tanto dinero que ya no sabes qué hacer con él, es genial. ¡Pero por favor reconoce el motivo!

> Ustedes serán enriquecidos en todo sentido para que en toda ocasión puedan ser generosos.[13]

Dice "enriquecidos en todo sentido", así que permíteme mirarlo desde un ángulo emocional. Si tienes un gozo indescriptible, ese gozo puede cambiar la atmósfera de una organización. Si tienes una paz que sobrepasa el entendimiento, esa paz puede ayudar a todos a mantenerse tranquilos y seguir adelante. Y si tienes más amor del que puedes contener, ese amor puede comenzar una revolución. Por supuesto, lo mismo que se cumple para el amor, la alegría y la paz, tiene validez para el dinero. Dios nos da riquezas para que "en toda ocasión podamos ser generosos".

La palabra *makarios* significa "gozo sin medida". También se traduce como "tan bueno como parece",[14] lo que yo interpreto como "bendecido más allá" o "más que bendecido". Pero quizá la definición más simple y el mínimo común denominador es ¡la felicidad de toda la vida!

La felicidad no es algo que *obtenemos*.

La felicidad es algo que *damos*.

Déjame decir esto tan brevemente como pueda: ¡la felicidad es dar más de lo que recibes! Mientras más des, más tendrás. Quizá sientas la tentación de leer esto y pasarlo por alto, pero la mayoría de nosotros busca la felicidad de la manera incorrecta. No es el resultado neto de lo que recibimos. Es producto de lo que damos.

El secreto de la felicidad es el misterio de la doble bendición: *la obtienes dándola.*

Acumula experiencias

La historia del joven rico es una advertencia que provee un indicio convincente en nuestra búsqueda de la felicidad. Mirando desde fuera, él tenía todo lo que creemos que podemos desear. Él era rico, joven y tenía poder. En papeles, su vida era perfecta. Tenía todo lo que el dinero podía comprar, pero la pregunta que él hizo revela cuán infeliz era: "¿Qué más me falta?"[15]

¿La respuesta a esa pregunta? Le hacía falta la fuerza de la adrenalina santa que corre por tus venas cuando te sumerges en Dios. El joven rico vivía para sí mismo y, cuando vives para ti mismo, te pierdes con el tiempo. Jesús prescribe una cura ilógica, el desafío de dar.

> Si quieres ser perfecto, anda, vende lo que tienes.[16]

No he conocido a muchas personas poseídas por un demonio, pero he conocido a muchas personas poseídas por sus posesiones. El joven rico podría haber aprovechado su riqueza y su poder para hacer mucho bien a muchas personas. El costo de oportunidad estaba fuera de los límites. Pero su valor propio estaba muy atado a su valor neto. Lo mismo que él pensó que daría significado a su vida lo hizo desgraciado. La riqueza debería venir con esta advertencia: *tu activo más grande se convertirá en tu mayor pasivo si no lo utilizas para los propósitos de Dios.*

Sé sincero: ¿no te has sentido un poquito mal alguna vez por el joven rico? Probablemente yo hubiera llevado aparte a Jesús y le hubiera dicho que suavizara un poquito la petición: "¿Estás seguro de que quieres pedirle que entregue todo? ¿Por qué no comenzar con el diezmo?". ¡Pero Jesús lo amaba demasiado como para pedirle menos que eso! Nos enfocamos en lo que Jesús le pidió que diera, el costo real. Pero no prestamos atención a lo que le ofreció a cambio: una pasantía de tres años con el Hijo de Dios. Esa es una oportunidad única en la vida que seguramente se vería muy bien en LinkedIn.

Los discípulos que eligieron seguir a Jesús no hicieron un voto de pobreza, pero dejaron sus redes. Ellos sacrificaron un ascenso social por una riqueza de experiencias sin comparación en la historia humana. Pasaron tres años caminando, acampando y pescando con el Hijo de Dios. ¡Bebieron el agua que Jesús convirtió en vino! ¡Cortaron en filetes la pesca milagrosa! No puedes ponerle una etiqueta con un precio a ese tipo de experiencias. Pero espera, que eso no es todo.

> Y todo el que por mi causa haya dejado casas, hermanos, hermanas, padre, madre, hijos o terrenos recibirá cien veces más y heredará la vida eterna.[17]

Jesús parece estar diciendo que vamos a poder tenerlo todo. ¿Mi consejo? ¡No acumules posesiones, acumula experiencias! Siendo más específico: acumula solamente la clase de experiencias que surgen cuando sigues los pasos de Jesús.

Déjame compartir dos convicciones más.

Primero: *no puedes darle a Dios nada que ya no le pertenezca.*

¡Solo puedes *devolverle* a Dios lo que Él te ha dado! Eso no hace menos significativo lo que das. Más aún, lo convierte en un acto de adoración.

En segundo lugar, *nadie ha sacrificado nunca algo por Dios.*

No estoy restándole importancia a aquellos que han hecho sacrificios temporales enormes, en especial quienes han sido martirizados por su fe como once de los doce discípulos. El sacrificio puede implicar enorme dolor, pero si es ordenado por Dios, producirá fruto eterno, así que realmente es la mejor inversión que podamos hacer. Escúchame, por favor. Si siempre recibes más de lo que das, ¿realmente has sacrificado algo? ¿Es un sacrificio dar cuando sabemos que recibiremos más? Eso no hace que la espina del sacrificio duela menos, ¡pero es la relación riesgo-beneficio que más nos conviene y que se activa cada vez que le damos la vuelta a la bendición! ¿El regreso de la inversión? ¡Interés compuesto para la eternidad!

Al final de nuestra vida, nuestros pesares más grandes no serán las equivocaciones que cometimos. ¡Serán las oportunidades que dejamos pasar! ¡Será la bendición que dejamos de compartir!

Calcula el costo.

Comparte la bendición.

Hazlo una y otra vez.

CAPÍTULO DOCE

El juego de dar

Les aseguro que todo lo que hicieron por uno de mis hermanos, aun por el más pequeño, lo hicieron por mí.

MATEO 25:40

Inventada por Simon Prebble en 1967, la cuna o péndulo de Newton es un dispositivo bastante ingenioso que demuestra la conservación de la energía y de la cantidad de movimiento mediante una serie de esferas suspendidas que se balancean. Cuando levantamos y soltamos una esfera en uno de los extremos de la cuna, esta golpea las que están inmóviles y les transmite una fuerza que hace que la esfera en el extremo opuesto de la cuna oscile en la dirección opuesta.

Nombrada en honor de sir Isaac Newton, la cuna ilustra sus tres leyes del movimiento. Según la primera ley, un objeto permanecerá sin movimiento a menos que una fuerza externa actúe sobre él. La segunda ley plantea que la fuerza es igual a la masa multiplicada por la aceleración. Y la tercera ley de Newton quizá sea la más conocida: por cada acción existe una reacción igual y opuesta.[1]

Al igual que las leyes de la naturaleza gobiernan el universo físico, hay leyes sobrenaturales que gobiernan el reino espiritual. La ley de medidas es la evidencia A: "Porque tal como juzguen se les juzgará, y con la medida que midan a otros, se les medirá a ustedes".[2] No puedes quebrar la ley de medidas, porque te quebrará ti. Es el equivalente espiritual a la tercera ley de movimiento de Newton y es la clave para la doble bendición.

Cuando Dios bendijo a Adán y a Eva, una fuerza externa actuó sobre ellos. Él transmitió una bendición, pero a continuación vino el caos. Nada tiene la capacidad de detener el *momentum* de la bendición como el pecado, pero, como en una ecuación, el pecado original encontró su equivalente en Jesús. La cruz es donde se quiebra la maldición del pecado y se concede la bendición de Dios.

Entonces, ¿cómo conservamos el ímpetu o el *momentum* de la bendición de Dios?

A riesgo de sonar como un memorándum publicado por un departamento del departamento de la redundancia, la única manera de mantener el *momentum* es *compartir la bendición*. Si fracasamos en darle la vuelta a la bendición para compartirla, llegamos a un punto donde hay rendimientos decrecientes. Con el tiempo, perdemos todo el ímpetu espiritual y nos preguntamos por qué. Yo te diré exactamente el motivo: Dios no bendice el egoísmo. ¡Si la bendición se detiene contigo, con el tiempo se detendrá del todo! En lugar de ser un canal de bendición y mantener el impulso hacia delante, nos conformamos con energías laterales.

La gracia de dar

Si fueras verdaderamente egoísta, serías más generoso. Eso parece algo ilógico en muchos sentidos, incluido el teológico. Pero un estudio tras otro han corroborado lo que Jesús conjeturó: te hace más *feliz* dar que recibir.[3]

En un estudio publicado en la revista *Science*, los investigadores Elizabeth Dunn, Lara Aknin y Michael Norton dieron a las personas un bono de cinco dólares y otro de veinte, y los dividieron en dos grupos. A las personas del primer grupo se les dijo que gastaran el dinero en ellas mismas. A las del segundo, que lo gastaran en otra persona. Aquellos que gastaron el dinero en alguien más experimentaron un aumento de felicidad. Los que gastaron el dinero en ellos mismos no se sintieron así. Por supuesto, la pregunta es: ¿por qué no? Los mismos investigadores efectuaron un seguimiento a un grupo de empleados que recibieron una bonificación de fin de año. Midieron su grado de felicidad antes y después de recibir la bonificación, el único factor de predicción significativo del aumento de la felicidad fue el gasto orientado a lo social. ¡Solo aquellos que compartieron la bendición la encontraron![4]

¿Puedo ser directo? Si un teleevangelista te dice que Dios le dijo que necesitaba un avión, por favor, llama a eso un engaño. Te lo aseguro, ¡alguien necesita una comida más de lo que él necesita un avión! Habiendo dicho esto, no debemos pedir disculpas por ninguna inversión que logre avances en el reino de Dios en la forma en la que Jesús lo ordenó: alimentar al hambriento, vestir al desnudo y cuidar al enfermo.[5]

Recientemente guie a mi iglesia a una experiencia de generosidad. El objetivo era construir una manzana de la ciudad para poder bendecir a más personas, ser una bendición más extensa para nuestra ciudad. Al principio me resistía un poco porque pedir dinero, incluso con buenas intenciones, es algo que suele malinterpretarse. Pero me conmovieron profundamente algunos de los sacrificios que hicieron las personas. Nuevamente, no estoy seguro de que nuestros sacrificios del siglo XXI estén a la altura de los de la Iglesia del primer siglo, pero de todas formas agradan a Dios.

Hubo personas que dieron las bonificaciones de fin de año y las devoluciones de impuestos. Unas pocas personas que estaban desempleadas a causa de un cierre del gobierno hicieron una promesa de fe. ¡Y una pareja incluso dio el pago inicial que había ahorrado para su primera casa! Nunca le pediría a alguien que hiciera eso, pero tampoco le diría que *no* obedezca la inspiración del Espíritu Santo. Una parte de mí quería rechazar algunos de esos donativos o al menos preguntar: "¿Estás seguro?". Pero solo hay una manera de crecer en la gracia de dar, ¡y es dando más! Las bendiciones más grandes involucran el mayor sacrificio y Jesús estableció el estándar. Esa es la forma en la que mantenemos nuestro impulso espiritual, el *momentum* que mantiene el péndulo de Newton balanceándose.

Cuatro niveles de generosidad

Ya me referí a la *excelencia* como un hábito de las personas altamente bendecidas, pero permíteme regresar a ese tema desde un ángulo diferente:

> Pero ustedes, así como sobresalen en todo —en fe, en palabras, en conocimiento, en dedicación y en su amor hacia nosotros—, procuren también sobresalir en esta gracia de dar.[6]

La palabra inglesa *excel* [*sobresalir*] viene del griego *perisseuo*, que significa "más allá" o "más allá de toda medida".[7] Efesios 3:20 dice: "Al que puede hacer muchísimo más que todo lo que podamos imaginarnos o pedir, por el poder que obra eficazmente en nosotros". Este es Jesús alimentando a cinco mil con cinco panes y dos peces, y luego recogiendo doce canastas con sobras: 5 + 2 = 5000 + 12 cestas de excedentes.[8]

Esta palabra griega es similar al concepto japonés *kaizen*, que aboga por la mejora continua. En psicología, es una mentalidad de crecimiento. En los negocios, es una evaluación comparativa de mercado. Y nunca lo alcanzas realmente porque siempre hay sitio para la mejora. ¿Puedo revelarte un pequeño secreto? ¡Cuando tienes una visión divina nunca la superas! Creces con la visión y la visión crece contigo. Pero si continúas superándote, eventualmente alcanzarás la excelencia y más allá.

La generosidad no se puede reducir a una fórmula por sí misma. Y el proceso es tan único como lo eres tú. Pero si quieres crecer en la gracia de dar, estos son algunos pasos a seguir.

El primer nivel de generosidad es dar *espontáneamente*.

Al dar espontáneamente se pone de manifiesto una generosidad guiada por el Espíritu. Pero toma nota, por favor: que sea guiada por el Espíritu no significa que esté mal planificada. Eso incluye planificar el presupuesto. Tienes que crear un margen financiero para poder satisfacer tus necesidades y aprovechar las oportunidades cuando el Espíritu Santo te mueva a hacerlo. Si quieres hacer algo sorprendente en tus finanzas, ¡esto es algo que cambia las reglas del juego! Pero recuerda, ¡hay maneras de ser generoso que no tienen nada que ver con el dinero! Si vas a dar tu tiempo de forma espontánea, ¡también tienes que crear un espacio en tu calendario! El apóstol Pablo celebró la espontaneidad y la generosidad de los cristianos macedonios de esta manera: "Esto fue algo completamente espontáneo, enteramente idea de ellos, y nos tomó por sorpresa".[9] Esto es generosidad pura y pocas cosas son más divertidas que estar al otro lado de ella.

El segundo nivel de generosidad es dar de forma *consistente*.

La clave para el crecimiento en cualquier área de nuestra vida es establecer hábitos consistentes, disciplina en la vida cotidiana y rutinas regulares. La constancia supera a la intensidad siete días a la semana y dos veces los domingos. ¡Después de todo, somos lo que lo hacemos de forma repetida![10] Quizá ese sea el motivo por el cual Pablo establece un precedente: "El primer día de la semana, cada uno de ustedes aparte y guarde algún dinero conforme a sus ingresos".[11] Una de las maneras en las que Lora y yo ponemos en práctica este principio es estableciendo algunas ofrendas periódicas a causas del reino que nos interesan. ¿Significa que dejaremos de ofrendar de forma espontánea? Por supuesto que no. Pero las ofrendas periódicas señalan la dirección de nuestras metas de donación. Establece una línea de base, una línea de tendencia de la generosidad.

El tercer nivel de generosidad es dar *proporcionalmente*.

La idea de dar de forma proporcionada se remonta al diezmo del Antiguo Testamento, que literalmente significa "diez por ciento". Abordaremos esta idea en el próximo capítulo. Baste decir que si estás creciendo en la gracia de dar, no puedes pensar en términos de cantidades de dólares. Tienes que pensar en porcentajes. Esta idea transmite la exhortación de Pablo: "Den en proporción a lo que tienen".[12] El diezmo es un punto de referencia clave en este camino de generosidad, pero no es la meta final.

El cuarto nivel de generosidad es dar *radicalmente*.

Esto es dar más allá del diezmo del diez por ciento. En términos del Antiguo Testamento, se habría llamado *ofrenda voluntaria*. Como el nombre sugiere, no era obligatoria. Un dador radical es alguien que tiene una mentalidad de abundancia. Es alguien que toma en cuenta el costo de oportunidad. Es alguien que no solo ama dar, ¡sino que *vive para dar*! Los cristianos en Macedonia estaban siendo perseguidos y oprimidos por pruebas y tribulaciones, sin embargo, Pablo señaló que "su desbordante alegría y su extrema pobreza abundaron en rica generosidad".[13] Parece un oxímoron, ¿no es cierto? Luego explica su generosidad radical de esta manera: "Soy testigo de que dieron espontáneamente tanto como podían, y aún más de lo que podían".[14] La generosidad radical es dar más allá de tu capacidad. A ese tipo de generosidad no se llega de la noche a la mañana, pero allí es donde la generosidad pone sus ojos. Quizá sea un diezmo doble. Para algunos, hasta podría ser un diezmo invertido: vivir del diez por ciento y darle el noventa por ciento restante a Dios.

Ahora, permíteme ampliar la idea de la doble bendición. Sí, el juego de dar tiene mucha relación con el signo del dólar. ¡Pero hay muchas maneras de ganarlo! Estos cuatro niveles de generosidad deben aplicarse al tiempo y al talento, lo mismo que al dinero.

Volver a regalar

En nuestros primeros años de matrimonio, Lora y yo no podíamos darnos el lujo de irnos de vacaciones. Ya lo sé, ¡los problemas del primer mundo! ¡Eso apenas si es una queja considerando el hecho de que están aquellos que ni siquiera saben de dónde vendrá su próxima comida! Pero durante esos días en los que no podíamos permitirnos unas vacaciones, fuimos bendecidos por la generosidad de personas que nos permitieron alojarnos en su casa de vacaciones o incluso nos pagaron un viaje. Eso fue lo que, en primer lugar, nos inspiró a comenzar a compartir la bendición. Fuimos bendecidos por la generosidad de otros ¡y queríamos ponernos en el lado de dar de esa ecuación!

Recuerdo bien la primera vez que me sentí impulsado a compartir esta bendición en particular. Estaba hablando en una conferencia en California y un pastor local tuvo la amabilidad de llevarme hasta el aeropuerto. Durante el camino de regreso a la iglesia, compartió conmigo un poco de su historia. Podía darme cuenta de que sus niveles de estrés eran altos y era comprensible que así fuera porque uno de sus hijos estaba atravesando un problema físico que le traía repercusiones médicas y financieras. Sabía en mi espíritu que Lora y yo debíamos hacer algo al respecto y lo hicimos. Nunca olvidaré lo que sentí al compartir esa bendición. Me sentía un poco nervioso y esperaba que nuestro regalo fuera recibido con el espíritu con el que había sido pensado, ¡pero descubrimos que financiar sus tan necesarias vacaciones era tan divertido como tomar unas! De hecho, ¡fue casi como si hubiéramos viajado con ellos!

Ya expliqué el juego de dar, pero permíteme compartir algunas reglas del juego. Primero, *dar en especie*. Si alguien me da una tarjeta de regalo, casi te puedo garantizar que la voy a regalar. Sé que eso suena mal, ¿cierto? ¿No es insultar a la persona que me la dio? Si lo es, que así sea. ¡Siento más alegría en regalar nuevamente esas tarjetas que en quedármelas! Además, hay situaciones en las que un regalo en efectivo podría ser malinterpretado o resultar insultante. Pero una tarjeta de regalo ya trae una excusa incorporada. Muy pocas personas objetan cuando alguien les dice que lo dejen pagar porque tiene una tarjeta de regalo.

Me doy cuenta de que dar regalos del mismo valor de aquellos que hemos recibido parece un juego de "suma cero". ¿No da cero? ¡Mi respuesta sincera es *no*! Para los que apenas comienzan, produce un gozo incalculable. ¡Y aunque no lo puedo cuantificar, parece que cuantas más tarjetas de regalo obsequio, más alta se vuelve la pila de las que recibo! Y así sucede con cada bendición. No estoy sugiriendo que cada uno deba obsequiar toda tarjeta de regalo que reciba. Tú debes descubrir cómo vas a jugar el juego de dar de una manera única y personal.

La segunda regla del contrato es esta: *da en armonía con quien eres*. En otras palabras: ¡sé tú! ¿Conoces a alguien cuya habilidad para hornear califica como un regalo espiritual? ¿O a alguna persona que sabe repararlo todo? ¡No estoy entre esas personas! ¡Apenas si puedo hornear galletitas y no sé reparar nada! ¡Cualquier tentativa de mi parte de bendecirte de esa manera parecerá como una maldición! ¿Por qué? ¡Porque ese no soy yo! Compartir la bendición es aprovechar *tu* tiempo, *tu* talento y *tu* tesoro para el beneficio de otros. Tu generosidad es tan única como tú, pero debes resolver cómo le imprimirás tu sello personal.

Cuota de sonrisa

Una vez que le encuentres la vuelta al juego, compartir la bendición será muy divertido. Pero no siempre es fácil. Una de las cosas más difíciles de compartir es justamente nuestra actitud de compartir. ¡La actitud es una pieza grande del rompecabezas de la bendición y no cuesta ni diez centavos!

Una de las maneras más simples de bendecir a alguien es con una sonrisa. No te equivoques. ¡Tu sonrisa es un súper poder! Científicamente hablando, una sonrisa reduce el estrés, pues suprime el cortisol y aumenta la felicidad, ya que libera endorfinas. Por supuesto, no hace falta un estudio científico para convencernos de los beneficios de una sonrisa. Es intuitivo. Lo contradictorio es que no sonreímos *porque* somos felices. Somos felices *porque* sonreímos. Una sonrisa tiene el poder de modificar tus emociones y de engañar a tu cerebro.[15]

¿Sabías que los niños sonríen aproximadamente cuatrocientas veces por día, mientras que los adultos sonríen, en promedio, veinte veces por día? ¡En alguna parte entre la niñez y la edad adulta perdemos trescientas ochenta sonrisas![16] ¡Tenemos que recuperar algunas! Sonreír es la forma en la que manejamos nuestros cuarenta y tres músculos faciales, como también el séptimo nervio craneal que los controla.

Recuerdo que cuando estaba en bachillerato, hacía "experimentos de bostezo" en el salón de estudio para pasar el tiempo. Si no me traiciona la memoria, nuestro récord fue una reacción en cadena de diecisiete personas bostezando. Es asombroso cuán inconscientemente contagioso puede ser un bostezo. ¡Y lo mismo pasa con una sonrisa! Si quieres divertirte durante una reunión, una fiesta o una cena que se volvieron aburridas, intenta hacer un experimento de sonrisas. Identifica a una persona a la que te parezca imposible arrancarle una sonrisa y entonces comienza a sonreírle.

¡Si una sonrisa normal no funciona, tienes permiso de intentar con una sonrisa tonta!

Seriamente hablando, ¿qué sucedería si usáramos nuestras sonrisas como una forma sutil de bendecir a otras personas? ¡Tu sonrisa tiene el poder de transformar un ceño fruncido! Por supuesto, mejor hago una advertencia. ¡Está científicamente comprobado que sonreír te hace más atractivo!

El regalo de la completa atención

Aparte de administrar tu sonrisa, trata de darle a las personas tu completa atención. ¡Sí, eso significa dejar tu teléfono a un lado! En una época de distracción digital, la atención plena es uno de los mayores regalos que le puedes dar a una persona. ¿Has estado alguna vez con alguien que te hizo sentir como la persona más importante del planeta?, ¿como la única persona en el planeta? Es un regalo, ¿no es cierto? Más que eso, ¡es una bendición!

La madre de Winston Churchill, Jennie Jerome, cenó una vez con dos de los primeros ministros de Inglaterra en dos noches consecutivas. Cuando le preguntaron su impresión de cada uno, ella dijo sobre William Gladstone: "Cuando salí del salón comedor después de sentarme al lado de Gladstone, pensé que él era el hombre más inteligente de Inglaterra". ¿Y después de cenar con Benjamin Disraeli?: "Me dejó la sensación de que yo era la mujer más lista de Inglaterra".[17]

¿Puedo compartirte un pequeño secreto que no es tan secreto? La gente más interesante del planeta es aquella que brinda su mayor interés a los demás. Esa es la bendición de la atención completa y nadie fue mayor ejemplo que Jesús.

¿Recuerdas a la mujer con el flujo de sangre por doce años que tocó el borde del manto de Jesús? Cuando Jesús preguntó:

"¿Quién me ha tocado?",[18] los discípulos se quedaron estupefactos: "—Ves que te apretuja la gente —le contestaron sus discípulos—, y aun así preguntas: «¿Quién me ha tocado?»".[19] Jesús no dejó de buscar hasta que encontró a la mujer. Y no solo la sanó, ¡sino que le dio su atención total! ¿Qué pasaría si convertimos esa virtud en nuestra misión, tal como lo hizo Jesús?

Esta última temporada de fútbol americano ofrecí unas palabras de aliento el día de la apertura del campo de entrenamiento de los Baltimore Ravens. Nunca había hablado personalmente con el entrenador principal, John Harbaugh, pero él había leído mi libro *Persigue tu león* y quería que fuera el tema del equipo. Que conste, ellos ganaron la AFC Norte (la división del norte de la Conferencia Americana de la Liga Nacional de Fútbol Americano) en el último minuto del último juego de la temporada. Cuando lo hicieron, John corrió por el campo de juego sosteniendo sobre la cabeza una estaca para cazar leones que yo le había dado. ¡No soy fanático de nacimiento de los Ravens, pero es difícil no convertirme en uno ahora!

Esto es lo que recuerdo de ese día en el campo de entrenamiento, aparte de haberme sentido relativamente pequeño en un cuarto lleno de hombres muy grandes. John pasó más de una hora conmigo y con los miembros de mi equipo que me acompañaban. Desayunamos juntos. Me mostró la sala de pesas y las instalaciones de prácticas. Incluso subimos a la escala biométrica en el vestuario y nos medimos la grasa corporal.

¿Mencioné que era el primer día del campo de entrenamiento? Esperaba un rápido "hola y adiós". John Harbaugh nos regaló su atención completa y, sumada a ello, mucha ropa deportiva. Es un regalo que no olvidaré y que me desafió a estar más presente con las personas con las que me cruzo en el camino.

La Biblia lo lleva un paso más allá:

> No se olviden de practicar la hospitalidad, pues gracias a ella algunos, sin saberlo, hospedaron ángeles.[20]

¿Qué sucedería si tratamos a todo el mundo como a un ángel? ¡Pienso que vendría el reino de Dios! ¡Pienso que se haría la voluntad de Dios! Y habría muchas más bendiciones dobles circulando. La iglesia debería ser el lugar más hospitalario del planeta. ¡Nadie debería ganarnos en el juego de la hospitalidad!

Ahí estás

¿Puedo compartir contigo una de mis frustraciones como pastor?

Demasiadas personas evalúan una iglesia por lo que obtienen de ella: el mensaje, la adoración, los programas de atención y cuidado para niños. Escucha, claro que todas esas cosas se deben realizar con una excelencia que honre a Dios y por supuesto que debes encontrar una iglesia en la que encajes. Pero todo eso no puede ser la única vara con la que mides una iglesia y la razón por la que asistes. Necesitas ir a la iglesia por el tiempo, el talento y el tesoro que aportas. Tú tienes algo único que ofrecer.

Ciertamente, la iglesia a la que asistes debería hacerte crecer espiritualmente. Pero la verdadera medida de la madurez espiritual no surge de *lo que tú obtienes de ella*, sino de *lo que tú le das*. Vivimos en una cultura consumista y es difícil dejar esa mentalidad en la puerta de entrada. Pero si no lo haces, siempre te sentirás defraudado. Si tu objetivo es brindar bendición, ¡sobran oportunidades!

Mi padre espiritual, Dick Foth, dice que hay dos clases de personas. Los que entran a una habitación e internamente anuncian: ¡*Aquí estoy!* Piensan que el mundo gira alrededor de ellos y ¡su ego apenas cabe por la puerta! Y están aquellos que entran a una habitación enfocados en el exterior, diciendo por dentro: *¡Ahí estás!* Dejan su ego en la puerta, ¡pues todo se trata de los demás!

Esa es la diferencia entre William Gladstone y Benjamin Disraeli. Gladstone era increíblemente listo, pero él era del tipo de persona que piensa "aquí estoy". De hecho, hay una frase famosa que la reina Victoria dijo sobre Gladstone: "Siempre se dirige a mí como si yo fuera una reunión pública".[21]

Sinceramente espero que todas las personas que ingresan a la National Community Church salgan sintiéndose bendecidas y, con frecuencia, nosotros las bendecimos proclamando la bendición sacerdotal sobre ellas. Pero la iglesia no es el "club bendíceme". La meta no es solamente conseguir una bendición. La meta es llevar una bendición, ser la bendición. Cuando una iglesia está integrada por personas con esa mentalidad de bendecir más que de recibir bendición, ajústate el cinturón porque ¡esa iglesia cambiará su ciudad!

Una última observación, ya que estoy en la tarima.

¿Sabes por qué C. S. Lewis iba a la iglesia? No era porque amara las canciones, pues pensaba que eran "poemas de quinta categoría adaptados a una música de sexta categoría".[22] No era porque amara los sermones o le gustara la gente. Nada de eso. C. S. Lewis iba a la iglesia porque él creía que si no lo hacía, iba a caer en algo que él llamó solitaria arrogancia.[23]

Cuando nos aislamos, hacemos una isla de nosotros mismos. Dicho en sencillas palabras: yo te necesito y tú me necesitas a mí. Juntos nos convertimos en una doble bendición elevada al cuadrado. Como Zan y Jayna, los Gemelos Fantásticos de la tira cómica *Superamigos*, nuestros poderes no se pueden activar si estamos lejos, fuera de contacto. ¿Qué quiero decir? El juego de dar es un deporte de equipo. "¡Poderes de los Gemelos Fantásticos, actívense!"[24]

Duendes

Quizá a esta altura te sientas un poquito abrumado por el juego de dar. ¿Cómo comienzo el juego? ¿Cómo mantengo el puntaje? ¿Cómo sé si estoy ganando? Primero que todo, el juego de dar es un *juego*. Sí, las apuestas son la mayordomía. Pero se supone que un juego es algo divertido y esa es la forma en la que podrás saber si vas ganando en el juego de la doble bendición.

Hace poco revisaba una pila de cartas que se había acumulado en mi buzón y encontré una que tenía muchos años de enviada. No recordaba el incidente mencionado en la carta, ¡pero me hizo recordar lo importantes que pueden ser las bendiciones pequeñas!

> Estimado Sr. Batterson: deseaba enviarle esta nota de agradecimiento por un sencillo gesto de amabilidad que usted le extendió a mi hijo ayer. No tengo plena seguridad del horario en que tuvo lugar. Según lo que escribió él, eran aproximadamente las cinco de la tarde y usted estaba en la cafetería de la escuela cuando mi hijo también se encontraba allí y usted le compró un refresco.

¿Un refresco? ¿Realmente eso amerita una nota de agradecimiento? ¡El refresco probablemente costó menos que el franqueo para enviar la carta! Resulta ser que el estudiante al que le compré el refresco luchaba por llegar a fin de mes. Trabajaba treinta y cinco horas por semana mientras estudiaba a tiempo completo para poder graduarse antes. Algunas veces, los actos más pequeños son los más significativos. ¡Y pocas cosas son más divertidas!

Hablando de diversión, tengo algunos amigos que salen como "duendes" todas las navidades. Es una especie de "toco el timbre y me voy corriendo", con un pequeño giro. Cada año, esta pareja, cuya identidad voy a proteger, elije una familia para bendecirla. Entonces, durante doce días consecutivos, sigilosamente dejan los regalos, tocan el timbre y desaparecen. El día doce, ¡revelan su identidad y hacen una pequeña fiesta!

¿De dónde surgió la idea? El esposo, a quien llamaremos Buddy, recibió a los "duendes" siendo niño. Su familia compartió la bendición y luego Buddy la compartió nuevamente cuando se casó. Algunos puntos importantes si deciden ser "duendes":

Primero: hubo quienes llamaron a la policía debido a ¡los paquetes sospechosos!

Segundo: al menos un niño se sintió devastado cuando averiguó que ¡no eran duendes verdaderos!

Tercero: ¡asegúrate de que la dirección de la casa sea la correcta!

Al mundo le vendría bien unos cuantos "duendes" más, ¿no lo crees? Sí, la mejor manera de difundir el gozo de la Navidad es cantarla a todo pulmón, así todos la escucharán.[25] Pero comparte la bendición mientras lo haces.

Celebraciones de tres minutos

Pocas personas son mejores en el arte de la bendición que Bob Goff. Si no leíste *El amor hace* o *A todos, siempre*, ¡agrégalos a tu lista de lecturas pendientes! Cualquiera que organice para sus vecinos un desfile anual en el día de Año Nuevo es alguien de quien podemos aprender. Y he estado en el extremo receptor de las mejores bendiciones de Bob.

Hace algunos años, él invitó a algunos amigos a su casa de campo en Canadá. Es un lugar al que no se llega muy fácil. Implicaba un vuelo de seis horas y ocho horas en bote, ¡pero el viaje valía la pena! Cuando nos acercábamos a la cabaña de Bob, en el medio de la nada, allí en Canadá, un barco de plataforma plana se acercó a nosotros a toda velocidad. Remolcaba esquiadores acuáticos y había una banda de música completamente uniformada a bordo.

¡Había incluso quien tocaba la gaita y estaba vestido con una falda escocesa! ¡Eso es lo que llamo una celebración de bienvenida! Honestamente, me dio una idea de la celebración de bienvenida que nos aguarda en el cielo.

Al final de nuestro tiempo juntos, nos sacamos una foto en grupo. La celebración fue durante el verano, pero justo antes de hacer la toma, ¡comenzó a nevar! Bob había instalado una máquina de nieve porque pensó que sería más divertido. No sé de qué otra forma expresarlo, ¡pero Bob Goff da fiestas como Jesús! Hay una historia más sobre Bob que ejemplifica la idea de la bendición aquí en la tierra.

Si sigues a Bob en Instagram, parecería que está en todos los lugares a la misma hora. Bob registra medio millón de millas (más de ochocientos mil kilómetros) al año, lo que significa que pasa mucho tiempo con la agencia de Administración de Seguridad en el Transporte (TSA, por sus siglas en inglés). La mayoría de nosotros pasamos por el control de seguridad como autómatas; Bob no. Él notó a un agente de TSA que parecía tratar a cada viajero con un poco más de cortesía. Así que un día, Bob lo llamó. En vez de darle su identificación, le extendió la mano. Le dijo: "He pasado por aquí una docena de veces y solo quería darle las gracias por la forma en la que trata a cada una de las personas en la fila. Es realmente asombroso. La manera en la que usted atiende a la gente me recuerda mucho a la manera en la que Jesús amó".

Este agente de TSA miró hacia arriba, se puso de pie, rodeó su escritorio ¡y se acercó para darle un abrazo! Pero hay un detalle: Bob es muy alto y este agente era muy bajo. Al rodearlo con sus brazos, Bob escuchó que le decía en voz baja: "Soy Adrián". Cientos de viajeros fueron testigos del abrazo que parecía más una danza lenta y extraña.

"Ese fue el principio de mi amistad con Adrián", dice Bob, "tres minutos cada vez".[26] ¡Amo esa forma de abordar la vida, *tres minutos cada vez*! Eso es todo lo que toma bendecir a alguien, quizá menos. Una de las mejores maneras de obedecer el gran mandamiento de amarnos es organizar celebraciones de tres minutos. ¿Dónde? ¡Dondequiera! ¿Cuándo? ¡En cualquier momento! ¿Con quién? ¡Con todos! Pero perfectamente puedes comenzar con la persona que está cerca de ti.

Recibimos algunas de las mejores bendiciones en la vida sin ninguna razón. Como las fiestas sorpresa, las bendiciones espontáneas parecen surgir de la nada. Y lo impredecible es lo que las hace tan inolvidables. Una bendición que surge de la nada puede transformar un momento ordinario en un recuerdo que dura toda la vida.

Cuando examino a los que han bendecido mi vida profundamente, veo algunos hilos comunes. Bob Schmidgall vino al hospital a orar por mí en medio de la noche. Dick Foth mostró un interés generoso por mí en un momento vulnerable de mi vida. Bob Rhoden creyó en mí más de lo que yo creí en mí mismo. Entonces, hay gente como Dick Eastman, Pat Morley y Michael Hall que interceden por mí y mi familia de manera personal. Y por supuesto, ¡Bob Goff nos ama a todos, siempre!

De una forma u otra, todos ellos me han bendecido con sus sonrisas, con sus palabras y con su total atención. Y lo han hecho en momentos críticos de mi vida. La única manera en la que yo puedo administrar esas bendiciones es compartiéndolas y así es como avanza el reino. Comienza a jugar el juego de dar y todos ganan.

¡Ve y ofrece una celebración de tres minutos!

CAPÍTULO TRECE

Cadena de favores

Porque con la medida que midan a otros, se les medirá a ustedes.

LUCAS 6:38

El 30 de julio de 1945, la revista *Time* publicó un artículo sobre un experimento fascinante.[1] No fue un experimento científico, como el Proyecto Manhattan, que estaba a solo una semana de completar la bomba atómica. Fue uno de una naturaleza muy diferente. La hipótesis por comprobar era un versículo de las Escrituras: Malaquías 3:10.

> Traigan íntegro el diezmo para los fondos del templo, y así habrá alimento en mi casa. Pruébenme en esto —dice el Señor Todopoderoso—, y vean si no abro las compuertas del cielo y derramo sobre ustedes bendición hasta que sobreabunde.[2]

El excéntrico científico era Perry Hayden, un hombre de negocios, presidente de Hayden Flour Mills. Quería probar el asunto del diezmo de una manera única, pero primero hagamos un poco de historia. Cuando tenía veintinueve años, Perry Hayden estaba en un dilema. Quería entrar en el mundo de los negocios y a la vez ir como misionero a China. Perry no tenía idea de qué camino seguir cuando asistió a una conferencia en Columbus, Ohio. La conversación con uno de los oradores después de una de las sesiones cambió la trayectoria de su vida. Después de explicarle su problema, el orador le dijo: "Perry, ve a casa y gana todo el dinero que puedas. Luego da todo el dinero que te sea posible". ¡Perry tómo la decisión en ese momento!

Meses después, alguien le envió un folleto sobre el diezmo. Había crecido en la iglesia, sin embargo, nunca había oído hablar del concepto. Decidió aceptar el desafío del diezmo y comenzó a darle a Dios el primer diez por ciento de sus ingresos. No fue una decisión fácil, ya que su negocio estaba perdiendo dinero en ese momento. Pero luego experimentó un cambio tan significativo a raíz de esa decisión que sintió que el cambio solo podía atribuirse a Dios.[3]

Muchos años después, a Perry Hayden se le ocurrió una idea alocada mientras escuchaba un sermón sobre Juan 12:24. Jesús dijo: "Les digo la verdad, el grano de trigo, a menos que sea sembrado en la tierra y muera, queda solo. Sin embargo, su muerte producirá muchos granos nuevos, una abundante cosecha de nuevas vidas".[4] Perry Hayden quería probar la veracidad de ese versículo de una forma peculiar y probar la hipótesis de Malaquías 3:10. Aquí es donde debemos retomar el experimento publicado por la revista *Time*.

El 26 de septiembre de 1940, Perry Hayden plantó trescientos sesenta granos de "semillas de trigo Bald Rock" en un terreno de cuatro pies por cuatro pies (más de un metro cuadrado). Puede que haya sido el campo de trigo más pequeño del mundo. Luego prometió dar el diezmo de la cosecha un año después y hacerlo durante seis años, según las antiguas leyes agrícolas judías que se encuentran en Levítico 25. Perry sembró el campo durante seis años y al séptimo año le dio reposo.

En 1941, una pulgada cuadrada (más de seis centímetros cuadrados) de granos se convirtió en 45 pulgadas cúbicas (737 centímetros cúbicos) después del diezmo. En 1942, el fruto se multiplicó por 50 o el equivalente a 70 libras (casi 32 kilogramos). Dieron el diezmo del trigo y replantaron las 63 libras (28.5 kilogramos) restantes en una granja que era propiedad de un amigo de Perry, Henry Ford. En 1943, un acre (casi media hectárea) de tierra produjo 16 fanegas (692 kilogramos) de una fanega (43.25 kilogramos) de semillas. Henry Ford proporcionó la segadora y la trilladora. Luego prestó su granja para la cuarta siembra. En 1944, 14 acres (poco más de 5.5 hectáreas) produjeron 380 fanegas (más de 16 000 kilogramos). Se dio el diezmo del cultivo y el resto se volvió a plantar. Se necesitaron 230 acres (93 hectáreas) y una flota de 40 cosechadoras para cosechar en 1945. Se obtuvieron 5555 fanegas (más de 240 000 kilogramos). En ese momento, después de dar el diezmo de la cosecha del quinto año, las 5000 fanegas (más de 216 000 kilogramos) de trigo se entregaron a 276 agricultores que las plantaron en 2666 acres (más de mil hectáreas). Cada uno de esos granjeros acordó dar el diezmo de la cosecha a la iglesia a la que pertenecía.

En 1946, el gobernador de Michigan, Harry Kelly, declaró el 1 de agosto como el "Día del Trigo Bíblico". Ese fue el día en que Perry Hayden celebró la sexta y última cosecha. Lo que comenzó como 360 granos sembrados en una parcela de 4 x 4 pies (más de un metro cuadrado) dio como resultado una cosecha de 72 500 fanegas (más de 3 millones de kilogramos) de trigo por un valor aproximado de 150 000 dólares. Ajustado a la inflación, ¡equivaldría a 1 449 557 dólares a la cotización del dólar actual! Así terminó uno de los experimentos sobre diezmos más sorprendentes de la historia.[5]

Ya he presentado un desafío de gratitud, ¿por qué no un desafío de diezmo también? Un libro de bendición sería incompleto sin ello. ¿Recuerdas los cuatro niveles de dar? El diezmo es un pequeño paso y un salto enorme hacia la generosidad de nivel tres: dar *proporcionalmente*. Como cualquier objetivo, puede llevarte un tiempo alcanzar el diez por ciento. Implicará una medida de fe y una medida de sacrificio, sin duda. Pero si te enfocas en esa meta de dar, llegarás en el tiempo de Dios. Y el Dios que festeja por dos monedas pequeñas festejará por cada riesgo que tomes, y por cada sacrificio que hagas.

Volvamos a lo básico.

Primicias

El diezmo es tan antiguo como Abraham. Es anterior al Sinaí, lo cual es significativo. Hay quienes argumentan que el diezmo es una práctica del Antiguo Pacto, pero en realidad es anterior a la entrega de la Ley. Se remonta a un encuentro bastante enigmático entre Abraham y el sacerdote de Salén, Melquisedec. Esto es lo que los teólogos llamarían una aparición preencarnada de Cristo. *Melquisedec* significa "rey de justicia",[6] y el rey hace dos cosas muy curiosas. Primero, bendice a Abraham. Segundo, le sirve pan y vino. Esto prefigura algo que llamamos la comunión y la copa de bendición. ¿Cuál es la respuesta de Abraham a la bendición, a esta comunión? Él le da a Melquisedec la décima parte de todo lo que posee.

Adelantemos mil quinientos años. El profeta Malaquías desafía al pueblo de Israel a dar proporcionalmente. Ese desafío se combina con la promesa de más bendiciones de las que ellos puedan contener. Y pasa a ser el único lugar en las Escrituras en el que Dios explícitamente nos dice que lo probemos. ¿Cómo? Dándole el diezmo.

Otra vez, *diezmo* significa literalmente "una décima parte de los ingresos anuales".[7] Pero vayamos a la escuela de posgrado en generosidad. No es cualquier diez por ciento, es el primer diez por ciento. La palabra técnica es *primicias*. Como tal, el diezmo no era solo un acto de obediencia bajo el Antiguo Pacto. Era una declaración de fe.

Los agricultores judíos no cosechaban todo su campo de una vez. Cosechaban las primicias, llevaban ese primer diez por ciento al templo y daban esa ofrenda al sacerdote. Entonces —y solo entonces— volvían a su granja y cosechaban el resto de los campos. Según la ley levítica, si honraban a Dios con el diezmo, Dios bendeciría lo que se conocía como la *segunda cosecha*.

Segunda cosecha

¿Podemos ampliar los límites de la generosidad un poquito más? Si has llegado hasta aquí con la lectura, es porque he ganado un nivel de confianza. Esto no es una acusación, es una observación. Si no estás experimentando una segunda cosecha, podría ser porque no estás honrando a Dios con los primeros frutos. Sería negligente si no mencionara que los israelitas estaban bajo una maldición porque no le estaban dando a Dios todo el diezmo. ¿Recuerdas lo que dice el Talmud sobre no dar gracias a Dios por sus bendiciones? Es como si se las hubiéramos robado.[8] Eso mismo sucede con el diezmo. No puedes rehusarte a darle algo a Dios y esperar su bendición completa.

Con este tema soy muy cuidadoso y espero que oigas el corazón de Dios. El diezmo *no es* una amenaza, ¡es una promesa! Si creciste en una iglesia legalista, apostaría a que el diezmo tiene algunas connotaciones negativas para ti. Puede incluso crear una cierta tensión interna, y te diré por qué. ¡Porque el legalismo se centra en la ley más que en la gracia! Pero nosotros no estamos bajo la ley, ¡estamos bajo el paraguas de la gracia! Una vez más, la meta es crecer en la *gracia* de dar. ¡La gracia es la génesis de la generosidad! O puedes darle vuelta a esa moneda: *la generosidad es la revelación de la gracia*. De cualquier manera, ¡la gracia cambia las reglas del juego! Si el diezmo hace que te suba la presión arterial, ¡estás pensando de la manera equivocada!

¿Puedo compartir algunas lecciones que aprendí al practicar esta promesa durante más de un cuarto de siglo?

Primero: *diezmar es confiar.*

Es tan simple y tan difícil como eso. Una vez más, ¡Dios no necesita tu dinero! Pero desea tu corazón, y las dos cosas se complementan.

En segundo lugar: *el diezmo mantiene la avaricia bajo control.*

No me malinterpretes: la avaricia nunca se va. Grita fuerte cada vez que voy al centro comercial y veo cosas que no tengo. En ese sentido, están aquellos que argumentarían que el diezmo *le pertenece* a Dios. ¡Estoy en desacuerdo! *Todo* le pertenece a Dios, pero Él generosamente nos permite retener el noventa por ciento. ¡Nuestro diezmo es realmente el diezmo invertido de Dios!

Tercero: *las metas que honran a Dios nunca son fáciles.*

Si el diezmo es nuevo para ti, el diez por ciento puede ser una cantidad de dinero terriblemente alta. Eso es especialmente cierto si estás tratando de salir de una deuda o de llegar a fin de mes. ¿Podemos retroceder un paso? Cuando decidí correr una maratón, no salí a correr 26.2 millas (más de cuarenta y dos kilómetros). Me hubiera dado un tirón muscular. Corrí tres millas (casi cinco kilómetros), ¡y muy lentamente! Y al día siguiente estuve muy dolorido. Fueron necesarias setenta y dos carreras de entrenamiento durante seis meses para alcanzar esa meta. Si el diezmo parece un salto gigante, puede precisar más de un paso. Y eso está bien. ¡Dios aplaudirá a cada paso del camino!

Cuarto: *no puedes dar más que Dios.*

Es bueno que haga una advertencia en este momento: no trates de jugar con Dios como si fuera una máquina tragamonedas. Si das por las razones incorrectas, ni siquiera cuenta. Pero si das por las razones correctas, el juego está iniciado. Te prometo esto: *Dios puede hacer más con el noventa por ciento que lo que tú puedes hacer con el cien por ciento.*

Déjame cerrar con un tecnicismo final.

Aun si consideras el diezmo un concepto del Antiguo Testamento, dudo que el porcentaje disminuyera bajo el Nuevo Pacto. La gracia no descarta la ley, la supera. Además, el diezmo no es la principal meta, es el punto de partida. Cuando Dios toma el control de nuestro corazón, dejamos de preguntar cuánto tenemos que dar y comenzamos a preguntar cuánto podemos dar.

El desafío del diezmo

¿Recuerdas el paraguas de la bendición? El diezmo es la evidencia A: tu resultado final se convierte en la responsabilidad de Dios. Por supuesto, la promesa de Malaquías mezcla mi metáfora. Dios promete derramar más bendiciones de las que podemos contener, en categorías que ni siquiera podemos concebir.

Paul y Lynn Ferrell son algunas de las personas más generosas que conozco. Los logros profesionales de Paul en el campo de la tecnología han sido bendecidos sin medida y ellos son dadores de cuarto nivel. Me topé con su generosidad radical por primera vez cuando ofrecieron dinero para becas que beneficiarían a los miembros de nuestro equipo que quisieran obtener una educación superior. ¡Muchos de los miembros de nuestro personal se han beneficiado de su generosidad! También ayudaron a sus sobrinos a obtener una educación universitaria.

Después de muchos años de bendecir a otros de esta manera, su propio hijo aplicó para entrar a la Universidad Vanderbilt. No solo lo aceptaron, sino que le concedieron una beca que sumó un valor de ciento setenta y seis mil dólares en cuatro años. Paul y Lynn no asociaron estos hechos hasta que decidieron calcular cuánto habían invertido en la educación de otras personas. ¿Quieres adivinar? Sus dádivas sumaron la beca de su hijo: ciento setenta y seis mil dólares.

¿Coincidencia? Pienso que no. ¿Fue ese el objetivo con el que Paul y Lynn hicieron la inversión? ¡Por supuesto que no! Pero déjame decírtelo otra vez: no puedes quebrar la ley de medidas. Dicho otro modo: no puedes dar más que Dios. Los que siembran avaricia cosechan escasez. ¡Los que siembran generosidad cosechan la provisión de Dios con una doble medida de gozo!

Ahora, déjame regresar al desafío del diezmo.

¿Cómo lo haces? Es bastante simple: toma tu ingreso anual y divídelo entre diez. ¡Ese décimo es tu diezmo! Y para continuar vamos a aclarar esta pregunta: ¿es *ingreso bruto* o *ingreso neto* luego de impuestos? Eso depende. ¿Quieres una bendición bruta o neta? ¿Todavía no nos estamos divirtiendo? Y solo para asegurarnos de que todo el mundo se siente incluido, si ya estás dando el diezmo, puedes tener doble diversión dando un doble diezmo. ¡Considera este tu desafío! ¡Si duplicas lo que das, te aseguro que se convertirá en una doble bendición!

Engendrar bendiciones

¿Recuerdas la película *Cadena de favores*? Puede que no haya recibido el más alto reconocimiento de la crítica, pero me gusta mucho la historia. Un maestro de estudios sociales llamado Mr. Simonet les da a sus estudiantes de séptimo grado una tarea para conseguir créditos extra: "Toma una idea para cambiar el mundo y ponla en acción". Trevor McKinney, interpretado por Haley Joel Osment, desafía a sus compañeros de clase: "Haz algo bueno por alguien que realmente necesite ayuda, tiene que ser algo difícil, algo que ellos no puedan hacer por sí mismos. A cambio, esa persona pasa el gesto a otras tres personas y estos pagan la bondad a otros".[9]

Cadena de favores no es solo una película de Hollywood, tiene el argumento secundario de las Escrituras.

¿Recuerdas la batalla de Jericó? La clave de la victoria no fue solo rodear la ciudad durante siete días, fue un único acto de bondad. Antes de que los muros se derrumbaran, Israel envió dos espías a Jericó en una misión de reconocimiento. Los espías casi fueron capturados, pero una prostituta llamada Rajab los salvó. Refugiar a espías judíos era equivalente a la traición, por lo que ella hizo un trato con ellos antes de ayudarlos a escapar. Les pidió que, bueno, lo pagaran más adelante:

> Por lo tanto, les pido ahora mismo que juren en el nombre del Señor que serán bondadosos con mi familia, como yo lo he sido con ustedes.[10]

Estoy seguro de que Rajab pensaba en su familia inmediata. Era una petición en tiempo presente, pero tenía ramificaciones en el futuro. Según la tradición rabínica, Rajab se convirtió al judaísmo a la edad de cincuenta años y se enamoró de Salmón, un hombre judío de la tribu de Judá.[11] Engendraron un hijo llamado Booz, quien a su vez engendró a Obed, quien engendró un hijo llamado Isaí, el que engendró a David. Además, ¡Rajab es una de las únicas cinco mujeres en la genealogía de Jesús![12] ¡Hay que engendrar esas bendiciones!

Nunca sabes a quién muestras amabilidad. Podría ser a la tatarabuela de un rey o podría ser tu futuro yerno.

Cuando tenía trece años, estaba en la unidad de cuidados intensivos del hospital Edward, en Naperville, Illinois. Alrededor de las dos de la mañana, los médicos emitieron el código azul puesto que yo estaba al borde de un paro respiratorio. Fue entonces cuando mis padres llamaron a nuestro pastor, Bob Schmidgall. Apenas habíamos comenzado a asistir a la iglesia, a la cual iban miles de personas, por lo que no nos conocía. Pero eso no le impidió ir al hospital a medianoche para orar por mí. En ese momento no lo sabía, pero estaba orando por su futuro yerno. Me casé con su hija nueve años después y le dimos su primer nieto.

Las semillas de bendiciones germinan a veces en cuestión de minutos. La mayoría de las veces esas semillas tardan generaciones para tener un impacto en las naciones. De cualquier manera, tu bendición fue engendrada por alguien más. Así que adelante, compártela. Es la forma en la que devolvemos las bendiciones que Dios nos ha dado en préstamo. También es la forma en la que continuamos la cadena de favores.

Lidera con bendición

Cuando Jesús envió a sus discípulos en su misión inaugural, les dio algunas órdenes contradictorias. Haciendo caso omiso del proverbial "Empaca un par extra de ropa interior", Jesús les dijo a sus discípulos: "No lleven bolso de viaje con una muda de ropa...".[13] ¡Esas cosas que cuando te las dicen te hacen vacilar! También les advirtió: "Los envío como ovejas en medio de lobos".[14] Eso no suena seguro, ¿cierto? Pero el consejo más contradictorio quizá haya sido el procedimiento que les pidió seguir cuando se encontraran con alguien por primera vez:

> Cuando entren en el hogar, bendíganlo. Si resulta ser un hogar digno, dejen que su bendición siga allí; si no lo es, retiren la bendición.[15]

Algo predeterminado, en informática, se refiere a un ajuste asignado automáticamente a una aplicación de *software*. Esos ajustes predeterminados son las instrucciones operativas a las que regresamos cuando todo lo demás falla. De forma muy parecida a los ajustes predeterminados en las aplicaciones de *software*, nosotros descargamos ajustes predeterminados durante nuestra vida que dictan la forma en la que nos relacionamos con el mundo. Esos ajustes predeterminados son tan diferentes como los introvertidos y los extrovertidos, y tan sutiles como las motivaciones subconscientes.

Si somos honestos, las instrucciones operativas que Jesús les dio a sus discípulos parecen ajustes predeterminados erróneos, ¿no te parece? La mayoría hace un cálculo moral rápido antes de ofrecer a alguien nuestra bendición. ¿Por qué? ¡Porque deseamos saber si son dignos *antes* de dársela! Pero Jesús utiliza una táctica completamente diferente. Enseña a sus discípulos a hacer lo que él hizo: guiar con bendición. Si resulta que la persona no era digna, que así sea. Puedes tomar de vuelta la bendición. ¿Cómo? Sacudiéndote el polvo de los pies. No todos los intentos de bendición resultan. De hecho, algunas bendiciones parecen contraproducentes. Que así sea. Entonces, ¡recoges los pedazos y continúas liderando con bendición!

No estoy sugiriendo que no pongas en práctica cierto discernimiento al dar una bendición. Después de todo, Jesús mismo dijo: "¡No arrojes tus perlas a los cerdos!".[16] En otras palabras: no confíen lo que es valioso a quienes lo desperdiciarán. Para ponerlo en términos económicos: no gastes buen dinero en una mala inversión. La falacia del costo hundido se aplica tanto a nuestra vida espiritual como a nuestra vida financiera. Ten en cuenta que nadie es una causa perdida. Pero hasta que esa persona esté lista para recibir, la bendición podría regresar al dador. Está bien, ¡dale tu bendición de todos modos!

Hay un viejo axioma que puede ayudarnos a descifrar la diferencia: "Si me engañas una vez, la culpa es tuya; si me engañas dos veces, la culpa es mía". Con esto no quiero decir que no les des a las personas una segunda oportunidad. Pero si le das a un cerdo su centésima oportunidad, eso no es perdón. ¡Eso se llama codependencia! Y aquí es donde necesitamos el discernimiento del Espíritu.

Si miras las enseñanzas de Jesús a través de un lente gran angular, se podría decir que Jesús intentaba cambiar los ajustes predeterminados. Hay un estribillo común en el Sermón del Monte. Comienza con "Ustedes han oído que se dijo a sus antepasados". Y termina con "Pero yo les digo…".[17] ¿Qué estaba haciendo Jesús? Estaba desinstalando lo predefinido del Antiguo Testamento y cargando la mentalidad del Nuevo Testamento. En vez del "Ojo por ojo",[18] les enseñó a sus discípulos: "Si alguien te da una bofetada en la mejilla derecha, vuélvele también la otra".[19] ¡Ese es un ajuste predeterminado muy distinto!

Dicho de forma sencilla, nuestro presente como seguidores de Jesús es *liderar con bendición*.

Bendiciones *ex nihilo*

Hace algunos años estaba en una conferencia en la iglesia Covenant, en Dallas. Después de predicar, el pastor Mike Hayes se levantó y dijo que se había sentido movido por el Espíritu Santo a presentar una ofrenda. Lo siguiente que dijo me impactó: "Vamos a recaudar cien mil dólares en cinco minutos para bendecir a la National Community Church". ¿Qué? ¡No esperaba una ofrenda! Y siendo absolutamente franco, nunca había experimentado algo similar, ni lo he vuelto a hacer. A ese tipo de bendiciones las llamo bendiciones *ex nihilo*. Es una expresión latina que significa "de la nada".[20] Es una bendición sorpresiva o espontánea, una bendición que viene de la nada, una bendición que parece materializarse del aire.

El pastor Mike y Kathy Hayes prometieron cinco mil dólares y pidieron a cinco personas que hicieran lo mismo. Cinco manos se levantaron en cinco segundos. Luego les pidió a veinticinco personas que dieran mil dólares. Finalmente, les pidió a cien personas que dieran quinientos. Era como un aula del jardín de niños, con las manos agitadas hacia la derecha y hacia la izquierda. Había conocido a Mike y a Kathy durante unos quince minutos. Nos conocimos por primera vez justo antes del servicio, pero ¿quién hace eso? Las personas que entienden que recibes la bendición al dar la bendición. ¡Esos son!

Aquí viene el resto de la historia.

Mike y Kathy Hayes no habrían tenido ninguna manera de saber esto, pero ese mismo día habíamos comprado un viejo edificio de apartamentos en Ward 7 en Washington D. C., que se convirtió en nuestro Dream Center. Lo compramos por el valor de los impuestos que se adeudaban, lo que era considerablemente menos de cien mil dólares. De modo que la ofrenda de la iglesia Covenant no solo pagó el viejo edificio de apartamentos, sino que también proveyó el desembolso inicial de nuestro centro.

Algunos meses después, compartimos la visión para el Dream Center con nuestra congregación. Como te podrás imaginar, compartí la historia de esa bendición *ex nihilo*. Pienso que es una parte enorme de lo que inspiró a nuestra congregación a dar 3.5 millones de dólares en tres meses para construir nuestro centro libre de deudas.

En ese lugar de bendición ahora ministramos a centenares de niños de las zonas menos favorecidas de nuestra ciudad. ¡Estamos cambiando nuestra ciudad un niño a la vez! Allí la esperanza se convierte en hábito y la reconciliación es real. ¿Mi área favorita? Una "pared de sueños" donde los niños pueden escribir sus sueños a la medida de Dios. Mike y Kathy no lo sabían en ese entonces, pero estaban iniciando una cadena de favores a través de cada uno de esos niños. Como la gota del agua que causa un efecto de ondulación, su ofrenda tendrá un impacto enorme en los años venideros.

Pero hay un efecto más de esa ola. Esa experiencia me impactó profundamente, algo parecido a la biografía de J. C. Penney. Sembró una semilla en mi espíritu y marqué ese momento con una oración: *Señor, danos el privilegio de hacer por otra persona lo que acaban de hacer por nosotros.* En otras palabras, danos el gozo y el privilegio de compartir esa bendición.

Me gustan las iglesias

Unos meses después de la bendición *ex nihilo*, compartí una serie de sermones que titulé *Me gusta dar*. Ese título es el mismo que el de un libro maravilloso escrito por mi amigo, Brad Formsma. También es el productor ejecutivo de cortometrajes que puedes ver en <www.ilikegiving.com>. Entre algunos de mis favoritos se encuentran *I Like Car* [Me gusta el auto], *I Like Adoption* [Me gusta la adopción], *I Like Being 98* [Me gusta tener 98]. Pero te advierto que debes tener pañuelos a mano.

Brad y su esposa Laura son dos de las personas más creativamente compasivas y radicalmente generosas que Lora y yo conocemos. Pocas personas son mejores en identificar necesidades y resolverlas. Y fue el ejemplo de Brad el que inspiró algo que nosotros llamamos *Me gustan las iglesias.*

Tenemos un lema que repetimos con regularidad en la NCC: "No se trata del nombre que está en el letrero; se trata del Nombre sobre todo nombre". Muchas iglesias son excesivamente territoriales. Noticia de última hora: ¡estamos en el mismo equipo! Una de las maneras en las que tratamos de poner en práctica esta mentalidad de #mismoequipo es invirtiendo en cualquier iglesia en el área de D. C. que predique y practique el Evangelio. Hemos invertido en plantar docenas de iglesias, algunas a pocas cuadras de nuestros siete lugares de reunión. ¡Realmente creemos que necesitamos muchos tipos diferentes de iglesias porque hay muchos tipos diferentes de personas! ¡E invertir en esas iglesias mantiene nuestro corazón en el lugar correcto!

Durante nuestra serie *Me gusta dar*, decidimos hacer realidad nuestras palabras recogiendo ofrendas especiales para una docena de iglesias de la zona. Dimos poder a los pastores de nuestros campus para que identificaran a los pastores e iglesias que bendeciríamos de la nada. Decir que esos pastores estaban sorprendidos sería quedarse corto.

Recuerdo esa ofrenda *ex nihilo* como un momento definitorio. ¿Alcanzamos los cien mil dólares? No, ¡pero llegamos a más de la mitad! Y finalmente pudimos continuar la cadena de bendiciones comenzada por la iglesia Covenant el año anterior, al invertir cien mil dólares en nuestra primera iglesia de la red, Bridges Church, en Nashville, Tennessee.

Cada vez que veo a Mike y a Kathy Hayes les agradezco nuevamente. Estamos eternamente en deuda con Covenant Church, y lo digo literalmente. Impactamos la vida de cientos de niños a través del Dream Center y la iglesia Covenant es accionista en la vida de cada uno de ellos. Algún día, esos niños lo devolverán transmitiendo la bendición a otros.

Volver al futuro

Antes de dar nuestro siguiente paso por el camino de la generosidad, retrocedamos un paso. ¿Estás jugando el juego de dar? Si es así, ¿a qué nivel? Más importante, ¿cuál será tu siguiente paso?

Por favor, ¡no juegues el juego por las razones incorrectas! ¿Cuáles son las razones incorrectas? Cualquier acto que no ha sido ordenado por Cristo ni incentivado por el Espíritu Santo. ¿Puedo recordarte una verdad simple, pero muy importante? "Dios ama al que da con alegría”.[21] ¿Quién califica? Bueno, ¡sin lugar a duda, no es alguien que da debido a la presión externa! La generosidad es siempre de adentro hacia afuera, y la convicción del Espíritu Santo es a menudo el catalizador.

Después de que revises tus motivos, continuaremos comprobando nuestra generosidad.

¿Lideras con la bendición? ¿O lideras con otra cosa?

¿Has hecho el inventario de tus bendiciones? ¿Las estás compartiendo?

¿Qué pasa con el desafío del diezmo? ¿Lo has hecho? Si no es así, ¿por qué no lo hiciste? Si no es ahora, ¿cuándo será?

Este podría ser un buen momento para hacer una pausa. No podrás compartir las bendiciones con las que no te hayas identificado. Debes mirar atrás. Entonces, y solo entonces, estarás preparado para seguir con la cadena de favores.

CAPÍTULO CATORCE

Morir en bancarrota

El que se aferre a su propia vida, la perderá, y el que renuncie a su propia vida por mi causa, la encontrará.

MATEO 10:39

El 12 de noviembre de 1859, un acróbata francés llamado Jules Léotard realizó el primer acto de trapecio volador en el Circo Napoleón en París. Cuando era adolescente, Jules ataba cables de ventilador sobre la piscina de su padre, donde practicaba sus maniobras en el aire. Su nueva forma de arte cautivaba al público del circo, en parte, porque se hacía sin red de seguridad. ¡Su atuendo ajustado también llamó la atención! Jules Léotard es el creador de —lo has adivinado— el leotardo.[1]

El trapecio pronto se convirtió en el acto principal de los circos de gran carpa por su encanto característico, la necesaria y perfecta sincronización que requiere, y la belleza del ballet aéreo. En el trapecio tradicional, el trapecista volador y el trapecista receptor suben escaleras altas hasta pequeñas plataformas de alrededor de cuarenta pies (doce metros) en el aire. El trapecista volador tiene una barra de vuelo. El trapecista receptor también tiene una barra. Y cuando es hora de que el trapecista volador se suelte, el receptor le da una señal.

Miguel Vargas, quien pertenece a la quinta generación de una familia de artistas de circo, entrena para el Cirque du Soleil. Según

Vargas, que es trapecista desde los siete años, el mayor desafío al intentar un nuevo truco es el bloqueo mental: es difícil soltar la barra de vuelo porque estás a punto de hacer algo que nunca antes has hecho, a cuarenta pies (doce metros) de altura.[2]

Soltar la barra de vuelo va en contra de todo instinto natural y lo mismo se puede decir sobre vivir generosamente. Nuestra inclinación natural es aferrarnos a lo que tenemos con los puños bien apretados. ¿El bloqueo mental? Una vez más, ¡bastante nunca es suficiente! Debes superar ese bloqueo mental si vas a soltar la barra de vuelo y compartir la bendición.

John D. Rockefeller, considerado el estadounidense más rico de todos los tiempos, logró, de alguna manera, superar esa inclinación natural para convertirse en uno de los grandes filántropos de la historia. Es tentador desestimar la generosidad de Rockefeller debido a la cantidad de dinero que ganó, pero su generosidad no comenzó cuando tenía millones de dólares. ¡Comenzó con una madre temerosa de Dios que instó a un niño pequeño a confiar en Dios con sus centavos! ¡Rockefeller soltó la barra de vuelo a una edad temprana y nunca dejó de confiar en el receptor! Vivió bajo la máxima de John Wesley: "Gane todo lo que usted pueda, ahorre todo lo que usted pueda y dé todo lo que usted pueda".[3]

La fe es una moneda de dos lados. La "cara" es *guardar*. Es aferrarte a las promesas de Dios y rehusarte a dejarlas ir. La "cruz" de la moneda es *soltar*. Quizá pueda parecer una contradicción, pero si no hubiéramos dejado ir esos cincuenta dólares en 1996, no creo que la National Community Church hubiera podido entregar veinte millones de dólares a las misiones durante los últimos diecisiete años. Estoy seguro de que podrás pensar en algunos ejemplos de cosas que tuviste que dejar ir para obtener lo que ahora tienes. Y eso no es verdad solo en lo financiero, sino también en lo espiritual, lo emocional y lo relacional.

¿Hay algo que necesitas dejar ir? ¿Hay algo a lo que estés aferrado por temor y no por fe? Como el joven rico, quizá pienses que tu cuenta de ahorros es tu red de seguridad. Pero puede ser precisamente lo que te impide volar. O quizá estés protegiendo tu tiempo, en vez de ofrecerlo voluntariamente. Ta vez es tiempo de dejar ir tu tiempo, talento y tesoro en mayor medida y ¡ver lo que Dios puede hacer!

"He tenido muchas cosas en mis manos, y las he perdido todas; pero lo que he puesto en las manos de Dios, aún lo poseo".[4]

El bloqueo mental

Me encanta la comida y me encantan los milagros, así que, como podrás imaginar, ¡realmente amo los milagros relacionados con la comida! Mi favorito es, ciertamente, en el que son alimentadas cinco mil personas.

Jesús y sus discípulos estaban rodeados por un mar de gente hambrienta. Jesús se volvió hacia Felipe y le hizo la pregunta obvia: "¿Dónde vamos a comprar pan para que coma esta gente?".[5] Felipe era de Betsaida, a unas pocas millas de distancia. Si alguna persona sabía dónde encontrar comida era él. ¡Pero no había un restaurante de comida rápida en los alrededores! Y aunque lo hubiera, Felipe sabía que no podían costear el alimento ni siquiera para una parte de esa multitud. La respuesta de Felipe raya en el reproche: "Ni con el salario de ocho meses podríamos comprar suficiente pan para darle un pedazo a cada uno".[6]

¡Galilea, tenemos un problema!

¿Puedo hacer una observación? *Todos quieren un milagro, pero nadie desea estar en una situación en la que haga falta uno.* Por supuesto, no puedes tener uno sin el otro. Por definición, ¡un milagro requiere una situación imposible! Entonces, si te encuentras en una situación en la que bastante no es suficiente, ¡es probable que Dios te esté probando!

Jesús no le estaba preguntando a Felipe dónde podrían encontrar pan porque no sabía qué hacer después. Esto es una broma, no entres en pánico. Jesús los preparaba para un milagro con un pequeño examen sorpresa.

> Lo estaba poniendo a prueba, porque Jesús ya sabía lo que iba a hacer.[7]

Esto es algo terriblemente tranquilizador, ¿no? Aun cuando sentimos que estamos con el agua al cuello, Dios tiene un plan de juego. Y recuerda, no puedes resurgir triunfante sin tener primero un revés. Justo cuando parecía que no había forma de salir de ese aprieto, un pequeño muchacho que llevaba una bolsa de almuerzo hizo su entrada a la derecha del escenario. Andrés hizo el papel de Capitán Obvio: "Aquí hay un muchachito que tiene cinco panes de cebada y dos pescados. ¿Pero de qué sirven ante esta enorme multitud?".[8] Andrés hace algunos cálculos rápidos y no salen las cuentas. ¡Ni siquiera se acercaba! ¿Qué haces cuando bastante no es suficiente? Para los que apenas comienzan, oren como si la situación dependiera de Dios. Después, mantengan los ojos abiertos porque nunca saben cómo o cuándo o a través de quién Dios puede enviar la provisión.

Déjame agregar una pequeña advertencia: el presupuesto no es un bingo. Si te sirve de algo, la National Community Church organiza su presupuesto basada en el noventa y cinco por ciento del ingreso del año anterior. Eso no es falta de visión o de fe, sino vivir dentro de los límites de nuestros recursos. Y nos da un margen como para ir detrás de las visiones de Dios cuando esas oportunidades se presenten. Habiendo dicho eso: *no permitas que tu presupuesto defina tu visión*. ¡Una visión de Dios siempre estará más allá de nuestros recursos, pero nunca más allá de la capacidad de Dios! La fe es la visión más allá de nuestros medios y, a menudo, la palabra *fe* se deletrea *milagro*.

Solo Dios

La Escritura no dice qué edad tenía el pequeño niño con los cinco panes y los dos pescados, pero tenía la edad suficiente como para saber que 5 + 2 = 7. ¿No es así? Si agregas a Dios a la ecuación, la matemática cambia. Lo llamo "cálculo del reino". Si pones en manos de Dios lo que tienes en tus manos, no solo se suma, ¡se multiplica! Esa es la bendición original: "Sean fructíferos y multiplíquense".[9] Según mis cuentas, 5 + 2 = 5000 + 12 cestas de excedentes. Jesús no solo alimentó a todos hasta que estuvieron satisfechos, también sobró más comida que aquella con la que comenzaron. ¡Solamente Dios!

La moraleja del milagro es: ¡tu generosidad es el milagro de otra persona!

Quizá tu bolsillo no pueda satisfacer las necesidades de cinco mil personas, pero si eres fiel con tus 5 + 2, ¡ni te digo lo que puede hacer Dios!

La generosidad de ese muchacho se transformó en un milagro para cinco mil personas, pero los milagros no son "uno y listo". Los milagros tienen un efecto de reacción en cadena, como la gota sobre la tapa de este libro. Este milagro no solamente les llenó el estómago, sino que estimuló su fe. Y apuesto a que los testimonios de cada uno en esa ladera estimularon la fe de otras personas. ¿Cómo administras un milagro? ¡Creyéndole con audacia a Dios por más y mejores milagros, y humildemente contándole a otros sobre la grandeza y bondad de Dios!

No puedo cuantificar esto con un estudio, pero los milagros parecen multiplicarse en los bolsillos. Ya que estamos hablando de milagros de alimento, los llamaremos "bolsillos calientes". Mi teoría es bastante simple: cuando Dios hace un milagro de cierta naturaleza, le permite a la gente creer por ese milagro. Si Dios lo hizo por ellos, quizá lo hará por mí. Si Dios lo hizo antes, quizá lo haga otra vez. Una vez más, ¡cada testimonio es una profecía! ¡Puedes continuar la cadena con tu historia! De hecho, ¡tu testimonio es una forma de compartir la bendición! Cuando compartes la historia de la obra de Dios en tu vida, se convierte en una semilla profética sembrada en la vida de alguien más.

No tenemos idea de cuántos milagros produjo la semilla de ese milagro, pero sin duda, hubo milagros de segunda, tercera y cuarta generación que remontan su genealogía hasta ese pequeño muchacho que soltó la barra de vuelo.

Los que dan, los que toman y los que igualan

Supongamos que los discípulos no forzaron a que este pequeño "voluntariamente" entregara su bolsa de almuerzo. El hecho de que él voluntariamente le entregara su comida a Jesús no es un detalle menor. Si tienes hijos pequeños, sabes que lograr que los niños compartan algo ¡requiere un pequeño milagro! Ese es el milagro antes del milagro, el premilagro.

Cuando nuestros niños eran jóvenes, encontré un recorte titulado "Introducción a la ley de propiedad desde la perspectiva de un niño pequeño". Es una descripción bastante exacta de la mentalidad de un niño en esa etapa.

> Si me gusta, es mío.
> Si te lo puedo quitar, es mío.

Si parece mío, es mío.
Si lo vi primero, es mío.
Si te estás divirtiendo con él, es mío.
Si lo dejas a un lado, es mío.
Si está roto, es tuyo.

Me gustaría mucho que solo fueran los niños pequeños los que funcionan con esa forma de pensar, pero algunas personas nunca superan esa mentalidad egoísta o infantil. Según el Talmud, el comentario judío del Antiguo Testamento, existen cuatro tipos de personas.

Lo que es tuyo es mío.
Lo que es tuyo es tuyo.
Lo que es mío es mío.
Lo que es mío es tuyo.[10]

La primera persona es del tipo de *los que toman*: lo que es tuyo es mío. De hecho, el Talmud llama *boor* a ese tipo de personas.[11] La segunda y la tercera son *las que igualan*: lo que es tuyo es tuyo y lo que es mío es mío. La cuarta persona es dadora, del tipo *de las que dan*: lo que es mío es tuyo. Esta persona califica, por la medida del Talmud, como un santo.[12]

¿Cuál eres tú?

Analicemos esto un poco más. Los que toman son los héroes de su propia historia. Adam Grant los describe de esta manera: "Los que toman tienen una firma distintiva. Les gusta tomar más de lo que dan. Inclinan la reciprocidad en su propio favor, poniendo sus intereses por encima de las necesidades de los demás".[13] Para los que toman, la vida es un juego de "suma cero", que se juega con una mentalidad de escasez. ¡La persona con la mayor cantidad de juguetes gana el juego!

Los que dan, por otro lado, aman añadir valor. Dirigen la bendición y su meta siempre es dar a los demás. ¿Por qué? Porque saben que todo proviene de Dios y que todo es para Dios. Para el que da, la vida es una fórmula donde todos ganan. Saben que al final del juego, ¡todos los juguetes regresan a la caja![14] De modo que operan desde una mentalidad de abundancia. Eso es lo que sustenta su mentalidad de doble bendición.

¿Cómo sabes si alguien es de los que dan o de los que toman? No hace falta mucho tiempo para discernirlo, ¿no crees?

Ciertamente, algunos de los que toman se disfrazan como los que dan, pero generalmente muestran su verdadera naturaleza cuando solo queda la última porción de tarta. En caso de que no sepas la orientación de una persona basándote en el comportamiento, el uso de los pronombres es una pista lingüística.

Aquellos que toman utilizan con más frecuencia los pronombres de la primera persona singular: *yo*, *mí mismo* y *mi*. Los que dan o dadores utilizan la primera persona del plural: *nosotros*, *nuestro* y *nos*.[15] ¿Por qué? Porque los que toman, se adjudican el crédito; mientras que los que dan, entregan el crédito. ¡Son personas *nos* y no personas *yo*! Ser quisquillosos acerca de los pronombres puede parecer excesivamente analítico, pero revela lo que está en nuestro corazón. Jesús dijo: "De la abundancia del corazón habla la boca".[16] ¡Y eso incluye nuestro uso de pronombres singulares o plurales!

Valor neto

Moses Montefiore fue el primer judío en tener un alto cargo en la ciudad de Londres. Era amigo de la familia real y la reina Victoria le otorgó el título de sir Moses en 1837. Ese mismo año fue elegido gobernador de Londres. Años después, sir Moses se hizo famoso por su filantropía. Hizo siete viajes a Tierra Santa, la última a los noventa y un años. Su amor por la Tierra Santa quedó demostrado por su financiamiento de una fábrica textil, de una prensa, de un molino de viento y de varias colonias agrícolas en Palestina.[17]

Cuando cumplió ciento un años, el periódico *The Times* de Londres dedicó su página editorial a elogiarlo. Uno de esos editoriales registró un intercambio notable. Una vez, la reina Victoria le preguntó a sir Moses: "¿Cuál es la cuantía de su riqueza? ¿Cuánto posee?".[18] Sir Moses, que había amasado una fortuna a través de proyectos empresariales y adquisiciones de bienes raíces, le dijo que necesitaba algunos días para calcular su riqueza. Cuando regresó y le entregó una cifra mucho menor de la que ella suponía, la reina no lo podía creer. Él le explicó con una sonrisa: "Su majestad, mi única riqueza verdadera es el dinero que he dado a la caridad. Todo lo demás que poseo es solamente temporal y algún día puede perderse o ser confiscado".[19] ¡Lo que uno *posee* y lo que uno *vale* son dos cosas totalmente distintas!

¿Cuál es tu valor neto?

Uno de mis mentores, el Dr. Robert Rhoden, define el éxito haciendo una distinción maravillosa. El mundo mide el éxito por *cuánto dinero ganas* y *cuántas personas trabajan para ti*. En el reino de Dios es exactamente lo opuesto. El éxito se mide por *cuánto das* y por *la cantidad de personas a las que sirves*.

El valor neto no se calcula por la cartera de acciones, por el valor neto de la propiedad, ni por el balance de tu cuenta de ahorros. Tu valor neto es la suma total de todo lo que has dado, ni un centavo más ni menos. Amo la forma en la que el autor Gary Thomas enmarca este cambio fundamental en perspectiva.

> Pensar acerca de la eternidad nos ayuda a recuperar la perspectiva. Recuerdo esto cada año cuando calculo mis impuestos. Durante el año, me regocijo con los cheques y los ingresos adicionales,

> y algunas veces me estremezco cuando escribo el del diezmo y la ofrenda. Hago mi mayor esfuerzo por ser un dador alegre, pero confieso que no siempre es fácil, en especial cuando siento que hay otras necesidades y deseos. Sin embargo, a fin de año todo cambia. Al calcular mi obligación tributaria, hago una mueca ante cada fuente de ingreso y me regocijo con cada cheque de diezmo y ofrenda. Más ingreso significa más impuestos, pero cada ofrenda y diezmo significa menos impuestos. Todo da un giro, o quizá deba decir, se endereza.
>
> Sospecho que el día del juicio será de ese modo.[20]

Sospecho que tiene razón. Los balances se verán muy diferentes en la eternidad. ¡La matemática se transformará a medida que las bendiciones pasen a una cuenta nueva! Todo lo demás es un costo irrecuperable.

Establecer metas sobre dar

¿Cuál es la raíz de todo mal?

Si le preguntas al creyente promedio, la mayoría, si no todos, respondería: "El dinero". ¡Y estarían equivocados! El dinero *no es* la raíz de todo mal. El *amor* al dinero lo es.[21] ¿Y qué es el amor al dinero? Es la vieja y conocida avaricia. Y el problema con la avaricia es que nunca está satisfecha.

Cuando tenía veintitantos, tomé algunas equivocadas decisiones de inversión. ¡Tropecé con algunas estrategias de enriquecimiento rápido y aprendí costosas lecciones de la manera más difícil! Descubrí que, si una inversión es demasiado buena para ser verdad, ¡probablemente sea falsa! Tengo bastantes acciones de varios títulos que fracasaron en mi cuenta de corretaje y que sirven como recordatorio tangible de esa verdad.

Además, negociaba opciones todos los días. Una opción es una inversión apalancada que te da el derecho de comprar o vender una acción antes de cierta fecha. Son de riesgo elevado, pero de alto rendimiento. Desafortunadamente, tripliqué mi inversión inicial el primer mes que negocié. ¿Por qué digo que fue algo desafortunado? Porque un trescientos por ciento de retorno en treinta días es embriagante. En esa época, lo hubiera llamado "inversión". En retrospectiva, ¡negociaba mucho más que mi sueldo! Para mí, era apostar. Con el tiempo, tuve que abandonar el juego de negociar opciones porque mis emociones habían comenzado a fluctuar al ritmo de las opciones de compra y venta.

Bien entrados en nuestros treinta, Lora y yo apenas llegábamos a fin de mes. Como plantadores de iglesias no ganamos un sueldo completo durante unos cuantos años. Yo tenía varios trabajos para poder llegar a fin de mes. Y cuando finalmente lo lograba, no era mucho. Además, el costo de vida en la capital de la nación es la razón por la que aquí muchas personas juegan a la lotería. Esa era mi justificación para negociar opciones, ¡pero las ganancias netas no valían el precio que estaba pagando! Fue entonces cuando decidí dejar el juego de hacerme rico de forma rápida.

Cuando elaboré mi primera lista de metas para la vida, los objetivos financieros eran de ganancia y ahorro. En cierto sentido, no tiene nada de malo establecer ese tipo de objetivos. Se llama planificación financiera y, si no tienes un presupuesto, ahora mismo puede ser un buen momento para comenzar uno. El presupuesto es una forma de crear un margen financiero para poder ser de bendición para otros. Pero para mí, esos macro objetivos de ahorrar y ganar revelaron un enfoque defectuoso: estaba centrado en obtener en lugar de enfocarme en dar. Y ese enfoque está al revés. Cuando comencé a centrarme en el objetivo de dar, el juego cambió. Se activó un interruptor en mi espíritu.

Algunos años después de ese giro, escribí *El hacedor de círculos*. Publicar la lista de objetivos de mi vida en ese libro es una de las cosas que me dio más temor. ¿Por qué? Porque se estaban "haciendo públicos" esos objetivos privados. Sabía que algunas personas iban a criticarme por algunas de mis metas y a cuestionar la motivación detrás de otras. También sabía que algunos de esos objetivos de vida son a largo plazo y podrían hacerme parecer un poco insensato. Que así sea. Incluí cinco objetivos financieros en esa lista de ciento quince metas de vida.

1. Estar libre de deudas a los cincuenta y cinco.
2. Devolverle a la National Community Church cada centavo que nos haya pagado.
3. Al jubilarnos, vivir del diez por ciento y ofrendar el noventa por ciento.
4. Donar diez millones de dólares o más.
5. Guiar a la National Community Church para que ofrende veinticinco millones de dólares o más a las misiones.[22]

Todavía me cuesta trabajo publicar estas cifras, pero déjame revelarte un pequeño secreto. Algunas veces escribo cosas en libros y predico sobre algunos temas desde el púlpito para asumir la responsabilidad. Una vez que se publica, está a la vista de todos. Es duro retroceder ante un objetivo declarado públicamente.

¿Tienes una lista de metas de vida? ¿Metas financieras? Recuerda, no lograrás el cien por ciento de los objetivos que no te has fijado. Ora por ellos primero, pero no tengas miedo de establecer metas del tamaño de Dios, solo asegúrate de que tu motivación lo honre. Ve hacia adelante y sueña en grande. Y cuando estés listo para dar cuentas de tus logros o retrocesos, encuentra tu propia y única manera de hacerlo público.

Morir en bancarrota

Hay un viejo axioma en inglés que traducido al español dice: "Quien lo encuentra se lo queda, los que pierden llorarán". En el reino de Dios es exactamente lo opuesto. Jesús dijo: "Porque ¿de qué le sirve a uno ganarse todo el mundo si pierde su alma?".[23] La respuesta es: ¡absolutamente nada! Jesús también dijo: "El que se aferre a su propia vida, la perderá, y el que renuncie a su propia vida por mi causa, la encontrará".[24]

Dicho sencillamente: quien lo encuentra, llorará; los que pierden, se lo quedarán.

¿Te suena el nombre Chuck Feeney? A la mayoría de la gente no. Sin embargo, es el hombre al que Bill Gates y Warren Buffett llaman su héroe. Buffett llegó tan lejos como para decir: "Debería ser el héroe de todos".[25] Apodado el James Bond de la filantropía por la revista *Forbes*,[26] Feeney hizo su fortuna como fundador de Duty Free Shoppers. En vez de usar ese dinero para vivir rodeado de lujos, estaba decidido a dar en vida. Hasta la fecha, ha donado más de ocho mil millones de dólares.[27]

Fue el ejemplo de Feeney el que inspiró a Warren Buffet y a Bill y Melinda Gates a iniciar The Giving Pledge [La promesa de dar], una campaña dirigida a reclutar a las personas más ricas del mundo para que cedieran al menos la mitad de sus fortunas a la caridad antes de morir. ¡Honestamente, pienso que es una meta muy buena sin importar cuánto consigas dar!

¿La meta de Chuck Feeney? ¡Morir en bancarrota!

¿Qué pasaría si seguimos el ejemplo? ¿Por qué esperar hasta que mueras? ¿Qué tendría de divertido? ¿Por qué no dar mientras estés vivo? A decir verdad, no podemos llevarnos el dinero. Nunca he visto un camión de mudanzas enganchado a un coche fúnebre ni un camión blindado haciendo una entrega en una tumba.

Me doy cuenta de que esta idea es un desafío para algunos. Te encantaría ser más generoso y morir en bancarrota, ¡pero ya estás en bancarrota! De hecho, apenas si puedes abonar las cuotas de tu automóvil, el cuidado de los niños o la tarjeta de crédito. Si estás en un momento en el que se te dificulta llegar a fin de mes, duplica las ofrendas de tu tiempo y talento. Y cuando te recuperes financieramente, agrega dinero a esa mezcla. Pero hagas lo que hagas, no permitas que aquello que *no puedes* dar te impida hacer lo que *sí puedes*.

Refiriéndome a lo práctico, ¿deberíamos ahorrar para la jubilación? Pienso que sí. ¿Aprovechar el código tributario y maximizar tu fondo de retiro? Eso es administrar bien. ¿Y dejar una herencia? Pienso que es bíblico y probablemente tus hijos lo apreciarán. Pero lo que *les dejes a ellos* ni remotamente tiene la importancia de lo que dejas *dentro de ellos*: ¡un legado de generosidad! Sé su ejemplo, ese es un legado que permanece vivo.

No hay nada de malo en tratar de tener independencia financiera, pero aspiremos a algo más. No hay nada de malo en ahorrar para el retiro o dejar una herencia, pero miremos más allá. Si mueres rico porque has acaparado, mueres en bancarrota. Si mueres en bancarrota porque has sido generoso, mueres rico.

¡Muere en bancarrota!

CAPÍTULO QUINCE

La octava maravilla del mundo

A todo el que se le ha dado mucho, se le exigirá mucho.

LUCAS 12:48

Un zapatero llamado George Robert Twelves Hewes. Una ama de casa llamada Lydia Darragh. Un médico del ejército llamado William Gorgas y una esclava llamada Anna Williams. Estos no son apellidos que conoces en una clase de historia, pero sin su coraje, los libros de historia contarían una historia diferente.

George Robert Twelves Hewes dirigió uno de los grupos de abordaje durante el motín del té de Boston (conocido como Boston Tea Party) debido a su "talento para silbar".[1] Lydia Darragh descubrió un complot británico para atacar a las tropas estadounidenses en Whitemarsh y arriesgó su vida para advertir al general George Washington y sus tropas.[2] Y podría argumentarse que William Gorgas fue la clave para construir el Canal de Panamá. El canal se ha clasificado como uno de los esfuerzos de ingeniería más ambiciosos de la historia, pero costó 30 609 vidas humanas, la mayoría de las cuales se perdieron a causa de la fiebre amarilla y la malaria.[3] Fue Gorgas, el oficial jefe de sanidad, quien ordenó el drenaje de los pantanos y el uso de mosquiteros debido a su creencia inconformista de que se trataba de enfermedades transmitidas por los mosquitos.[4] Eso deja a una esclava llamada Anna Williams, pero su historia es un poco más larga de contar.[5]

Hay una estatua que se encuentra en el exterior de los Archivos Nacionales en Washington D. C. con una inscripción: "Lo que es pasado es prólogo". Fue tomada del Acto II de *La Tempestad*, de William Shakespeare. La triste ironía es que muy pocas personas conocen la historia del predio donde se encuentran los archivos. En el plan original de Pierre Charles L'Enfant de la ciudad capital, esa cuadra fue designada para una iglesia nacional a medio camino entre la Casa Blanca y el Capitolio. Esa idea fue vetada por los padres fundadores, que creían que establecer una iglesia "estatal" podría obstaculizar la libertad religiosa. Así que, en 1797, el presidente George Washington designó esa parcela de dos acres (casi una hectárea) para que fuera un mercado público.

El Mercado Central abrió sus puertas en 1802, con granjeros, pescadores y panaderos que vendían sus productos. En su apogeo, había como setecientos vendedores. Pero el mercado no solo vendía productos y comestibles, también se vendían esclavos que estaban cautivos en recintos de lo que hoy es el parque nacional National Mall. Después de ser subastados al mejor postor, los esclavos eran atados con cadenas y marchaban a pie hacia el sur a lugares tan lejanos como Georgia. Eso nos lleva a una mujer que en ese momento solo era conocida por su primer nombre.

En noviembre de 1815, vendieron a Anna a los comerciantes de esclavos de Georgia por cinco dólares.[6] La noche anterior a su marcha hacia el sur, estaba retenida en la taberna de George Miller, en las calles 13 y F, del noroeste. Como no podía soportar la idea de estar separada de su familia, Anna intentó escapar saltando desde la ventana del tercer piso. Debido la caída, se le quebraron los dos brazos y se le destrozó la parte inferior de la columna vertebral, pero sobrevivió. Un joven doctor de Pensilvania llamado Jesse Torrey, quien estaba visitando la capital, se enteró de la caída de Anna, como también la mayor parte de la ciudad. Torrey no podía creer que los esclavos se vendieran a la sombra del Capitolio, así que canceló su visita al Congreso y asumió la causa abolicionista.[7]

En 1817, Jesse Torrey publicó un libro de ochenta y cuatro páginas titulado *A Portraiture of Domestic Slavery* [Un retrato de la esclavitud doméstica] con una representación artística del salto de Anna en la portada. Esa pintura despertó la conciencia de algunos e inspiró la valentía de otros. Hasta 2015, el apellido de Anna era un misterio. Después, los investigadores de los archivos nacionales, el mismo lugar en el que se habían vendido tantos esclavos cuando era el Mercado Central, descubrieron su nombre completo, que era Anna Williams. Los investigadores también hallaron su legajo, evidencia de que ella había llenado una petición y había obtenido la libertad para ella y sus hijos.

¿Qué hace héroe a un héroe? No hay respuesta única, ni tampoco sencilla, pero los héroes dan, no toman. Los héroes no anuncian: "Aquí estoy". Para ellos todo se trata de los demás: "Ahí estás". Un héroe verdadero es alguien que, desinteresadamente, se sacrifica para que otro se beneficie. Es alguien que va más allá. Es alguien que asume una responsabilidad personal cuando las cosas van mal y da crédito a otros cuando las cosas van bien. Un héroe es alguien que invierte su tiempo, talento y tesoro para la gloria de Dios y por el bien de otros, una bendición doble. Los héroes no siempre son reconocidos durante su vida, pero su valentía resuena a través de los tiempos.

Santos patronos

El Antiguo Testamento está encabezado por héroes como Moisés y David, pero son los actores de reparto los que más me inspiran. Sin Aarón y sin Jur, Moisés no hubiera podido prevalecer en la oración.[8] Sin Jonatán, David no hubiera sobrevivido a Saúl. Y tampoco hubiera asumido el trono sin sus treinta y siete hombres poderosos. Luego está Barzilay. Si no has escuchado su nombre, no eres el único.

Cuando Absalón se rebeló contra su padre, David huyó de la capital. ¿Quién arriesgó su vida y sus medios de subsistencia para ayudar a David cuando su mundo se estaba desmoronando? Un hombre de Galaad llamado Barzilay. Sabemos dos cosas sobre él: era muy viejo y muy rico.[9] Barzilay le suministró a David camas, vasijas y ollas de barro. Luego le sirvió a David y a su comitiva trigo, cebada, harina, grano tostado, habas, lentejas, miel, cuajada, queso de vaca y ovejas.[10] La generosidad de Barzilay salvó la vida de David y él no se olvidó de ello.

Cuando David regresó a Jerusalén para recuperar su trono, Barzilay escoltó al rey a través del río Jordán. De hecho, David lo invitó a vivir con él, pero Barzilay rechazó la oferta: "¡Tan solo cruzar el río Jordán con el rey es todo el honor que necesito!".[11] ¿Qué hizo entonces David?: "Luego el rey le dio un beso a Barzilay y lo bendijo, y Barzilay volvió a su pueblo".[12]

¿Qué pasaría si la alegría de bendecir a otros fuera el único honor que buscáramos?

¿Y si lo único que quisiéramos fuera agregar valor a otros?

¿Qué pasaría si nuestro objetivo principal en la vida fuera ayudar a otros a cruzar el río Jordán?

En el Nuevo Testamento hay protagonistas como Pedro, Pablo y María. Pero de nuevo, son los héroes olvidados los que salvan el día. El último capítulo de Romanos es como los créditos de una película. No prestamos mucha atención al reparto y al equipo. Para nosotros, Romanos 16 es una larga lista de nombres difíciles de pronunciar. Para Pablo, es su lista de quién es quién. ¡Y cada uno recibe una mención honorífica! La primera persona que Pablo destaca es a una mujer llamada Febe, diaconisa en la iglesia de Cencreas. ¿Qué hizo ella para que Pablo la pusiera en la lista?

> ... ella ha ayudado [patrocinado] a muchas personas, entre las que me cuento yo.[13]

En el antiguo contexto romano, un patrón era el protector de un esclavo liberado. Desde sus orígenes etimológicos, la palabra se transformó para definir a "alguien que financiaba a una persona, organización o causa". En su libro *Gospel Patrons* [Patrocinadores del Evangelio], John Rinehart comparte la historia de aquellos cuya generosidad ha cambiado el mundo. Combina las palabras *Evangelio* y *patrón* para formar *patrocinadores del Evangelio* y lo define de la siguiente manera: "personas que proveen fondos y acompañan a otros para ayudarlos a proclamar el Evangelio".[14]

¿No es eso precisamente lo que fue Febe? Ella era la santa patrocinadora del ministerio de Pablo. Fue la generosidad de Febe la que ayudó a financiar los viajes misioneros de Pablo, convirtiéndola en un accionista de cada iglesia que Pablo plantó. Hablando sobre el retorno de la inversión, ¡eso es interés compuesto por la eternidad! Por supuesto, Febe no fue el único ángel inversor. Pablo también menciona a Lidia de Tiatira. Lidia no solo fue la primera conversa en Europa de la que se tienen pruebas documentales, sino que además fue una empresaria cuyo margen de ganancia probablemente ayudó a financiar el ministerio de Pablo.

Febe y Lidia fueron capitalistas que ayudaron al avance del reino de Dios a través del antiguo Oriente Medio. Pero no fueron los primeros ángeles inversores. De hecho, podrían haber sido inspiradas por un grupo de mujeres que formaron un fondo de inversión único.

Inversor providencial

¿Alguna vez has pensado en cómo Jesús y sus discípulos llegaban a fin de mes? ¡Estoy bastante seguro de que Jesús no continuó con su trajín como carpintero! Y sus discípulos dejaron sus tareas diarias. Entonces, ¿cómo comían? ¿O viajaban? ¿O hacían algo que costara dinero? La respuesta se encuentra en un grupo de mujeres con una visión para el reino.

> Poco después, Jesús comenzó un recorrido por las ciudades y aldeas cercanas, predicando y anunciando la Buena Noticia acerca del reino de Dios. Llevó consigo a sus doce discípulos, junto con algunas mujeres que habían sido sanadas de espíritus malignos y enfermedades. Entre ellas estaban María Magdalena, de quien él había expulsado siete demonios; Juana, la esposa de Chuza, administrador de Herodes; Susana; y muchas otras que contribuían con sus propios recursos al sostén de Jesús y sus discípulos.[15]

Llámalo club de inversionistas. Bautízalas como capitalistas de riesgo o las mecenas del Evangelio. Llámalas como quieras. Estas mujeres se introdujeron en la más grande oferta pública inicial de la historia. Fueron las primeras en comprar opciones sobre acciones en las buenas nuevas del Evangelio.

En el mundo empresarial, un inversionista providencial es alguien que provee a una empresa nueva del capital inicial a cambio de algún tipo de acciones. El uso del término *ángel* para el *inversor providencial* se remonta a Broadway en la ciudad de Nueva York y se refiere a personas adineradas que financiaban representaciones teatrales que, de lo contrario, habrían desaparecido de la cartelera.[16]

El primer ángel inversor descrito por Lucas es María Magdalena, de quien expulsaron siete demonios. Tenía problemas, ¡al menos siete! Pero Jesús hizo algo por María que el dinero no podía comprar. ¿Es de extrañar que María invirtiera los ahorros de su vida en el reino? Y no solo los ahorros, ¡su vida! ¿Recuerdas que los discípulos se dispersaron cuando Jesús fue arrestado? María estuvo presente en la crucifixión y en la resurrección. De hecho, san Agustín la apodó apóstol de los apóstoles, porque anunció su resurrección a los apóstoles.[17]

El segundo ángel inversionista es una mujer llamada Juana, cuyo esposo resultó ser el jefe del Estado Mayor de Herodes. Detente y piénsalo. Chuza tuvo su cheque de pago de Roma, luego Juana tomó lo que era del César y se lo dio a Dios. Ella reinvirtió su moneda romana en acciones del reino.

El tercer inversionista providencial es Susana, de quien solo sabemos su primer nombre. Y Lucas tomó nota de que hubo "muchos otros" que invirtieron en este fondo de cobertura que nunca fueron mencionados. ¿Qué quiero decir? ¡Jesús y sus discípulos no podrían haber hecho lo que hicieron sin estas mujeres! ¡Y la ganancia neta son dividendos eternos para cada una! Estos son los héroes desconocidos del reino.

Reconozco que algunos pueden sentirse un poco incómodos al utilizar la terminología de inversión para lo que estas mujeres hicieron, pero la relación riesgo-recompensa y el retorno de la inversión son conceptos tan antiguos como la parábola de los talentos. No es bíblico solamente, es parte de la doble bendición. Y creo que seríamos mejores administradores si pensáramos en esos términos.

Interés compuesto

El 26 de enero de 2014, Josh y Mónica Mayo iniciaron la iglesia Cross en Atlanta, Georgia. Tuvimos el privilegio de ser accionistas en esa visión, invirtiendo cinco mil dólares en su oferta pública inicial. Algunos años más adelante, Josh me llamó para decirme que teníamos un rendimiento sobre el capital invertido de cien por uno. ¿Qué quería decir? ¡La iglesia Cross acababa de superar el umbral de quinientos mil dólares en sus ofrendas misioneras! Eso es interés compuesto en una causa del reino.

Por definición, el interés compuesto es *interés sobre el interés.* Albert Einstein lo llamó la octava maravilla del mundo, una fuerza más poderosa que $E = mc2$.[18] Entendemos cómo funciona el interés compuesto con acciones y bonos, ¿pero cómo lo hace cuando se trata del reino de Dios? En cierto sentido, todos debemos nuestra fe a este grupo de mujeres. Si el reino de Dios fuera una compañía de *marketing* multinivel, estas mujeres serían nuestra línea ascendente. ¡Y nosotros seríamos su línea descendente!

Déjame hacerlo un poco más personal.

Cuando a Billy Graham se le rindieron honores en el Capitolio, Lora y yo presentamos nuestros respetos justo cuando sacaban su ataúd de la rotonda. Fue una experiencia conmovedora porque yo puse mi fe en Cristo después de mirar la película de Billy Graham llamada *El refugio secreto*. De cierta forma, soy la línea descendente de Billy Graham. Pero déjame hacerte una pregunta: ¿conoces su línea ascendente? Fue un evangelista del que probablemente nunca hayas oído hablar: Mordecai Ham. No puedo rastrear ese linaje más atrás que eso, pero estoy ansioso porque llegue el día en que Dios revele nuestro Ancestros.com espiritual. ¡Vamos a tener mucho para agradecer a quienes nos engendraron!

Una nota al pie.

A lo largo de los años, hemos invertido en plantar cientos de iglesia y esas inversiones van desde mil hasta cien mil dólares. Pero la cantidad más frecuente de inversión es de cinco mil. No es la inversión más grande, pero es la más significativa. Y te explicaré por qué.

Cuando la National Community Church tenía menos de un año, nos mudamos de una escuela pública de D. C. a los cines de

Union Station. Como estaba tan oscuro, el teatro se veía deprimente, por lo que debíamos añadir algunas luces al escenario, pero costaba cinco mil dólares hacerlo. No teníamos ese dinero y la iglesia Betel, en Hampton Roads, Virginia, nos los ofrendó para que las compráramos. Estoy eternamente agradecido con la iglesia Betel y con su pastor de aquel momento, Ron Johnson. Fueron accionistas en todo lo que Dios hizo durante nuestros días en Union Station, y más. Y la única manera que conozco para devolverle es continuar la cadena de favores. ¡Cada vez que invertimos cinco mil dólares en una persona u organización estamos compartiendo esa bendición original!

Seis predicadores

El rey Enrique VIII tomó varias malas decisiones. Se casó seis veces. Discutió con la Iglesia católica. Introdujo los derechos divinos de los reyes en la monarquía. Y tenía una tendencia a matar a cualquier persona que no estuviera de acuerdo con él. Dicho esto, sí tomó al menos una decisión realmente buena. El 8 de abril de 1541 autorizó a Thomas Cranmer, el arzobispo de Canterbury, a establecer el Colegio de los Seis Predicadores.

Los seis predicadores se sentaban en casillas designadas durante los servicios, una especie de asiento medieval. A menudo cenaban con el decano de la catedral de Canterbury y le informaban sobre los sermones. También se les pidió que predicaran veinte mensajes en sus parroquias, así como en la catedral. Lo más notable es que ha habido una sucesión ininterrumpida de seis predicadores desde 1544 hasta el presente, ¡y de allí han surgido algunos de los predicadores más grandes de la historia![19]

En el fútbol, eso se llamaría árbol de entrenamiento. En la ciencia se le llama cadena de mentores. De cualquier manera, nos regresa a la lista de quién es quién de Pablo. En nuestra cultura, solemos hacer héroes a los hombres y mujeres que se hacen a sí mismos, pero cuando encuentras éxito hay una descendencia. ¿Recuerdas a Elías y a Eliseo? Le debemos quiénes somos a una larga lista de personas, ¡y ni siquiera conocemos a la mayoría! Por supuesto, ellos también le deben agradecimiento a una larga lista de personas.

Recientemente, hablé en una conferencia en Chicago en donde conocí a Juan Martínez. Se me ocurrió mencionar a mi suegro, Bob Schmidgall. Después de la conferencia, Juan me dijo: "Su suegro me guió a Cristo". Juan asistió al seminario bíblico, pero no fue fácil para él. Afortunadamente, pudo conseguir una beca que lo ayudó a pagar su carrera. ¿Quieres arriesgarte a adivinar en honor a quién había sido nombrada esa beca? Mi suegro no solo llevó a Juan a Cristo, sino que le consiguió una beca más de una década después de su muerte. Esa es la doble bendición en acción.

Ahora seamos dolorosamente prácticos.

Haz el inventario

Mi primer trabajo fue en una estación de gasolina y ganaba el sueldo mínimo. Uno de mis principales recuerdos es el inventario mensual. ¡Era una responsabilidad de alto riesgo! Si olvidaba reportar un producto en el inventario, no sería reabastecido. Y lo mismo ocurre con las bendiciones que no catalogamos. Si no haces el inventario, no repondrás la bendición al compartirla. Sin embargo, si haces un inventario cuidadoso, te sorprenderá lo bendecido que eres. Compartiré algunos ejemplos divertidos de mi inventario, luego podrás hacer el tuyo.

Mi educación de pregrado comenzó en la Universidad de Chicago con una beca completa que me ayudó todo el trayecto.

Nuevamente, no creo que la beca deje de estar relacionada con la promesa de fe que hice cuando era adolescente en mi trabajo en la estación de gasolina donde ganaba un salario mínimo. Pero cuando me cambié al Central Bible College, tuve que pagar por mis estudios. Lo que no sabía es que mi dulce, dulce abuela, Alene Johnson, había ahorrado una suma de dinero que dejó a sus tres hijas como herencia. Cómo ahorró ese dinero, fue un misterio para todos nosotros, pero su bendición póstuma fue pagar mi deuda universitaria. Cuando hago un inventario de mis bendiciones, esa es una de las primeras de la lista. Solo puedo imaginar los sacrificios que ella hizo para que eso fuera posible. Y la única manera de agradecerle es ¡compartiendo esa bendición con otra persona!

Sigamos con el inventario.

Uno de los regalos más memorables que he recibido son dos boletos para el Super Bowl XLV. Después de que los Green Bay Packers vencieron a los Chicago Bears en el juego del Campeonato de la NFC del 2011, publiqué en Twitter que predicaría por entradas. Lo hice medio en broma, pero un pastor en Dallas aceptó la oferta. No habría gastado en boletos para mí, ¡pero estaba feliz de predicar por ellos! Y para colmo, ¡el Super Bowl XLV coincidía con el noveno cumpleaños de Josiah! ¿Puedes decirme "papá del año"? El pastor Bryan Jarrett y la iglesia Northplace no solo nos regalaron dos boletos: nos dieron una experiencia memorable que apreciaremos por siempre.

¿Recuerdas la charla que di el día de la inauguración del campo de entrenamiento de los Ravens? Llevé a uno de los miembros de nuestro personal, Jim Tanious. Creo que Jim habría renunciado si no lo hubiera llevado porque es un fanático de los Ravens. ¿Recuerdas el último partido de la temporada cuando los Ravens ganaron la AFC y el entrenador Harbaugh levantó su estaca de cazar leones? Pedí un favor y uno de los entrenadores de los Ravens tuvo la amabilidad de regalarle boletos para ese juego a Jim, ¡además de un boleto para su hija Lily, que nunca había ido a uno! Mientras miraba ese partido por televisión, ¡no podía dejar de sonreír al imaginarme a la pequeña Lily animando a su equipo! Por supuesto, ¡me trajo a la memoria algunos de mis recuerdos del Super Bowl!

Una beca para la universidad y los boletos para el Super Bowl son grandes bendiciones y son fáciles de inventariar. ¡Pero algunas de las bendiciones más significativas son los actos de bondad más pequeños!

Después de uno de mis primeros sermones, un hombre se me acercó para darme la mano, pero no fue un apretón de manos normal. Fue un apretón de manos pentecostal, ¡al menos así lo llamó él! Escondió un billete de veinte dólares en su mano y lo deslizó en la mía cuando me la dio. Él dijo: "Lleva a tu esposa a almorzar afuera". Que conste, no tienes que ser pentecostal para dar un apretón de manos pentecostal. Pero ten cuidado, ¡puede que te convierta en uno!

Debido a que ese momento significó mucho para mí, he tratado de devolver ese favor en formas divertidas. A veces es un apretón de manos pentecostal directo, pero también me gusta dar un aleluya en Halloween. La mayoría de las personas dan golosinas, ¡pero a mí me gusta dejar caer billetes de dos dólares en esos baldes! Y sí, eso es compartir la bendición para mí. ¡Las golosinas que conseguí de niño han sido olvidadas hace tiempo, pero aún recuerdo la vez que me encontré un billete de un dólar en el fondo de mi bolsa!

Grande o pequeño, haz un inventario de las bendiciones. ¿Cómo? Comienza contando o recontando tus bendiciones. ¿Qué actos de bondad han cambiado tu vida? ¿Quién fue más allá para ayudarte? ¿De qué sacrificios has sido el beneficiario? ¿Y quién te amó cuando menos lo esperabas o menos lo merecías? Una vez que identifiques quién y qué, comienza a pensar creativamente cómo puedes compartir esas bendiciones. Algunas veces es tan sencillo como hacer con los demás lo que han hecho contigo. Pero no tengas miedo de dejar volar tu imaginación y ponle tu sello personal.

Visión periférica

Solía pensar que una visión simplemente significaba soñar en grande y pensar a largo plazo, pero he llegado a apreciar un tipo de visión menos celebrada que puede ser igual de importante. La visión periférica es ver lo que está en los bordes y eso, a menudo, significa ver a aquellos que están más marginados.

Anatómicamente, nuestro ángulo de visión en el plano vertical es de aproximadamente ciento cincuenta grados, mientras que nuestro campo visual en el plano horizontal es de doscientos diez grados.[20] Cualquier cosa fuera de esos parámetros es invisible para nosotros y allí es donde frecuentemente se esconde la bendición. La visión periférica es notar lo que otros ignoran. Es saber leer la habitación y leer entre líneas. Es descubrir potencial donde otros ven problemas. Es encontrar una oportunidad donde otros ven un inconveniente.

En la parábola del buen samaritano, el sacerdote y el levita se hacen de la vista gorda ante su hermano en necesidad y pasan de largo. ¿Por qué? Tenían visión, pero era visión de túnel. Estaban tan enfocados en llegar al lugar en el que pensaban que Dios quería que estuvieran que perdieron la oportunidad de ser la bendición. Por favor, no pases esto por alto: *algunas veces nuestras rutinas religiosas son las que hacen que perdamos las citas divinas que Dios pone en nuestro camino.* ¿Por qué? ¡Porque esas oportunidades a menudo parecen inconvenientes! El buen samaritano, por otra parte, notó la necesidad por el rabillo del ojo.

Dave Schmidgall es uno de nuestros pastores y también conduce nuestros esfuerzos misioneros. Él y su esposa, Kate, tienen un corazón enorme para los refugiados. Han servido en campos de refugiados, han organizado ligas de fútbol para niños refugiados e incluso han llevado a algunos refugiados a su hogar.

Fue en uno de esos juegos de fútbol que Dave vio a un hombre sirio sentado completamente solo. Con la ayuda del traductor de Google, Dave inició una conversación que lo condujo a una amistad. Dave y Kate ayudaron a Bashir a instalar un negocio. Lanzaron en nuestra iglesia una iniciativa llamada "Escuchen y Aprendan", que les da a los refugiados la posibilidad de cocinar la comida de su país mientras cuentan su historia. Han ayudado a los niños a inscribirse en la escuela y a los adultos a conseguir las licencias de conducir. Vamos, si llevar a alguien al Departamento de Vehículos Motorizados (DMV, por sus siglas en inglés) no es amor, ¡no sé qué lo sería!

De manera similar al hombre que se vio abandonado a un lado del camino, los refugiados necesitan que les tiendan una mano. La mayoría no conocen el idioma ni la cultura de su nuevo hogar. Muchos huyeron de su país bajo presión. Así que nos hemos decidido a compartir la bendición con ellos. Como ya mencioné, la NCC ayuda a reasentarse al sesenta y cinco por ciento de los refugiados en el área de D. C. ¡Pero todo comenzó cuando el pastor Dave notó a Bashir con el rabillo del ojo!

Dios está en el negocio de ponernos estratégicamente en el lugar apropiado en el momento apropiado, de eso estoy seguro. Él ordena nuestros pasos y prepara las buenas obras por anticipado.[21] Y eso significa que la persona a tu lado no está allí por accidente. Dios nos da una visión periférica para identificar todo el tiempo las citas divinas a nuestro alrededor.

Hace algunos años, llevé mi automóvil al taller. Sí, el mismo que me hizo ganar la membresía en el Junky Car Club. Le pedí a nuestro mecánico que arreglara una llanta, que cambiara el aceite y que revisara los líquidos. Cuando lo pasé a buscar, la cuenta parecía una poco más baja de lo que debía ser, pero jamás se me ocurriría protestar por eso. Después de cargarlo en mi tarjeta de crédito, el asistente de la gasolinera me dio las llaves, excepto que no eran las mías. ¡Eran las llaves de la mujer que estaba justo detrás de mí en la fila! Sabía que podían cancelar mi transacción de la tarjeta de crédito, pero tomé una decisión espontánea. Giré hacia la mujer detrás de mí y le dije: "Feliz Navidad, ¡el arreglo de tu vehículo está pagado!". A modo de aclaración digo que la factura era solo de cuarenta y un dólares, así que me tomó un poco por sorpresa cuando ella comenzó a llorar. Seguía diciendo: "Gracias, gracias". Y yo seguí diciendo: "¡Feliz Navidad, feliz Navidad!".

No estoy seguro del motivo por el cual ella tuvo una reacción emocional semejante ante algo que era un gesto de generosidad relativamente pequeño, pero tengo algunas pocas teorías. O estaba atravesando un momento económico difícil y no podía pagar el arreglo. O hacía demasiado tiempo que había estado por última vez en el lado receptor de un acto de amabilidad al azar. De cualquier manera, ¡pocas cosas son más divertidas que compartir esa clase de bendiciones! ¡Uno puede transformar un momento más bien mundano en un recuerdo inolvidable! Puede transformar un encuentro de diez segundos en una cita divina que marca la diferencia para la eternidad.

El bolsillo de Dios

Hay un subtexto en la historia del buen samaritano que a menudo se pasa por alto y tiene que ver con la administración del dinero.

> … al partir, sacó dos denarios, y los dio al mesonero, y le dijo: Cuídamele; y todo lo que gastes de más, yo te lo pagaré cuando regrese.[22]

Un denario era el salario de un día. En el valor del dólar actual, basado en el ingreso medio en D. C., sería quinientos noventa y cuatro dólares sin incluir los impuestos. Lo que eso me dice es que el buen samaritano creó un margen financiero para estar en la posición de bendecir a otros en ese tipo de situaciones.

En su libro, *Tú naciste para esto*, Bruce Wilkinson nos cuenta acerca de una cita divina en Johannesburgo, Sudáfrica. Tarde una noche después de una conferencia, Bruce y su hijo, David, tenían muchos deseos de disfrutar un helado. El restaurante que habían elegido acababa de cerrar, pero Bruce no estaba dispuesto a darse por vencido.

—¿Hay alguna forma en la que usted pueda conseguir un helado para estos muchachos que realmente lo apreciarían?

La mesera sonrió y respondió:

—Veré lo que puedo hacer.[23]

Cuando se alejó después de serviles los helados, Bruce sintió que debía dejarle una propina generosa. De hecho, él tenía un fajo grande de billetes en el bolsillo y se sintió inclinado a darle hasta el último rand, la moneda sudafricana.

Bruce y David trataron de escapar antes de que la mesera pudiera alcanzarlos, pero ella salió corriendo de la cocina. Con lágrimas en los ojos les dijo:

—Ustedes conocen a Jesús, ¿no es así?

Bruce no lo negó. Luego ella agregó:

—Esto es un milagro. Tengo un bebé y no podíamos pagar el alquiler, y el propietario iba a echarnos de nuestro departamento mañana por la mañana. Camino al trabajo, esta misma tarde, le pedí a Dios: "Por favor, Dios, mándanos el dinero o iremos a parar a la calle". Secando sus lágrimas, agregó:

—Señor, esta es la cantidad exacta que debo. Así es como supe que usted conoce a Jesús.[24]

¿No sería maravilloso que la gente conociera a Jesús por las propinas que dejamos? ¡Y por propinas no quiero decir tratados evangelísticos que parecen billetes! Me sentí tan inspirado por la historia de Bruce que decidí transformar las propinas en un pequeño juego. A veces dejo una propina grande, según me guíe el Espíritu. Pero también amo dejar una propina a quien no la recibe regularmente. Hay trabajos más fáciles que limpiar los baños públicos, ¿no es así? A menudo es un trabajo ingrato, así que comencé a dejar propinas. A veces dejo una propina anónima en el carro de limpieza. Otras, los miro a los ojos y les agradezco. De cualquier manera, ¡es otra forma divertida de compartir la bendición!

Un último consejo.

Bruce Wilkinson siempre tiene algo de efectivo extra en lo que él denomina "el bolsillo de Dios". Lo explica de la siguiente manera: "El bolsillo de Dios es un lugar específico en la billetera o la cartera en donde guardas dinero que has dedicado a Dios de modo que lo puedas dar a alguien en necesidad cuando Él te mueva a hacerlo así".[25]

Muy simple. Muy práctico. Muy poderoso.

¡Parece algo que el buen samaritano haría!

Mecenas del Evangelio

¿Conoces el nombre Selina Hastings? Me sentiría un poco sorprendido si así fuera. Como las mujeres que fueron mecenas de Pablo, y lo digo de forma positiva, Selina Hastings es una heroína anónima. De haber vivido en la época de Cristo, hubiera estado con las mujeres que respaldaron el ministerio de Jesús.

En 1739 se unió a la conocida Fetter Lane Society.[26] Considerada como el primer florecimiento de la iglesia de Moravia, en la República Checa, y una precursora del metodismo.[27] Sus miembros se jactaban de la simpatía de John y Charles Wesley, como también de la de George Whitefield. Selina Hastings, mejor conocida como la condesa de Huntingdon, era una aristócrata inglesa heredera de dinero antiguo. John Rinehart describe la fuerza natural de sus cinco pies y seis pulgadas (1.67 metros) de la siguiente manera: "Se codeaba con la realeza, disfrutaba del rapé y creía realmente en la Biblia".[28]

Cuando la señora Huntingdon tenía treinta y nueve años, su marido murió de un derrame cerebral. Cinco de sus siete hijos murieron antes que ella; dos, de viruela. Se podría haber vuelto introvertida, marchitarse del dolor. En lugar de ello, su generosidad despertó el Gran Avivamiento, tanto en Inglaterra como en Estados Unidos. ¿Cómo? Ella propuso una sociedad con nada menos que George Whitefield. Lady Huntingdon fue para George Whitefield lo mismo que Febe para el apóstol Pablo.

La señora Huntingdon utilizó su influencia para abrirle las puertas a George Whitefield y usó su riqueza para financiar su ministerio. Se dice que Whitefield predicó alrededor de dieciocho mil sermones, lo que es muy notable si consideramos que solo vivió cincuenta y cinco años. Antes de que las colonias americanas declararan su independencia, se estima que cuatro quintas partes de la población lo habían oído predicar.[29] ¡Pero sus prédicas no hubieran sido posibles sin el patrocinio de la señora Huntingdon!

Hay una razón más por la que amo a la señora Huntingdon. Tenía una visión que iba más allá de su tiempo, aun a los ochenta años. No solo financió 116 iglesias, más un seminario para instruir a los pastores. Ella se salía de lo establecido. En 1790 quiso alquilar un teatro grande en la zona este de Londres, que había sido utilizado en exhibiciones de caballos, y convertirlo en una capilla. Uno de sus consejeros principales se oponía porque el precio era de quinientas libras esterlinas. Mientras la señora Huntingdon escuchaba su larga lista de objeciones, llegó el correo. ¡En una de las cartas venía un pagaré por exactamente quinientas libras esterlinas! En la actualidad serían unos 97 846.50 dólares. Entonces, la señora Huntingdon le indicó a su consejero: "Tome esto y pague la capilla, y que ya no haya más incredulidad sino fe".[30]

¡Ve tú y haz lo mismo!

Haz el inventario.

Comparte la bendición.

Repite.

CAPÍTULO DIECISÉIS

Jugar un juego a largo plazo

Consideró que era mejor sufrir por causa de Cristo que poseer los tesoros de Egipto, pues tenía la mirada puesta en la gran recompensa que recibiría.

HEBREOS 11:26, NTV

En 1785, un matemático francés llamado Charles-Joseph Mathon de la Cour escribió una parodia burlándose del optimismo estadounidense de Benjamin Franklin. Así es como nuestros antepasados se atacaban unos a otros antes de las redes sociales. Bueno, eso y el duelo a muerte. Franklin es mejor recordado por sus logros políticos y científicos, pero también como autor del periódico más leído en Estados Unidos en el siglo XVIII, el *Almanaque del Pobre Richard*. ¿Cómo se burló Mathon de la Cour del optimismo estadounidense de Franklin? Escribió una obra de ficción sobre "Richard Afortunado", quien dejaba una pequeña suma de dinero en su testamento para que se utilizara solamente después de que hubiera cobrado intereses durante quinientos años.[1]

En lugar de enojarse por haber sido criticado duramente por el francés, Franklin, de setenta y nueve años, le escribió una carta a Mathon de la Cour agradeciéndole la excelente idea. Benjamin Franklin legó mil libras esterlinas tanto a su ciudad natal, Boston, como a su ciudad adoptiva, Filadelfia. El legado se estableció con una sola condición. Debía invertirse en un fondo que ganara intereses y apoyara el bien público durante doscientos años. Entonces, y solamente entonces, se liberarían los fondos.

Detente un segundo y piensa sobre eso. ¿Doscientos años? Eso requirió una fe muy grande por el hecho de que el futuro de esta nación recién formada llamada Estados Unidos de América estaba todavía en duda cuando Franklin murió el 17 de abril de 1790.

Durante doscientos años, el interés en la donación de Franklin se otorgó como capital semilla a los comerciantes. ¿Por qué? Fue la manera de Franklin de pasar a otros la bendición, de compartir la bendición. Era un préstamo que había ayudado a Franklin a iniciar su propio negocio de imprenta. ¡La donación fue la manera de Benjamin Franklin de devolver el favor!

Doscientos años después, esa inversión original de dos mil libras esterlinas produjo más de cinco millones de dólares. ¡Pensar a largo plazo te permite dar a lo grande! De hecho, tiene el potencial de convertirse en una bendición generacional, un don que no se acaba.

Optimismo eterno

La generosidad nace del optimismo.

El optimismo es una abundancia de esperanza, una abundancia de fe. Está personificado por el niño pequeño que le dio sus cinco panes y dos peces a Jesús. ¿Qué pasaba por su mente? Aquí está mi mejor conjetura: *Si le doy lo que tengo a Jesús, tal vez, solo tal vez, ¡Él podría usarlo para alimentar a más personas que solamente a mí!* Cuando se trata de eso, el optimismo es el deseo de saltarte una comida para alimentar a un mundo hambriento.

Por lo general, los pesimistas hablan en tiempo pasado. Permiten que las cosas negativas que les han sucedido pronostiquen su futuro. En lugar de vivir con las manos abiertas y dejar ir lo que

Dios les confió, son tacaños. Con el tiempo, son poseídos por sus posesiones. Las cosas que poseen, los poseen.

Los optimistas tienen una sensibilidad muy diferente. Se enfocan en la recompensa en el futuro, creyendo que lo mejor está por venir. Los optimistas viven con las manos abiertas porque tienen el corazón abierto. El lema del optimista es la mentalidad de Jonatán: "Espero que el SEÑOR nos ayude".[2] Es un enfoque de la vida de "darlo todo o nada" que confía en Dios hasta en el más mínimo detalle.

El optimismo de Jonatán me recuerda a Moisés.

> Fue por la fe que Moisés, cuando ya fue adulto, rehusó llamarse hijo de la hija del faraón. Prefirió ser maltratado con el pueblo de Dios a disfrutar de los placeres momentáneos del pecado. Consideró que era mejor sufrir por causa de Cristo que poseer los tesoros de Egipto, pues tenía la mirada puesta en la gran recompensa que recibiría.[3]

¡Moisés jugaba un juego a largo plazo! ¿Por qué? ¡Era un eterno optimista, algo que a los judíos les faltaba después de cuatrocientos años de esclavitud! Una mentalidad de doble bendición se centra en el tesoro celestial, no en el placer terrenal. Por supuesto, no es fácil estar enfocados en la eternidad. En palabras del filósofo francés Blaise Pascal: "Nuestra imaginación magnifica el presente, porque estamos pensando continuamente en ello y así reducimos la eternidad, porque no pensamos acerca de ella, convertimos la eternidad en nada y la nada en eternidad".[4]

¿Vives para el tiempo presente o para la eternidad? Si vives para la eternidad, eso afecta de manera profunda cómo pasas tu tiempo. ¿Por qué? ¡Porque el tiempo no es más un juego de "suma cero"! Aún debes tener un horario, pero es mucho más fácil ser generoso con tu tiempo cuando sabes que no se te agotará.

Criticar creando

En el año 589 a. C., los babilonios sitiaron la ciudad de Jerusalén. Cuando lograron atravesar el muro de Jerusalén, tres años más tarde, saquearon el Templo, arrasaron la ciudad, y tomaron a los miembros de la clase creadora y la clase alta como prisioneros de guerra. Durante muchas décadas, esos refugiados judíos vivieron como expatriados en Babilonia. No estaban seguros de si alguna vez volverían a ver su ciudad.

Su estatus de refugiados los hizo preguntarse: ¿Cómo deberíamos vivir entonces?[5] ¿Debían aculturarse, adoptar y adaptarse a las costumbres de los babilonios? ¿Debían tratar de mantener sus distintas tradiciones y su identidad única como pueblo judío? ¿Debían socavar a sus captores? ¿O debían intentar influir desde adentro hacia afuera, como hicieron José, Daniel o Ester? Estas eran preguntas prácticas que tenían que responder, decisiones difíciles que debían tomar. Y hubo opiniones encontradas. Pero antes de compartir esas opiniones encontradas, vamos a jugar a la opción múltiple.

Cuando se trata de involucrarse en una cultura de "más" y "mío", creo que tenemos cuatro opciones básicas. Podemos: *a*) consumir irreflexivamente, *b*) condenar pomposamente, *c*) copiar perezosamente, o *d*) crear conscientemente. ¡Probablemente puedas adivinar qué respuesta defiendo por los adverbios que uso!

Demasiados cristianos consumen la cultura, condenan la cultura o copian la cultura. En mi opinión, esos son escurridizos. Solo una de las cuatro opciones facilita un derramamiento de bendiciones. Estamos llamados a crear cultura ¡y a hacerlo conscientemente! Como cocreadores podemos traer vida y bendiciones al mundo que nos rodea.

Trato de vivir según la máxima de Miguel Ángel: "Critica creando".

¿Debemos alzar la voz por lo que es correcto? ¡Por supuesto! ¡Hay un pecado en el silencio y a veces se necesita una gran valentía para llamar las cosas por su nombre! Pero disparar contra la cultura al azar es la salida fácil. Es pereza, en el mejor de los casos, y es maldecir, en el peor. Como seguidores de Cristo, deberíamos ser más conocidos por aquello que *apoyamos* que por aquello a lo que nos *oponemos*. ¿Traducción? Deja de maldecir la oscuridad y comienza a encender velas. ¿Cómo? Produciendo mejores películas, creando mejores negocios, escribiendo mejor música y redactando mejores leyes. ¿Cómo? Con la ayuda del Espíritu Santo. ¿Por qué? Porque maldecir la oscuridad no la detiene. Estamos llamados a compartir la bendición.

Dentro de setenta años

Durante el cautiverio de Israel, un profeta llamado Jananías declaró que Dios quebraría el yugo de Babilonia en dos años. Él profetizó que los artículos del Templo que Nabucodonosor había saqueado serían devueltos, al igual que el remanente al que había tomado cautivo. Eso suena atractivo, ¿verdad? Pero eran noticias falsas de un falso profeta.

El profeta Jeremías lo puso en evidencia: "tú has hecho que este pueblo confíe en una mentira".[6] Jananías estaba sentado en un trono de mentiras, y Jeremías lo sabía. Él había profetizado una cautividad de setenta años. Eso no lo ayudó con las encuestas de popularidad, la gente prefería la predicción más breve de Jananías, pero Jeremías tenía razón.

¿Dos años? ¿O setenta años?

¿Cuál es la diferencia, además de sesenta y ocho años?

Si solo vas a vivir en Babilonia durante dos años —como sugirió Jananías—, ¡ni siquiera desempacarías tu valija! No *posees* la ciudad, la *alquilas*. ¿Por qué? ¡Solo estás allí por un ciclo electoral! Pero si vas a estar allí durante setenta años, como profetizó Jeremías, cambia tu modo de pensar. Piensas a largo plazo, ¡setenta años más! Y pensar a largo plazo te permite soñar en grande. Comienzas a hacer cosas que marcarán la diferencia para la tercera y cuarta generaciones. ¡Y eso te permite ser de más bendición!

Jeremías escribe una carta abierta a los exiliados judíos y el consejo que les da es tan relevante hoy como lo fue hace dos mil quinientos años. Conoces una parte de esta profecía porque es una de las promesas de mayor profundidad en toda la Biblia.

> Porque yo sé muy bien los planes que tengo para ustedes —afirma el Señor—, planes de bienestar y no de calamidad, a fin de darles un futuro y una esperanza.[7]

Amamos esa promesa, ¿verdad? ¿Pero entendemos el contexto en el que se dio? Déjame dar marcha atrás unos pocos versículos. Esa promesa es parte de una profecía y esa profecía es parte de una teología de la ciudad. Babilonia fue el archienemigo de Israel. Habían saqueado el Templo de Israel y se habían burlado del Dios de Israel. Se podría esperar que Jeremías sugiriera un subterfugio o un consejo para un golpe de Estado, pero no lo hizo. Considera los consejos que ofrece Jeremías.

> Construyan casas y habítenlas; planten huertos y coman de su fruto. Cásense, y tengan hijos e hijas; y casen a sus hijos e hijas, para que ellos a su vez les den nietos. Multiplíquense allá y no disminuyan.[8]

La exhortación a aumentar en número nos recuerda a la bendición original, ¿verdad? Pero ¿cómo exactamente se multiplican las personas? Jeremías aboga por el juego a largo plazo. No solo alquiles, echa raíces. No solo estés de novio, cásate.

Traducción: ¡piensa a largo plazo haciendo cosas que marcarán la diferencia dentro de setenta años! La promesa que Dios hizo a través de Jeremías: "yo sé muy bien los planes que tengo para ustedes" es más que unas palabras de ánimo o un cartel. Él está empapelando sus corazones y sus mentes. Está ampliando la apertura de su perspectiva. ¡Lo que Dios quiere lograr a través de tu vida es más largo que tu vida! De nuevo les digo, nosotros pensamos en el aquí y el ahora. ¡Dios piensa en naciones y en generaciones!

En un reciente aniversario de bodas, Lora y yo teníamos boletos para la obra de Broadway *Hamilton*. ¡Esta es una bendición divertida para compartir! Cada acto fue producido y ejecutado de manera brillante, pero me encanta una línea de la letra de una de las canciones: "¿Qué es un legado? Es sembrar semillas en un jardín que nunca llegarás a ver".[9] Esa es una mentalidad de doble bendición. Sueña en grande, piensa a largo plazo y el resultado neto serán las bendiciones generacionales.

Paz y prosperidad

Después de exhortar a los exiliados judíos a que hicieran planes a largo plazo, Jeremías ofrece un último y valioso consejo.

> Además, busquen el bienestar de la ciudad adonde los he deportado, y pidan al Señor por ella, porque el bienestar de ustedes depende del bienestar de la ciudad.[10]

¿Puedo contarte un par de mis convicciones?

Primero: ¡la visión de Dios para tu vida es mayor que la tuya!

Segundo: ¡Dios quiere que seas de gran bendición!

¿Recuerdas la cuadra de la ciudad que convertimos en campus modelo y un mercado de uso mixto? Imagínatelo como el mercado de Chelsea en la ciudad de Nueva York; el Armature Works en Tampa; el Ponce City Market en Atlanta, o Anaheim Packing House en Los Ángeles, solo algunos de mis lugares y espacios favoritos. Incluirá un lugar de eventos para conciertos, conferencias y convenciones. Aprovecharemos el espacio de nuestro ministerio de niños para que funcione como un centro de desarrollo infantil de lunes a viernes para satisfacer una necesidad real en tiempo real. Además, nuestro espacio de oficina incluirá un área de trabajo cooperativo. ¿Por qué no construir una iglesia tradicional? Podríamos hacerlo y no habría nada de malo. Pero no solo tratamos de levantar una iglesia, tratamos de bendecir una ciudad. De hecho, nos atrevemos a creer que la iglesia debería resolver los problemas de una ciudad. Y cuando la ciudad prospera a causa de ello, ¡nosotros también lo hacemos!

Tenemos una convicción básica: *la iglesia debe estar en el medio del mercado*. Jesús no solo se juntaba en lugares religiosos con personas religiosas, también visitaba pozos, que eran lugares habituales de reunión en la cultura antigua. Nosotros estamos construyendo un pozo posmoderno: un lugar donde las personas puedan trabajar y comer, y jugar y orar. Como la cafetería Ebenezer, tenemos una doble bendición. Cada centavo de la ganancia financiará las causas del reino, y continuaremos con nuestro negocio como si fuera el negocio del Padre, ¡porque lo es!

Nuestro mercado incubará emprendedores y facilitará los negocios como misión. Crearemos cientos de empleos y lo haremos a conciencia. Nuestra visión es crear empleos para aquellos que tienen más dificultades para encontrarlos. Eso incluye, pero no se limita, a los ciudadanos que regresan a la ciudad, a los refugiados reasentados y a los niños a los que orientamos en nuestro Dream Center D. C. Nuestra visión para esta cuadra de la ciudad comenzó con un círculo de oración. Más de dos décadas después, se comienza a cerrar el círculo a medida que aprovechamos holísticamente el espacio para bendecir a nuestra ciudad.

Una nota al pie.

En 2018, la National Community Church recibió una donación de catorce millones de dólares. No es un error de imprenta. ¿De dónde vino esa bendición? De alguien que está pensando a largo plazo, ¡alguien que está jugando el juego de dar! Ese regalo fue dado por alguien con una mente para los negocios y con un corazón para el reino.

¿Puedo compartirte una convicción que está creciendo? ¡El milagro está en la casa! Y si no lo está, ¡Dios lo enviará! Permíteme una convicción más: ¡quizá, solo quizá, debamos discipular a más empresarios! Si pensamos hacer planes a largo plazo, no solo debemos plantar iglesias. Comenzaremos negocios enfocados en la doble bendición, un negocio que no solo pueda crear empleos y productos, ¡sino que ayude a asegurar las causas del reino!

Espero que este libro te haga crecer en la gracia de dar. Si todos desarrollamos una visión a largo plazo, estoy convencido de que todas las causas del reino serán financiadas en su totalidad. Que Dios levante la nueva generación de Lidias y de Febas. ¡Que Dios desate la generosidad y creatividad de mil Barzilays!

Pídeme

Muéstrame la medida de tu sueño y te mostraré la medida de tu Dios. Por supuesto, sin importar cuán grandes sean tus sueños, ¡Dios es mayor! Nos cuesta trabajo creer en Dios por las *ciudades*. ¿La ironía? ¡Dios ofrece *naciones*!

Tan solo pídelo, y te daré como herencia las naciones,
toda la tierra como posesión tuya.[11]

Según las Naciones Unidas, ¡ciento ochenta mil personas se mudan a las ciudades todos los días![12] Desafortunadamente, muchas iglesias se están marchando de las ciudades al tiempo que las masas se mudan a ellas. Un artículo reciente del *Washington Post* señaló que el cuarenta por ciento de los edificios religiosos en el Capitolio se cerraron o han cambiado para uso no religioso.[13] ¿Por qué? Para ser franco, no hemos logrado interpretar la cultura y encarnar el Evangelio dentro de esta. No hemos logrado buscar la paz y la prosperidad de la ciudad fuera de las cuatro paredes de la iglesia y nos hemos encerrado.

Hacemos nuestro mejor esfuerzo para revertir esa tendencia. Como ya dije, hemos convertido una casa de *crack* en la cafetería Ebenezer. Convertimos un edificio de apartamentos abandonado en el Dream Center. El siguiente nivel es convertir una cuadra completa en un campus modelo que incluye el centro de desarrollo infantil, el mercado de uso mixto y un espacio de trabajo cooperativo.

Sé que algunos cuestionarán esa visión y preguntarán *por qué*. Obviamente, ¡hacer las cosas como siempre sería mucho más fácil! Pero los negocios, como de costumbre, quedan fuera del negocio tarde o temprano, y eso incluye los negocios del Padre. Una vez más, la fidelidad *no se trata* de defender el fuerte. ¡La fidelidad es avanzar el reino de nuevas maneras! Y sucede que creemos esto: *hay maneras de hacer la iglesia en las que nadie ha pensado todavía.*

Quizá una pregunta mejor que *¿por qué*? es *¿por qué no*?

En las palabras de George Bernard Shaw: "Están los que miran cosas de la manera que son y preguntan ¿por qué? Yo sueño con cosas que nunca han sido y pregunto ¿por qué no?".[14]

La National Community Church es una iglesia cuya máxima es "por qué no", con una visión estilo "por qué no". No afirmamos ser mejores o peores que ninguna otra iglesia, simplemente no tenemos miedo de atrevernos a ser diferentes. ¿Por qué? Porque si deseas llegar a gente a la que nadie se está acercando, tienes que hacer lo que nadie está haciendo. ¡Si quieres alcanzar a personas que están fuera de tus límites, también debes hacer cosas que están más allá de tus límites!

Según el último recuento, hay 116 607 personas viviendo por debajo del umbral de pobreza en la capital de la nación.[15] Hay 6904 personas que no tienen vivienda.[16] Hay 853 niños y jóvenes atendiéndose en los Servicios para Niños y Familias. Y hay 1540 niños con problemas de escolaridad.[17] ¿Por qué conozco esas cifras? Porque cada número tiene un nombre, cada nombre tiene una historia y cada historia le interesa a Dios. ¡Y esas son las estadísticas que estamos intentando cambiar, una persona a la vez! ¿Por qué? ¡Porque hemos sido bendecidos para bendecir!

Esas estadísticas son la punta del iceberg, pero revelan cuánto sufrimos debajo de la superficie. Puedes agregar otras estadísticas y métricas a la mezcla de esta realidad, como salud mental. Y puedes completar el espacio en blanco con información sobre el lugar donde vives. No importa cómo lo analices, vivimos en un mundo caído rodeados de personas que sufren. Eso puede parecer un poco abrumador, ¡pero no sé si es tan malo como ser prisioneros de guerra en Babilonia! El reino de Dios se está acercando y nosotros somos los canales de su bendición.

Buscar la paz y la prosperidad de la ciudad es estar con las manos y los corazones abiertos. En las palabras de Emma Lazarus, inscritas en la Estatua de la Libertad: "Dadme a vuestros rendidos, a vuestros pobres. Vuestras masas hacinadas anhelando respirar en libertad".[18] Suena muy similar a Mateo 25, ¿no es cierto? Ser una bendición más grande comienza con vestir al desnudo, alimentar al hambriento y cuidar al enfermo.

Jesús dijo: "Les aseguro que todo lo que hicieron por uno de mis hermanos, aun por el más pequeño, lo hicieron por mí".[19] Ese es el corazón del gran mandamiento de amor y de la gran comisión de hacer discípulos. Es la manera en la que jugamos el juego a largo plazo, ¡el juego de dar!

¿Por cuál bendición le estás creyendo a Dios? Santiago, el hermano de Jesús, nos recuerda: "No tienen, porque no piden".[20] Jesús sube la apuesta: "Pidan, y se les dará; busquen, y encontrarán; llamen, y se les abrirá".[21]

La bendición es tuya si la pides, pero la única manera de *mantenerla* es *compartiéndola*. En las palabras del mártir misionero Jim Elliott: "No es ningún tonto el que pierde lo que no puede guardar para ganar lo que no puede perder".[22] El secreto de la bendición doble es simple: *la obtienes dándola.*

Este no es un libro que *lees*. Es un libro que *pones en práctica*.

¿A quién bendecirás hoy? ¿Cómo lo bendecirás?

¿Qué estás esperando?

EPÍLOGO

El año de bendición

Alaba, alma mía, al Señor, y no olvides ninguno de sus beneficios.

SALMO 103:2

Washington D. C. es una ciudad de construcciones conmemorativas, museos y monumentos. Cuando subes los peldaños del Monumento a Lincoln y te paras bajo la sombra de nuestro décimo sexto presidente, la estatua, más grande que la vida, evoca emociones que residen en los más profundos recovecos del alma. La primera vez que visité el Museo de Holocausto tuve que reprimir las lágrimas. Me sucedió lo mismo en el Museo Nacional de Historia y Cultura Afroamericana. El sufrimiento del ser humano retratado por ambos museos es palpable. Y nunca olvidaré cuando caminé por la rotonda del Capitolio para dar mis últimos respetos a Billy Graham.

La capital de la nación está sembrada de espacios sagrados, lugares sagrados. Pero no hay tierra más santificada que el Cementerio Nacional de Arlington, el lugar de descanso final para más de cuatrocientos mil veteranos que entregaron hasta la última gota de devoción a su país.

El Día de los Veteranos de 1921, el presidente Warren G. Harding presidió una ceremonia de inhumación que honraba a uno de los héroes no identificados de la Primera Guerra Mundial. Los restos de los soldados desconocidos de la Segunda Guerra Mundial, la guerra de Corea y la guerra de Vietnam descansan desde entonces en la tumba del soldado desconocido. En el panel occidental está escrito: "Aquí descansa en honor y gloria un soldado estadounidense solo conocido por Dios".[1]

Desde 1937, la tumba del soldado desconocido ha sido vigilada sin cesar por los centinelas de la Vieja Guardia que transitan la alfombra las veinticuatro horas del día, los siete días de la semana. Los guardias marchan veintiún pasos exactos, se detienen para rendir tributo durante veintiún segundos medidos, luego dan una media vuelta y repiten esa secuencia sagrada hasta ser relevados de su deber.[2] Los miembros de la Vieja Guardia no usan una insignia de rango para no exceder el de los soldados desconocidos. Pocos rituales son más inspiradores que el cambio de guardia o las ceremonias de colocación de ofrendas florales en días de fiesta nacional.

¿Por qué el cambio de guardia se realiza prestando tanta atención a los detalles, aun bajo la oscuridad de la noche cuando nadie mira? La respuesta es simple: el soldado desconocido representa a incontables hombres y mujeres que pagaron el precio más alto por su país. Las bendiciones que gozamos todos los días fueron pagadas completamente por la sangre, el sudor y las lágrimas de los hombres y mujeres desconocidos y las familias que los perdieron en el cumplimiento de su deber.

¿Qué quiero decir? Cada bendición tiene un trasfondo que incluye las libertades de las que gozamos como estadounidenses. ¡Esas libertades no fueron gratis! Vinieron al pagar un costo enorme. ¡Y si no has calculado ese costo, no has contado ni apreciado la bendición!

Hemos llegado al final de este libro, pero apenas si hemos arañado la superficie de las bendiciones de Dios. Dicho en palabras sencillas: *es imposible hacer un inventario completo de las bendiciones de Dios*. ¡O de sus historias de fondo! Solamente la eternidad contará la historia completa de la bendición, pero cada bendición fue engendrada por la bendición original. Y cuando tiramos del hilo hasta el final encontramos que no hay fin. Hay bendición eterna.

En su esencia, la palabra hebrea *barak* significa "bendecir a aquel que te bendice". Aquí es donde comenzamos y aquí es donde terminamos. La mayor parte de las bendiciones de Dios son un misterio y tomará una buena parte de la eternidad desenredar el hilo de Ariadna. ¿Las buenas noticias?

> Hemos estado ahí por diez mil años,
> brillando como el sol.
> Nunca hemos tenido menos días para alabar a Dios,
> ni siquiera cuando empezamos por primera vez.[4]

Así como oramos por las necesidades, *verbalizadas* o *tácitas*, también alabemos a Dios por las bendiciones, *conocidas* y *desconocidas*. De hecho, los israelitas ofrecían un sacrificio por el pecado no intencional.[5] Me temo que somos culpables de ingratitud no intencional, pero Dios es misericordioso. Las bendiciones de las que podemos hacer un inventario nos traen a la memoria las palabras de Charles Wesley:

> ¡Oh, que mil lenguas canten
> alabanzas a mi gran Redentor!
> Las glorias de mi Dios y Rey,
> los triunfos de su gracia.[6]

Aunque no podamos comenzar a enumerar las incontables bendiciones, igual cantemos.

Período de gracia

En 1996, Lora y yo heredamos un grupo de diecinueve personas y comenzamos a pastorear la National Community Church. Nada fue fácil en esos primeros años. Nos tomó tres años lograr autosostenernos financieramente. Fueron necesarios cinco años para llegar a ser doscientas cincuenta personas. No fue rápido. No fue fácil. ¡Y no desearía que hubiera sido de otra manera! En retrospectiva, llamo a esos cinco años de plantación de iglesia un *período de gracia*.

Para la ley, un período de gracia es un lapso de tiempo en el que una regla en particular no se aplica. En las finanzas personales, es perdonarte un recargo por retraso, aunque se te haya pasado la fecha límite de pago. En la política, es un período extra de benevolencia al principio de un nuevo término.

Espiritualmente hablando, un período de gracia es cuando Dios no te da lo que tú quieres cuando tú lo quieres. ¿Por qué? Porque no estás preparado para ello. ¡Así es como las bendiciones resultan contraproducentes! Ningún buen progenitor le da a su hijo todo lo que pide.

Lo que aprendí durante esos primeros cinco años de plantación de iglesia es que Dios necesitó hacerme crecer antes de que pudiera hacer crecer nuestra iglesia. ¿Has oído decir que Dios no dejará que seas probado más allá de lo que puedas soportar?[7] Bueno, Dios no te bendecirá más allá de tu nivel de madurez espiritual tampoco. Te ama demasiado como para hacer eso.

Las bendiciones de Dios están en orden perfecto y eso requiere de mucha paciencia de nuestra parte. Pero en ese proceso, somos conformados a la imagen de Cristo. ¿Las buenas noticias? ¡Si has llegado hasta el epílogo, probablemente tienes la clase de paciencia que Dios puede bendecir! ¿Qué quiero decir? ¡Estamos viviendo en un período de gracia! ¡Cada uno de nosotros! Ciertamente, hay bendiciones que ya has recibido y por las cuales estás eternamente agradecido. ¿Pero no es inspirador saber que Dios está actualmente preparando *bendiciones para ti* y preparándote *a ti para las bendiciones*? Y puedo añadir: ¡Él está preparando *bendiciones que van más allá de tu habilidad de pedir o imaginar*!

Valles tenebrosos

En el mundo empresarial, los *valles tenebrosos* se refieren a los reveses que muchas empresas nuevas experimentan en sus primeros tiempos. Es prácticamente inevitable. Y lo que sucede en los negocios a menudo se cumple también en la vida. Incluso Jesús pasó por valles tenebrosos. ¿Puedes calificar esos cuarenta días en el desierto siendo tentado por el diablo de alguna otra manera?[8] Pero Jesús salió de ese tiempo de prueba con una mayor unción, una mayor bendición.

Casi cada matrimonio que conozco pasa por un valle tenebroso. Lo mismo que los sueños. Lo mismo que la fe. ¡Si te encuentras en esa etapa, creo que hay una bendición del otro lado!

Cuando Jesús salió de su valle tenebroso de cuarenta días, regresó a su ciudad natal. El sábado, desenrolló el libro de Isaías y comenzó a leer:

> El Espíritu del Señor está sobre mí,
> por cuanto me ha ungido
> para anunciar buenas nuevas a los pobres.
> Me ha enviado a proclamar libertad a los cautivos
> y dar vista a los ciegos,
> a poner en libertad a los oprimidos,
> a pregonar el año del favor del Señor.[9]

¿Qué sucedió después? Jesús enrolló nuevamente el libro y se lo devolvió al ayudante del altar. Entonces dijo: "Hoy se cumple esta Escritura en presencia de ustedes".[10] Lo que dijo fue impactante, sin lugar a duda. ¡Pero no tanto como *lo que no dijo*! Su audiencia conocía la profecía de Isaías de memoria, así que sabían que había dejado de leer en la mitad de una frase.

Después de proclamar el año del favor del Señor, Isaías declara "el día de la venganza de nuestro Dios".[11] Pero Jesús no lo declaró. La pregunta es ¿por qué no? Dicho sencillamente: Jesús no vino a condenar al mundo.[12] Él vino a salvarlo de su pecado y eso te incluye a ti. ¿Tienes la *bendita seguridad* de la salvación? Es tan simple como abrir un regalo, pero primero hay que recibirlo. "Mas a cuantos lo recibieron, a los que creen en su nombre, les dio el derecho de ser hijos de Dios".[13]

> "En el momento propicio te escuché,
> y en el día de salvación te ayudé".
> Les digo que este es el momento propicio de Dios;
> ¡hoy es el día de salvación![14]

Antes de que empezaras a leer este libro, le pedí a Dios que comenzara una nueva temporada de bendición en tu vida. ¿Podemos ampliar los límites un poquito más? Que este libro señale el año del favor del Señor, ¡el año de bendición!

Nostalgia por Dios

Hace cien años, un par de ornitólogos ingleses tomaron unos pájaros del nido de su madre en la isla de Skokholm, frente a la costa de Gales. Marcaron a esos pájaros y los transportaron a varios lugares, lejos del hogar. Y los soltaron para ver si podían encontrar su camino a casa.

Una de las aves fue llevada en avión a Venecia. A pesar de la enorme distancia, de alrededor de mil millas (unos mil seiscientos kilómetros), y de que esta especie de pájaro no era nativa de esa región próxima a Venecia, encontró su camino de regreso a casa en solo trescientas cuarenta y un horas ¡por una ruta por la que nunca había volado! Ese experimento se repitió incluso con mayores distancias. Se transportaron dos pájaros por tren en una caja cerrada a Londres y después los llevaron en avión a Boston. Solamente uno de los dos pájaros sobrevivió ese viaje. El sobreviviente solitario, el pájaro número AX6587, atravesó todo el océano Atlántico ¡y encontró el camino de regreso al nido de su madre en doce días y doce horas![15]

Muy impresionante, ¿verdad? Incluso los ornitólogos estaban asombrados por su capacidad innata conocida como el instinto de volver a casa. Es la capacidad inherente que tienen ciertos animales de encontrar su camino a casa desde grandes distancias sin importar lo desconocido del terreno.

Hay un instinto similar configurado en nuestra alma: el anhelo de ser bendecido por Dios. ¿Por qué? ¡Es nuestra memoria más temprana! En las palabras de Agustín de Hipona: "Tú nos hiciste para ti mismo, oh Señor, y nuestro corazón está inquieto hasta que encuentra descanso en ti".[16] El filósofo francés del siglo XVII, Blas Pascal, lo llamó "el vacío que tiene la forma de Dios". El Papa Francisco lo llama "nostalgia por Dios".[17]

No podemos alcanzar la medida completa de nuestro potencial o encontrar la medida completa del significado de la vida sin Dios. ¿Por qué? Porque es su imagen la que portamos. Es de cuyo nido provenimos. Es quien nos bendijo en el comienzo.

¿Recuerdas al hijo pródigo? Creo que tenía nostalgia por Dios, una añoranza santa que activó su memoria y que lo hizo volver su corazón hacia el hogar. El pródigo que había repudiado a su padre ahora buscaba su bendición. Y lo mismo hacemos nosotros. Si este libro te ayuda a encontrar tu camino de regreso a Dios, ha conseguido su propósito. Que puedas encontrar una fe tan personal como tu huella digital.

El hijo pródigo estaba muy lejos de casa, pero no tanto como para que la gracia de Dios no pudiera guiarlo de regreso al hogar. Y cuando lo hizo, encontró a su padre vigilando y esperando su regreso. ¡Tú también lo harás! El padre corrió hacia su hijo con los brazos abiertos. Luego celebró una fiesta ¡que duraría mucho más de tres minutos! Celebró a su hijo y Dios hará lo mismo contigo. Su instinto ancestral no ha cambiado. No hay que nada que Dios quiera más que darte su completa bendición.

Dios quiere bendecirte más allá de lo que puedas pedir o imaginar. Allí está, lo dije de nuevo. Pero ahora ya sabes, conoces el secreto de la doble bendición: *la recibes al darla.*

Cuenta tus bendiciones.

Comparte tus bendiciones.

¡Hazlo tan seguido como sea posible!

AGRADECIMIENTOS

Muchas personas invirtieron su tiempo, talentos y tesoros en este libro en particular.

¡Gracias a todo el equipo de WaterBrook y Multnomah! Se necesita del trabajo en equipo para hacer realidad un sueño. Un agradecimiento especial a Tina, Andrew, Campbell, Chris y Brett por su visión para este libro. Gracias a Andrew, Helen, Abby, Kayla y Dan por sus ojos de editor. Su atención a cada detalle hizo una gran diferencia. Gracias a Laura, Lori, Jennifer, Ericka, Ginia, Mark y a tantos otros cuyas huellas digitales están a lo largo de todo este libro.

Un agradecimiento especial a mi agente, Esther Fedorkevich, así como también a Whitney y a todo el equipo de la agencia FEDD.

Estoy más que agradecido por el privilegio de pastorear la National Community Church (NCC) en Washington D. C. Toda mi gratitud para nuestro equipo de liderazgo ejecutivo —Joel, Jim y Heather— y nuestro equipo administrativo —Sarah, Heather y Brian—, así como a nuestro personal, líderes, voluntarios y a toda la congregación.

Gracias a todos los que han modelado un estilo de vida de doble bendición: ¡ustedes saben quiénes son!

Por último, el mayor gozo de mi vida es ser un esposo para mi esposa Lora, y un padre para mis hijos, Parker, Summer y Josiah. Gracias por permitirme compartir dos de mis valores familiares —la gratitud y la generosidad—, con todos aquellos que leen este libro.

NOTAS

Prefacio. El hilo de Ariadna

1. "Ariadne" [en línea]. *Encyclopaedia Britannica*: 16 de febrero de 2018. Disponible en <https://www.britannica.com/topic/Ariadne-Greek-mythology>.
2. Mark Batterson: *Destino divino*. Miami: Editorial Vida, 2014, p. 57 [del original en inglés].
3. Génesis 1:28, NTV.
4. Juan 16:33.
5. Juan16:33.
6. "H1288-barak-Strong's Hebrew Lexicon (KJV)" [en línea]. Blue Letter Bible. Disponible en <https://www.blueletterbible.org/lang/lexicon/lexicon.cfm?t=kjv&strongs=h1288>. [Paráfrasis del autor].
7. "G3107-makarios-Strong's Greek Lexicon (KJV)" [en línea]. Blue Letter Bible. Disponible en <https://www.blueletterbible.org/lang/lexicon/lexicon.cfm?t=kjv&strongs=g3107>; "G2128-eulogêtos-Strong's Greek Lexicon" [en línea]. Blue Letter Bible. Disponible en <https://www.blueletterbible.org/lang/lexicon/lexicon.cfm?t=kjv&strongs=g2128>.
8. "Citas de Winston Churchill" [en línea]. BrainyQuote. Disponible en <https://www.brainyquote.com/quotes/winston_churchill_131192>.

9. Génesis 12:2-3.
10. Génesis 1:28.
11. Génesis 14:18-20.
12. Génesis 32:28; 49:1-27.
13. Éxodo 3:1-4:17.
14. Éxodo 13:21.
15. Números 6:22-26.
16. Deuteronomio 28:1-14.
17. Josué 3:7-17; 6:1-21; 14:6-13.
18. 1 Corintios 10:16.
19. Hechos 13:34.
20. Lucas 24:50.
21. Filipenses 4:7.
22. Efesios 1:3.
23. Apocalipsis 22:14.

Capítulo uno. Doble porción

1. Isaías 61:3.
2. 2 Reyes 2:9.
3. 2 Reyes 2:9.
4. David Pyles: "A Double Portion of Thy Spirit" [Una doble porción de tu espíritu], [en línea]. The Berean Christian Bible Study Resources. Disponible en <http://www.bcbsr.com/survey/eli.html>.
5. "Amos Alonzo Stagg" [en línea]. *Wikipedia: The Free Encyclopedia*: modificado por última vez el 9 de marzo de 2019, 15:46. Disponible en <https://en.wikipedia.org/wiki/Amos_Alonzo_Stagg>.
6. Collin Hansen: "Football's Pious Pioneer: Amos Alonzo Stagg Instilled in Football Christian Values That Remain Apparent Today" [El pionero piadoso del futbol: Amos Alonzo Stagg inculca valores cristianos que siguen siendo obvios en la actualidad], [en

línea]. *Christianity Today*: 8 de agosto de 2008. Disponible en <https://www.christianitytoday.com/ch/news/2005/jan14.html?start=2>.

7. Amos Alonzo Stagg, citado en John Wooden y Steve Jamison: *The Wisdom of Wooden: My Century On and Off the Court* [La sabiduría de Wooden: mi siglo dentro y fuera de la cancha]. Nueva York: McGraw Hill, 2010, p. 19.
8. "Amos Alonzo Stagg", loc. cit.
9. 2 Reyes 2:10.
10. 1 Corintios 3:6.
11. Isaías 61:7.
12. 1 Timoteo 5:17.
13. Zacarías 9:12.
14. Zacarías 2:8.
15. Deuteronomio 10:15.
16. Romanos 8:37.
17. Salmos 84:10.
18. 2 Pedro 3:8.
19. Hebreos 13:8.
20. Efesios 1:3.
21. 2 Corintios 1:20.
22. Job 1:21.
23. Job 42:10, NTV.
24. Salmos 56:8, NTV.
25. Job 42:12, NTV.
26. Éxodo 22:4.
27. Juan 10:10.
28. Deuteronomio 28:2.
29. Romanos 8:28.

Capítulo dos. Paraguas de bendición

1. "Jonas Hanway" [en línea]. Westminster Abbey. Disponible en <https://www.westminster-abbey.org/abbey-commemorations/commemorations/jonas-hanway>.
2. "Foundling Hospital" [en línea]. *Wikipedia: The Free Encyclopedia*: modificado por última vez el 7 de mayo de 2019, 3:43. Disponible en <https://en.wikipedia.org/wiki/Foundling_Hospital>.
3. Ed Young: "Under the Umbrella of Authority" [Bajo el paraguas de la autoridad], [archivo de video]. 27 de septiembre de 2014. Disponible en <https://www.youtube.com/watch?v=SYGReK0919E>.
4. Deuteronomio 28:1.
5. Éxodo 12:7.
6. Charles Wesley: "Oh, que tuviera lenguas mil", 1739, dominio público.
7. Deuteronomio 28:2.
8. Eugene Peterson ha escrito un libro maravilloso titulado *Una obediencia larga en la misma dirección: el discipulado en una sociedad instantánea*. Miami: Editorial Patmos, 2005.
9. Jeremías 1:12.
10. 2 Crónicas 16:9, NTV.
11. Salmos 23:6.
12. Psalm23inHebrew (2019). Hebrew for Christians. Recuperado de https://www.hebrew4christians.com/Scripture/Ketuvim/Psalms/Psalm_23/psalm_23.html
13. Mandelbrot Set (2019). Wikipedia. Recuperado de https://en.wikipedia.org/wiki/Mandelbrot_set.
14. Lamentaciones 3:22-23.
15. Deuteronomio 28:3-13.
16. Aunque la tradición rabínica no está a la par de las Escrituras, es un comentario útil. Esta idea está tomada de Kushner, L. (1998). Eyes Remade for Wonder: A Lawrence Kushner Reader, (p.50). Woodstock, VT: Jewish Lights.

17. Mateo 5:45.
18. "Prevenient Grace" [en línea]. *Wikipedia: The Free Encyclopedia*: modificado por última vez el 3 de mayo de 2019, 1:31. Disponible en <https://en.wikipedia.org/wiki/Prevenient_grace>.
19. Deuteronomio 28:8.
20. Esta idea la popularizó Malcolm Gladwell, pero primero la expresó Anders Ericsson. Si aún no lo has leído, te recomiendo leer Anders Ericsson y Robert Pool: *Número uno: secretos para ser el mejor en lo que nos propongamos*. Barcelona: Conectada, 2017.
21. Doroty L. Sayers: "Why Work?" [¿Por qué trabajar?], en *Letters to a Diminished Church: Passionate Arguments for the Relevance of Christian Doctrine* [Cartas a una iglesia empequeñecida: argumentos apasionados sobre la relevancia de la doctrina cristiana]. Nashville: W Publishing, 2004, p. 132.
22. 2 Corintios 12:9.
23. Génesis 1:28.
24. "H7235-rabah-Strong's Hebrew Lexicon (KJV)" [en línea]. Blue Letter Bible. Disponible en <https://www.blueletterbible.org/lang/lexicon/lexicon.cfm?t=kjv&strongs=h7235>.
25. Juan 14:12.
26. Efesios 3:20.
27. Mateo 13:8.
28. B. J. Gallagher: "The Ten Awful Truths —and the Ten Wonderful Truths— About Book Publishing" [Las diez verdades horribles —y las diez verdades maravillosas— sobre publicar libros], [en línea]. *Huffpost*: 6 de diciembre de 2017. Disponible en <https://www.huffpost.com/entry/book-publishing_b_1394159>.
29. Deuteronomio 28:11.

Capítulo tres. El factor *X*

1. Elliot Forbes, ed.: *Thayer's Life of Beethoven* [La vida de Beethoven según Thayer], edición revisada, vol. 2. Princeton, NJ: Princeton University Press, 1967, p. 920.
2. Jonathan Kandell: "The Glorious History of Handel's Messiah" [La gloriosa historia del *Mesías* de Händel], [en línea]. *Smithsonian Magazine*: diciembre de 2009. Disponible en <https://www.smithsonianmag.com/arts-culture/the-glorious-history-of-handels-messiah-148168540>.
3. Eric W. Nye: "Pounds Sterling to Dollars: Historical Conversion of Currency" [De libras esterlinas a dólares: conversión histórica de la moneda]. Disponible en <https://www.uwyo.edu/numimage/currency.htm>.
4. "Messiah and George Frideric Handel" [*El Mesías* y Georg Friedrich Händel], [en línea]. Christianity.com: 28 de abril de 2010. Disponible en <https://www.christianity.com/church/church-history/timeline/1701-1800/messiah-and-george-frideric-handel-11630237.html>.
5. Salmos 84:11.
6. Mateo 7:9-11.
7. Warren Cole Smith: "The Drop Box Director on Coming to Christ" [El director de *Drop Box* sobre acercarse a Cristo], [en línea]. *World*: 3 de marzo de 2015. Disponible en <https://world.wng.org/2015/03/the_drop_box_director_on_coming_to_christ>.
8. 2 Corintios 10:5.
9. Deuteronomio 33:11.
10. Martin Luther King Jr.: "What Is Your Life's Blueprint?" [¿Cuál es el boceto de tu vida?], [en línea]. *The Seattle Times.* Disponible en <https://projects.seattletimes.com/mlk/words-blueprint.html>. Discurso pronunciado en Barratt Junior High School, Philadelphia, PA, el 26 de octubre de 1967.

11. "X Factor" [Factor X], [en línea]. *Diccionario Cambridge*: s. f. Disponible en <https://dictionary.cambridge.org/us/dictionary/english/x-factor>.
12. "X Factor" [Factor *X*], [en línea]. *Diccionario Oxford Living*: s. f. Disponible en <https://en.oxforddictionaries.com/definition/us/X_factor>.
13. Deuteronomio 33:16.
14. Gálatas 3:29.
15. Éxodo 9:1.
16. Santiago 4:2.

Capítulo cuatro. La constante de Avogadro

1. "Avogadro Constant" [en línea]. *Wikipedia: The Free Encyclopedia*: modificado por última vez el 9 de mayo de 2019, 2:52. Disponible en <https://en.wikipedia.org/wiki/Avogadro_constant>.
2. Números 6:24-26.
3. "Who, What, Why: Why Does the Military Insist on Saluting?" [Quién, qué, por qué: ¿Por qué los militares insisten en saludar?], [en línea]. BBC: 5 de enero de 2015. Disponible en <https://www.bbc.com/news/blogs-magazine-monitor-30679406>.
4. Éxodo 3:14.
5. Mateo 18:6.
6. Hay cuatro fuerzas primordiales en la física, pero muchos físicos creen en la existencia de una quinta fuerza, más misteriosa, que no pueden definir como un dato preciso. Yo utilizo el término de manera figurativa, pero creo que el Espíritu de Dios es quien anima al espíritu humano.
7. Hechos 17:28.
8. Proverbios 18:21.
9. Marcos 14:9.
10. 1 Pedro 2:9.

11. Agradezco a John Ortberg por este concepto. Lo he adaptado, pero la idea le pertenece a él.
12. Proverbios 25:11.
13. Apocalipsis 12:10-11.
14. 1 Pedro 1:18-19.
15. Efesios 1:7.
16. Hebreos 9:22.
17. Hebreos 10:19.
18. 1 Juan 1:7.
19. 1 Pedro 2:24.
20. Hebreos 9:14.
21. John Pickrell: "95 % of Thoroughbreds Linked to One Superstud" [El 95 % de los purasangre están ligados a un semental], [en línea]. New Scientist: 6 de septiembre de 2005. Disponible en <www.newscientist.com/article/dn7941-95-of-thoroughbreds-linked-to-one-superstud>.
22. Melissa Helser y Jonathan David Helser: "No Longer Slaves (Live)" [Ya no soy esclavo, en vivo], de Brian Johnson, Jonathan David Helser y Joel Case, *We Will Not Be Shaken (Live)* [No seremos sacudidos, en vivo], derechos de autor © 2015, Bethel Music.
23. William Cowper: "Hay una fuente", 1772, dominio público.
24. Lucas 2:14.
25. Deuteronomio 8:18.
26. 2 Corintios 9:11.
27. "Shalom" [en línea]. *Wikipedia: The Free Encyclopedia*: modificado por última vez el 28 de mayo de 2019, 9:49. Disponible en <https://en.wikipedia.org/wiki/Shalom>.
28. Génesis 35:11, NTV.
29. "Vulcan Salute" [en línea]. *Wikipedia: The Free Encyclopedia*: modificado por última vez el 21 de mayo de 2019, 20:03. Disponible en <https://en.wikipedia.org/wiki/Vulcan_salute>.
30. Números 6:24-26.

Capítulo cinco. Dios en manos de gente airada

1. "Famous Kin of Jonathan Edwards" [Parientes famosos de Jonathan Edwards], [en línea]. FamousKin.com. Disponible en <https://famouskin.com/famous-kin-menu.php?name=13924+-jonathan+edwards>.
2. Romanos 3:23.
3. Proverbios 6:16-19.
4. Malaquías 2:16.
5. Marcos 10:9.
6. Jonathan Edwards: *Pecadores en las manos de un Dios airado*. Estados Unidos: Chapel Library, 2013, p. 178 [del original en inglés].
7. Proverbios 9:10.
8. Romanos 2:4.
9. A. W. Tozer: *El conocimiento del Dios santo*. Miami: Editorial Vida, 2016, p. 1 [del original en inglés].
10. Zacarías 2:8.
11. Deuteronomio 10:15.
12. Isaías 62:12, RVR1960.
13. Job 1:8.
14. Romanos 8:34.
15. Salmos 23:6.
16. Éxodo 15:13.
17. Jeremías 31:3.
18. Cantares 8:6.
19. Sofonías 3:17.
20. 1 Juan 4:16.
21. Barbara Ehrenreich: *Living with a Wild God: A Nonbeliever's Search for the Truth About Everything* [Viviendo con un Dios salvaje: la búsqueda de un incrédulo de la verdad acerca de todo]. Nueva York: Hachette, 2014, p. 2.
22. Eric Metaxas: "National Prayer Breakfast" [Desayuno nacional de oración], [archivo de video]. C-SPAN: 2 de febrero de 2012.

Disponible en <www.c-span.org/video/?304149-1/national-prayer-breakfast>.

23. Apocalipsis 2:17.
24. Números 6:27.
25. "O. T. Names of God-Study Resources" [Los nombres de Dios en el Antiguo Testamento], [en línea]. Blue Letter Bible. Disponible en <https://www.blueletterbible.org/study/misc/name_god.cfm>.
26. Diana Nyad: *Find a Way: The Inspiring Story of One Woman's Pursuit of a Lifelong Dream* [Encuentra una forma: la inspiradora historia de una mujer que va tras el sueño de su vida]. Nueva York: Vintage Books, 2015, p. 15.
27. "Long-Distance Swimmer Diana Nyad" [La nadadora de larga distancia Diana Nyad], [en línea]. *National Geographic*: 13 de noviembre de 2013. Disponible en <https://www.nationalgeographic.com/adventure/features/adventurers-of-the-year/2014/diana-nyad>.
28. Diana Nyad, citada en Greg Myre: "On Fifth Try, Diana Nyad Completes Cuba-Florida Swim" [En el quinto intento, Diana Nyad completa a nado el trayecto Cuba-Florida], [en línea]. NPR: 2 de septiembre de 2013. Disponible en <https://www.npr.org/sections/thetwo-way/2013/09/02/218207861/diana-nyad-in-homestretch-of-cuba-florida-swim>.
29. Diana Nyad: *Find a Way*, pp. 27-28, (modificado para no incluir el acento griego).
30. Gabriel Barkay: "The Riches of Ketef Hinnom: Jerusalem Tomb Yields Biblical Text Four Centuries Older Than Dead Sea Scrolls" [Las riquezas de Ketef Hinnom: la tumba de Jerusalén entrega un texto bíblico cuatro décadas más antiguo que los rollos del Mar Muerto], [en línea]. *Biblical Archaeology Review*: julio/agosto-septiembre/octubre de 2009, 35(4), 23-24. Disponible en <https://www.baslibrary.org/biblical-archaeology-review/35/4/4>.

31. Deuteronomio 6:6-9.
32. Deuteronomio 6:4.
33. "Tefillin" [en línea]. *Wikipedia: The Free Encyclopedia*: modificado por última vez el 7 de mayo de 2019, 20:54. Disponible en <https://en.wikipedia.org/wiki/Tefillin>.
34. "Shekinah" [en línea]. Bible Hub. Disponible en <https://biblehub.com/topical/s/shekinah.htm>; "3519b. kabod" [en línea]. Bible Hub. Disponible en <https://biblehub.com/hebrew/3519b.htm>.
35. Mateo 11:28.

Capítulo seis. Lucha por ello

1. Angela Duckworth: *Grit: El poder de la pasión y la perseverancia*. Barcelona: Urano, 2016, p. 250 [del original en inglés].
2. Hudson Strode: "Sisu: A Word That Explains Finland" [Sisu, una palabra que explica a Finlandia], [en línea]. *New York Times*: 14 de enero de 1940. Disponible en <www.nytimes.com/1940/01/14/archives/sisu-a-word-that-explains-finland.html>.
3. Ibid.
4. Lucas 18:1-5.
5. Efesios 1:3.
6. "Louis Pasteur" [en línea]. Wikiquote: modificado por última vez el 26 de diciembre de 2018, 17:14. Disponible en <https://en.wikiquote.org/wiki/Louis_Pasteur>.
7. Génesis 32:23-31.
8. Génesis 32:30.
9. Génesis 25:26.
10. Kate Patterson: *The promise of Blessing* [La promesa de la bendición]. Edinburgo: Muddy Pearl, 2015, p. 14.
11. Gálatas 6:17, NTV.
12. Bryan Stevenson: *Por compasión: la lucha por los olvidados de la justicia en Estados Unidos*. Barcelona: Península, 2018, pp. 45-46 [del original en inglés].

13. “The Reagan Wit” [El ingenio de Reagan], [en línea]. CBS News: 20 de julio de 2014. Disponible en <https://www.cbsnews.com/news/the-reagan-wit>.
14. Ronald Reagan, citado en M. J. Stephey: “Top 10 Memorable Debate Moments” [Los diez momentos más sobresalientes del debate], [archivo de video]. *Time*. Disponible en <http://content.time.com/time/specials/packages/article/0,28804,1844704_1844706_1844612,00.html>.
15. 2 Timoteo 4:3.
16. Mateo 13:44.
17. Mateo 13:45-46.
18. 1 Pedro 5:4.
19. “God Moves in a Mysterious Way” [Dios se mueve de maneras misteriosas], [en línea]. *Wikipedia: The Free Encyclopedia*: modificado por última vez el 19 de abril de 2019, 14:04, <https://en.wikipedia.org/wiki/God_Moves_in_a_Mysterious_Way>.
20. Santiago 4:6.
21. Oswald Chambers: “Getting There” [Llegar allí], [en línea]. My Utmost for His Highest. Disponible en <https://utmost.org/classic/getting-there-3-classic>.

Capítulo siete. Una bendición disfrazada

1. “Letter to John Stuart (January 23, 1841)” [Carta a John Stuart, 23 de enero de 1841], [en línea]. Lincoln’s Writings: The Multi-Media Edition. Disponible en <http://housedivided.dickinson.edu/sites/lincoln/letter-to-john-stuart-january-23-1841>.
2. Henry Whitney, citado en Joshua Wolf Shenk: “Lincoln’s Great Depression” [La gran depresión de Lincoln], [en línea]. *Atlantic*: octubre de 2005. Dsiponible en <https://www.theatlantic.com/magazine/archive/2005/10/lincolns-great-depression/304247>.
3. Deuteronomio 31:6.
4. Isaías 61:3.

5. "How Spurgeon Scheduled His Week" [Cómo Spurgeon organizaba su semana], [en línea]. The Spurgeon Center: 27 de junio de 2017. Dsiponible en <https://www.spurgeon.org/resource-library/blog-entries/how-spurgeon-scheduled-his-week>.
6. Robert H. Ellison: "Charles Haddon Spurgeon: A Brief Biography" [Charles Haddon Spurgeon: una biografía breve], [en línea]. The Victorian Web. Disponible en <http://www.victorianweb.org/religion/sermons/chsbio.html>.
7. C. H. Spurgeon: "The Minister's Fainting Fits" [Los débiles puños del ministro], en *Lectures to My Students: A Selection from Addresses Delivered to the Students of the Pastors' College, Metropolitan Tabernacle* [Discursos a mis estudiantes: una selección de las charlas dadas a los estudiantes del Colegio del Pastor, Tabernáculo Metropolitano]. Londres: Passmore and Alabaster, 1883, pp. 173-174 [del original en inglés].
8. American Psychiatric Association: Diagnostic: *Manual diagnóstico y estadístico de los trastornos mentales (DSM-5)*. 5.ª edición. Argentina: Editorial Médica Panamericana, 2014.
9. Thomas Fuller: *A Pisgah Sight of Palestine and the Confines Thereof; with the History of the Old and New Testament Acted Thereon* [Una vista de Palestina y sus confines desde el Pisga; con la historia del Antiguo y Nuevo Testamento a partir de ahí]. Londres: William Tegg, 1869, p. 208.
10. Hebreos 4:15.
11. Gálatas 3:13-14.
12. "Second Temple: Israel's Messenger" [El Segundo templo: el mensajero de Israel]: 28 de agosto de 2005. Promises to Israel. Disponible en <https://promisestoisrael.org/second-temple>.
13. Zacarías 4:7.
14. "Famous Words of Lincoln and Lydgate" [Las famosas palabras de Lincoln y Lydgate], [en línea]. Scott Dunlop & Bivium. Disponible en <https://scottdunlop.wordpress.com/2007/09/07/

famous-word-of-lincoln-and-lydgate-you-cant-please-all-of-the-people-all-of-the-time>.

15. Marcus Aurelius: *Meditaciones*. Trad. y notas de Ramón Bach Pellicer. Barcelona: RBA; Buenos Aires: Del Nuevo Extremo, 2008, p. 60 [del original en inglés].
16. Ryan Holiday ha escrito un hermoso libro con este título: *El obstáculo es el camino. El arte inmemorial de convertir las pruebas en triunfos*. México: Océano, 2019.
17. Agradezco al pastor Zeb Mengistu por este pensamiento. Me enseñó esto cuando lo llevé a recorrer nuestro nuevo lugar de reunión en Capitol Hill, en marzo de 2019.
18. Génesis 50:20.
19. Zacarías 8:13, NTV.
20. Hebreos 12:2.
21. Salmos 51:17.
22. Génesis 47:7, NTV.
23. Génesis 47:10, NTV.

Capítulo ocho. Vivir con gran asombro

1. "Mission Status" [El estado de la misión], [en línea]. Jet Propulsion Laboratory. Disponible en <https://voyager.jpl.nasa.gov/mission/status>.
2. Hannah Ashworth: "How Long Is Your DNA?" [¿Qué tan largo es tu ADN?], [en línea]. *Science Focus*. Disponible en <https://www.sciencefocus.com/the-human-body/how-long-is-your-dna>.
3. Salmos 139:14.
4. Michael Cannon: "On Average, How Many Chemical Reactions Happen in the Body in One Second?" [En promedio, ¿cuántas reacciones químicas ocurren en tu cuerpo en un segundo?], [en línea]. Quora: 14 de abril de 2016. Disponible en <www.quora.com/On-average-how-many-chemical-reactions-happen-in-the-body-in-one-second>.

5. 3 Juan 1:2.
6. G. K. Chesterton: *Autobiografía*, Barcelona : Acantilado, 2003, p. 325 [del original en inglés].
7. Elizabeth Barrett Browning: "Aurora Leigh", en *Aurora Leigh, and Other Poems* [Aurora Leigh y otros poemas]. Nueva York: James Miller, 1866, p. 265.
8. Mateo 6:26.
9. Mateo 6:28.
10. "New Study Doubles the Estimate of Bird Species in the World" [Un nuevo estudio duplica la cantidad de especies de aves del mundo], [en línea]. American Museum of Natural History. Disponible en <https://www.amnh.org/about/press-center/new-study-doubles-the-estimate-of-bird-species-in-the-world>.
11. "Types of Lilies: A Visual Guide" [Tipos de lirios: una guía visual], [en línea]. FTD by Design: 19 de junio de 2017. Disponible en <https://www.ftd.com/blog/share/types-of-lilies>.
12. Thomas Carlyle: "El héroe considerado como divinidad", en *Sobre héroes. El culto al* héroe y lo heroico en la historia. Trad. de Pedro Umbert. España: Athenaica, 2017, p. 8 [del original en inglés].
13. Lewis Thomas: *Las vidas de la célula*, Barcelona: Ultramar, 1990, p. 21 [del original en inglés].
14. Apocalipsis 5:13.
15. "Western Meadowlarks: Sounds" [El turpial gorjeador: sonidos], [en línea]. The Cornell Lab of Ornithology. Disponible en <https://www.allaboutbirds.org/guide/Western_Meadowlark/sounds>.
16. "Pythagoras Quotes" [Citas de Pitágoras], [en línea]. AZ Quotes. Disponible en <https://www.azquotes.com/quote/1367132>.
17. Lucas 19:40.
18. Isaías 55:12.
19. Peter Wohlleben: *La vida secreta de los árboles. Descubre su mundo oculto: qué sienten, qué comunican*. Barcelona: Ediciones Obelisco, 2018, pp. 131-132 [del original en inglés].

20. Ibid., p. 7 [del original en inglés].
21. Ibid., p. 163 [del original en inglés].
22. Ibid., p. 29 [del original en inglés].
23. Ibid., p. 224 [del original en inglés].
24. Salmos 24:1.
25. Salmos 50:10, NTV.
26. Hayim Nahman Bialik y Yehoshua Hana Ravnitzky (eds.): *The Book of Legends: Legends from the Talmud and Midrash* [El libro de las leyendas: leyendas del Talmud y el Midrash]. Trad. por William G. Braude. Nueva York: Schocken Books, 1992, p. 772:125.
27. Ibid., p. 535:262.
28. Ibid., p. 533:253.
29. Ibid., p. 533:250.
30. Ibid., p. 535:259.
31. Midrash Tanchuma, Korach 12 [en línea]. Sefaria. Disponible en <https://www.sefaria.org/Midrash_Tanchuma%2C_Korach.12.1?vhe=Tsel_Midrash_Tanchuma&ven=Sefaria_Community_Translation&lang=bi&with=Versions&lang2=en>.
32. *El libro de las leyendas,* p. 533:250.
33. Jamie Ducharme: "7 Surprising Health Benefits of Gratitude" [7 beneficios sorprendentes de la gratitud para la salud], [en línea]. *Time*: 20 de noviembre de 2017. Disponible en <https://time.com/5026174/health-benefits-of-gratitude>.
34. Salmos 96:1.
35. Un pequeño gesto de gratitud con la canción que yo cantaba cuando era niño: "Cuenta tus bendiciones", de Johnson Oatman Jr., 1897, dominio público.
36. 1 Tesalonicenses 5:16-18.
37. Lamentaciones 3:22-23.
38. Lucas 17:15-16.
39. Marcos 8:22-25.

40. "Roman Plague of 590" [en línea]. *Wikipedia: The Free Encyclopedia*: modificado por última vez el 17 de febrero de 2019, 14:01. Disponible en <https://en.wikipedia.org/wiki/Roman_Plague_of_590>.
41. "God Bless You" [en línea]. *Wikipedia: The Free Encyclopedia*: modificado por última vez el 10 de mayo de 2019, 11:53. Disponible en <https://en.wikipedia.org/wiki/God_bless_you>.
42. "Germ Theory of Disease" [en línea]. *Wikipedia: The Free Encyclopedia*: modificado por última vez el 10 de mayo de 2019, 16:39. Disponible en <https://en.wikipedia.org/wiki/Germ_theory_of_disease>.
43. Leonard Sweet: *SoulSalsa: 17 Surprising Steps for Godly Living in the 21st Century* [SoulSalsa: 17 pasos sorprendentes para una vida piadosa en el siglo XXI]. Grand Rapids, MI: Zondervan, 2000, p. 18.

Capítulo nueve. La ley de medidas

1. Josué 1:3.
2. Lucas 6:38.
3. Mateo 6:21.
4. 2 Corintios 8:7.
5. Lucas 16:10.
6. Mateo 25:26.
7. Santiago 1:17.
8. Deuteronomio 8:18.
9. Marcos 6:35-44.
10. Lucas 21:1-2.
11. "Widow's Mites" [Las monedas de la viuda], [en línea]. Forvm Ancient Coins. Disponible en <www.forumancientcoins.com/catalog/roman-and-greek-coins.asp?vpar=812>. Puedes también consultar: "Lessons of the Widow's Mite" [Lecciones sobre la ofrenda de la viuda], [en línea]. *Wikipedia: The Free Encyclopedia*:

s. f. Disponible en <https://en.m.wikipedia.org/wiki/Lesson_of_the_widow%27s_mite>.
12. Lucas 21:3-4, NTV.
13. "James Cash Penney" [en línea]. The Truth… What Is It?: 12 de febrero de 2013. Disponible en <https://poptop.hypermart.net/testjcp.html>.
14. Civilla D. Martin: "God Will Take Care of You" [Dios cuidará de ti], citado en "J. C. Penney" [en línea]. Christianity.com: 28 de abril de 2010. Disponible en <https://www.christianity.com/church/church-history/timeline/1901-2000/jc-penney-11630672.html>.
15. Mateo 11:28.
16. "J. C. Penney", loc. cit.
17. Isadore Barmash: "J. C. Penney of Store Chain Dies; Built Business on «Golden Rule»" [Fallece J. C. Penney, el de la cadena de tiendas; había edificado su negocio basado en la "regla de oro"], [en línea]. *New York Times*: 13 de febrero 1971. Disponible en <https://www.nytimes.com/1971/02/13/archives/j-c-penney-of-store-chain-dies-built-business-on-golden-rule-j-c.html>.

Capítulo diez. Siembra las nubes

1. "Project Stormfury" [en línea]. *Wikipedia: The Free Encyclopedia*: modificado por última vez el 20 de septiembre de 2018, 23:29. Disponible en <https://en.wikipedia.org/wiki/Project_Stormfury>.
2. Ginger Strand: *The Brothers Vonnegut: Science and Fiction in the House of Magic* [Los hermanos Vonnegut: ciencia y ficción en la casa de la magia]. Nueva York: Farrar, Straus and Giroux, 2015, p. 52.
3. Ibid., p. 58.
4. Eclesiastés 11:4.
5. Marcos 16:20, RV60.
6. Efesios 2:10.

7. Josué 3:8.
8. 1 Reyes 18:41.
9. 1 Reyes 18:42.
10. La primera vez que escuché esta frase creo que fue de boca de nuestro pastor de oración, Heidi Scanlon.
11. Jeremías 1:12.
12. Filipenses 1:6.
13. 1 Reyes 18:44, NTV.
14. Jessica, mensaje de correo electrónico al autor.
15. Id.
16. Ginger Strand: op. cit., p.58.
17. Eclesiastés 11:6.
18. Hebreos 12:2.
19. Números 13-14.
20. Josué 14:12.
21. Mateo 17:20.

Capítulo once. El costo de oportunidad

1. Adam Grant: *Originales: cómo los inconformistas mueven el mundo*, Barcelona: Paidós, 2017, p. 2 [del original en inglés].
2. Lucas 14:28, NTV.
3. Mateo 13:45-46.
4. Puedes leer más sobre la historia de Stanley en este libro: *God Owns My Business* [Dios es el dueño de mi negocio]. Chicago: Wingspread, 2013.
5. Hechos 2:45.
6. "Keeping Up with the Joneses" [en línea]. *Wikipedia: The Free Encyclopedia*: modificado por última vez el 7 de abril de 2019, 23:52. Disponible en <https://en.wikipedia.org/wiki/Keeping_up_with_the_Joneses>.
7. Hechos 20:35.

8. "3107. makarios" [en línea]. Bible Hub. Disponible en <https://biblehub.com/greek/3107.htm>.
9. 1 Crónicas 4:10.
10. Isaías 54:2.
11. "How the Grinch Stole Christmas" [Cómo el Grinch robó la Navidad], [en línea]. Quotegeek.com. Disponible en <http://quotegeek.com/television-quotes/how-the-grinch-stole-christmas/9900>.
12. Proverbios 18:16.
13. 2 Corintios 9:11.
14. "3107. makarios", loc. cit.
15. Mateo 19:20.
16. Mateo 19:21.
17. Mateo 19:29.

Capítulo doce. El juego de dar

1. "Newton's Laws of Motion" [en línea]. *Wikipedia: The Free Encyclopedia*: modificado por última vez el 25 de abril de 2019, 17:40. Disponible en <https://en.wikipedia.org/wiki/Newton%27s_laws_of_motion>.
2. Mateo 7:2.
3. Hechos 20:35.
4. Elizabeth Dunn, Lara Aknin y Michael Norton, citados en Laura Vanderkam: *All the Money in the World: What the Happiest People Know About Wealth* [Todo el dinero del mundo: lo que la gente más feliz sabe acerca del dinero]. Nueva York: Portfolio/Penguin, 2013, pp. 161-62.
5. Mateo 25:34-40.
6. 2 Corintios 8:7.
7. "4052. perisseuó" [en línea]. Bible Hub. Disponible en <https://biblehub.com/greek/4052.htm>.
8. Marcos 6:35-44.

9. 2 Corintios 8:5, (traducido de la paráfrasis The Message).
10. Estas palabras se suelen atribuir a Aristóteles, pero son el resumen de Will Durant del sentimiento de Aristóteles en *Historia de la filosofía: la vida y el pensamiento de los más grandes filósofos del mundo*, 6.ª impresión. México: Diana, 1994, p. 98 [del original en inglés].
11. 1 Corintios 16:2.
12. 2 Corintios 8:11, NTV.
13. 2 Corintios 8:2.
14. 2 Corintios 8:3.
15. "The Science Behind Smiling" [La ciencia detrás de la sonrisa], [en línea]. Pick the Brain: 12 de noviembre de 2016. Disponible en <https://www.pickthebrain.com/blog/the-science-behind-smiling>.
16. Loc. cit.
17. Jennie Jerome, citado en Mary Mkandawire: "Leadership Is Influence" [El liderazgo es influencia], [en línea]. Dr. Mary: Living on Purpose: 14 de agosto de 2015. Disponible en <https://drmarylivingonpurpose.com/2015/08/14/leadership-is-influence>.
18. Marcos 5:30.
19. Marcos 5:31.
20. Hebreos 13:2.
21. Victoria, citado en Mkandawire: loc. cit.
22. C. S. Lewis: "Answers to Questions on Christianity" [Respuestas a preguntas sobre el cristianismo], en *God in the Dock: Essays on Theology and Ethics*. Walter Hooper (ed.). Grand Rapids, MI: Eerdmans, 1970, p. 52.
23. C. S. Lewis: loc. cit.
24. "Wonder Twins" [en línea]. *Wikipedia: The Free Encyclopedia*: modificado por última vez el 19 de febrero de 2019, 00:23. Disponible en <https://en.wikipedia.org/wiki/Wonder_Twins>.

25. Un pequeño gesto de reconocimiento a la película clásica *Elf*, dirigida por Jon Favreau, New Line Cinema, 2003.
26. Bob Goff: *A todos, siempre: amar en un mundo lleno de contratiempos y gente difícil*. Nashville, TN: Grupo Nelson, 2019, p. 107 [del original en inglés].

Capítulo trece. Cadena de favores

1. "Religion: Dynamic Kernels" [en línea]. *Time*: 30 de julio de 1945. Disponible en <http://content.time.com/time/magazine/article/0,9171,801686,00.html>.
2. Malaquías 3:10.
3. Brenda Ervin: "The Biblical Wheat Experiment" [El experimento bíblico del trigo], [en línea]. *The Lutheran Digest*: 25 de octubre de 2010. Disponible en <https://lutherandigest.com/2010/10/25/the-biblical-wheat-experiment>.
4. Juan 12:24, NTV.
5. Ervin: loc. cit. Ver también la calculadora de inflación de Estados Unidos, tomando los años 1952 y 2019, respectivamente, y un monto de inversión de 150 000 dólares. Disponible en <https://www.usinflationcalculator.com>.
6. "G3198-Melchisedek-Strong's Greek Lexicon (ESV)" [en línea]. Blue Letter Bible. Disponible en <www.blueletterbible.org/lang/lexicon/lexicon.cfm?Strongs=G3198&t=ESV>.
7. Mira, por ejemplo: "tithe" [en línea]. Dictionary.com: s. f. Disponible en <https://www.dictionary.com/browse/tithe>.
8. Hayim Nahman Bialik y Yehoshua Hana Ravnitzky (eds.): op. cit., p. 533:250.
9. *Cadena de favores*, dirigida por Mimi Leder, Warner Bros., 2000.
10. Josué 2:12.
11. "Rahab" [en línea]. *Wikipedia: The Free Encyclopedia*: modificado por última vez el 9 de mayo de 2019, 11:39. Disponible en <https://en.wikipedia.org/wiki/Rahab>.

12. Mateo 1:5.
13. Mateo 10:10, NTV.
14. Mateo 10:16.
15. Mateo 10:12-13, NTV.
16. Mateo 7:6, NTV.
17. Mateo 5:21-48.
18. Mateo 5:38.
19. Mateo 5:39.
20. "ex nihilo" [en línea]. *Merriam Webster.com*: s. f. Disponible en <https://www.merriam-webster.com/dictionary/ex%20nihilo>.
21. 2 Corintios 9:7.

Capítulo catorce. Morir en bancarrota

1. "Jules Léotard" [en línea]. *Wikipedia: The Free Encyclopedia*: modificado por última vez el 16 de abril de 2019, 18:07. Disponible en <https://en.wikipedia.org/wiki/Jules_L%C3%A9otard>.
2. Amy Chillag y Bianca Britton: "For Cirque du Soleil's Trapeze Artists, It's Hard Work to Fly Right" [Para los trapecistas del Cirque du Soleil, es un trabajo arduo el volar bien], [en línea]. CNN: 27 de marzo de 2017. Disponible en <https://www.cnn.com/2016/10/12/travel/cirque-du-soleil-trapeze-vargas/index.html>.
3. John Wesley, citado en "John D. Rockefeller—the Man Who Gave Away Shiny New Dimes" [John D. Rockefeller, el hombre que regalaba monedas relucientes de diez centavos], [en línea]. Wealthymatters.com: 2 de junio de 2012. Disponible en <https://wealthymatters.com/2012/06/02/john-d-rockefeller-the-man-who-gave-away-shiny-new-dimes>.
4. "Martin Luther Quotes" [Citas de Martin Lutero], [en línea]. BrainyQuote. Disponible en <https://www.brainyquote.com/quotes/martin_luther_390009>.
5. Juan 6:5.

6. Juan 6:7.
7. Juan 6:6, NTV.
8. Juan 6:9, NTV.
9. Génesis 1:28, NTV.
10. Adaptado de Abraham Cohen: *Everyman's Talmud: The Major Teachings of the Rabbinic Sages* [El Talmud de todo hombre: las principales enseñanzas de las sagas rabínicas]. Nueva York: Schocken Books, 1975, pp. 187-88.
11. Cohen, A.: op. cit., p. 188.
12. Loc. cit.
13. Adam Grant: *Dar y recibir:* cómo ayudar a los demás nos conduce al éxito. México: Editorial Océano de México, 2018, p. 4 [del original en inglés].
14. John Ortberg escribió un libro sobre este tema titulado *Cuando el juego termina, todo regresa a la caja*, Miami: Editorial Vida, 2009.
15. Adam Grant cita un estudio de un CEO en su libro *Dar y recibir*, op. cit., pp. 35-36 [del original en inglés].
16. Mateo 12:34.
17. Nissan Mindel: "Sir Moses Montefiore" [en línea]. Chabad.org. Disponible en <https://www.chabad.org/library/article_cdo/aid/112353/jewish/Sir-Moses-Montefiore.htm>.
18. Menachem Levine: "Sir Moses Montefiore: A Brief History" [en línea]. Aish.com: 10 de noviembre de 2018. Disponible en <https://www.aish.com/jw/s/Sir-Moses-Montefiore-A-Brief-History.html>.
19. Levine: loc. cit.
20. Gary Thomas: "Wise Christians Clip Obituaries" [Los cristianos sabios recortan los obituarios], [en línea]. *Christianity Today*: 3 de octubre de 1994. Disponible en <https://www.christianitytoday.com/ct/1994/october3/4tb024.html>.
21. 1 Timoteo 6:10.

22. Mark Batterson: *El hacedor de círculos: cómo rodear de oración nuestros principales anhelos y desafíos*. Miami: Editorial Vida, 2012, p. 192 [del original en inglés].
23. Marcos 8:36, RVC.
24. Mateo 10:39.
25. James O'Shea: "Chuck Feeney, Unsung Hero, Honored by IrishCentral, Guinness" [Chuck Feeney, el héroe olvidado, honrado por el IrishCentral, Guinness], [en línea]. IrishCentral: 6 de agosto de 2015. Disponible en <https://www.irishcentral.com/culture/chuck-feeney-unsung-hero-honored-by-irishcentral-guinness>.
26. Steven Bertoni: "Chuck Feeney: The Billionaire Who Is Trying to Go Broke" [Chuck Feeney: el billonario que está intentando ir a la quiebra], [en línea]. *Forbes*: 18 de septiembre de 2012. Disponible en <https://www.forbes.com/sites/stevenbertoni/2012/09/18/chuck-feeney-the-billionaire-who-is-trying-to-go-broke>.
27. "Chuck Feeney" [en línea]. *Wikipedia: The Free Encyclopedia*: modificado por última vez el 30 de abril de 2019, 19:32. Disponible en <https://en.wikipedia.org/wiki/Chuck_Feeney>.

Capítulo quince. La octava maravilla del mundo

1. Alfred F. Young: *The Shoemaker and the Tea Party: Memory and the American Revolution* [El zapatero y el motín del té: la memoria y la revolución americana]. Boston: Beacon, 1999, p. 44.
2. "Lydia Darragh" [en línea]. *Wikipedia: The Free Encyclopedia*: modificado por última vez el 8 de mayo de 2019, 20:47. Disponible en <https://en.wikipedia.org/wiki/Lydia_Darragh>.
3. Alissa Walker: "10 of History's Deadliest Construction Projects" [Diez de los proyectos de construcción más letales de la historia], [en línea]. Gizmodo: 28 de agosto de 2014. Disponible en <https://gizmodo.com/10-of-historys-deadliest-construction-projects-1588099877>.

4. "William C. Gorgas" [en línea]. *Wikipedia: The Free Encyclopedia*: modificado por última vez el 3 de mayo de 2019, 19:10. Disponible en <https://en.wikipedia.org/wiki/William_C._Gorgas>.
5. Chris Myers Asch y George Derek Musgrove: *Chocolate City: A History of Race and Democracy in the Nation's Capital* [La ciudad del chocolate: una historia de raza y democracia en la capital de la nación]. Chapel Hill: University of North Carolina Press, 2017, pp. 49-53.
6. "A Slave Who Sued for Her Freedom" [Una esclava que demanda su libertad], [en línea]. *The Atlantic*: 1 de mayo de 2018. Disponible en <https://www.theatlantic.com/video/index/559364/ann-williams>.
7. "Her Story: From Anna to Ann Williams" [Su historia: de Anna a Ann Williams], [en línea]. Anna. Disponible en <http://annwilliamsfilm.com/herstory>.
8. Éxodo 17:12-14.
9. 2 Samuel 19:32.
10. 2 Samuel 17:28-29.
11. 2 Samuel 19:36, NTV.
12. 2 Samuel 19:39.
13. Romanos 16:2.
14. John Rinehart: *Gospel Patrons: People Whose Generosity Changed the World* [Patrocinadores del Evangelio: personas cuya generosidad cambió el mundo]. Reclaimed Publishing, 2013, p. 31.
15. Lucas 8:1-3, NTV.
16. "Angel Investor" [en línea]. Investopedia: 31 de marzo de 2019. Disponible en <https://www.investopedia.com/terms/a/angelinvestor.asp>.
17. Catholic News Service: "Feast of St. Mary Magdalene" [La fiesta de santa María Magdalena], [en línea]. *The Catholic Sun*: 22 de julio de 2018. Disponible en <https://www.catholicsun.org/2018/07/22/feast-of-st-mary-magdalene>.

18. “Einstein’s 8th Wonder of the World” [La octava maravilla del mundo de Einstein], [en línea]. ClearWealth Asset Management. Disponible en <https://www.clearwealthasset.com/einsteins-8th-wonder-of-the-world>.
19. “Six Preachers” [en línea]. *Wikipedia: The Free Encyclopedia*: modificado por última vez el 11 de marzo de 2017, 22:38. Disponible en <https://en.wikipedia.org/wiki/Six_Preachers>.
20. “Field of View” [en línea]. *Wikipedia: The Free Encyclopedia*: modificado por última vez el 13 de marzo de 2019, 23:52. Disponible en <https://en.wikipedia.org/wiki/Field_of_view>.
21. Efesios 2:10.
22. Lucas 10:35, RVR1960.
23. Bruce Wilkinson: *Tú naciste para esto: Siete llaves para una vida de milagros previsibles*, Miami: Unilit, pp. 153-154 [del original en inglés].
24. Ibid., pp. 154-155 [del original en inglés].
25. Ibid., p. 159 [del original en inglés].
26. ”Lady Huntingdon and Her Friends” [Lady Huntingdon y sus amigos], [en línea]. Revival Library. Disponible en <http://www.revival-library.org/index.php/catalogues-menu/1725/lady-huntingdon-and-her-friends>.
27. “Fetter Lane Society” [en línea]. *Wikipedia: The Free Encyclopedia*: modificado por última vez el 18 de enero de 2019, 10:02. Disponible en <https://en.wikipedia.org/wiki/Fetter_Lane_Society>.
28. Rinehart: op. cit., p. 58.
29. E. A. Johnston: *George Whitefield: A Definitive Biography* [George Whitefield: una biografía definitiva]. Tentmaker, 2009, vol. 2, pp. 504-505. Ver además: <http://lists.project-wombat.org/pipermail/project-wombat-fm-project-wombat.org/2018-March/000747.html>.
30. Rinehart: op. cit., pp. 82-83.

Capítulo dieciséis. Jugar un juego a largo plazo

1. Peter Jeppson: "Benjamin Franklin's Experiment with Compound Interest Will Astound You" [El experimento de Benjamin Flanklin con el interés compuesto te asombrará], [en línea]. Money Mastery: 23 de enero de 2016. Disponible en <https://moneymastery.com/benjamin-franklins-experiment-with-compound-interest-will-astound-you>.
2. 1 Samuel 14:6.
3. Hebreos 11:24-26, NTV.
4. "Blaise Pascal Quotes" [Citas de Blaise Pascal], [en línea]. Goodreads. Disponible en <https://www.goodreads.com/quotes/395165-our-imagination-so-magnifies-the-present-because-we-are-continually>.
5. Un pequeño gesto a modo de recordatorio del clásico de Francis Schaeffer, *How Should We Then Live? The Rise and Decline of Western Thought and Culture* [Entonces, ¿cómo viviremos? El levantamiento y la caída del pensamiento y la cultura occidental]. Wheaton, IL: Crossway Books, 1983.
6. Jeremías 28:15.
7. Jeremías 29:11.
8. Jeremías 29:5-6.
9. Leslie Odom Jr., Lin-Manuel Miranda y el reparto original de *Hamilton*: "The World Was Wide Enough" [El mundo es lo suficientemente amplio], de Lin-Manuel Miranda: *Hamilton (Grabación original de Broadway Hamilton),* derechos de autor © 2015, Hamilton Uptown LLC.
10. Jeremías 29:7.
11. Salmos 2:8, NTV.
12. International Organization for Migration: *World Migration Report 2015: Migrants and Cities—New Partnerships to Manage Mobility* [Reporte sobre la migración mundial 2015: nuevas contribuciones para manejar la movilidad], [en línea]. 2015:1.

Disponible en <https:www.iom.int/sites/default/files/country/docs/syria/IOM-World-Migration-Report-2015-Overview.pdf>.

13. Michelle Boorstein: "Does a Religious Community Need Its Own Building to Flourish?" [¿Una comunidad religiosa necesita su propio edificio para crecer?], [en línea]. *Washington Post*: 23 de noviembre de 2018. Disponible en <https://www.washingtonpost.com/local/social-issues/does-a-religious-community-need-its-own-building-to-flourish/2018/11/23/d350ca6c-ed1d-11e8-baac-2a674e91502b_story.html?utm_term=.b3ffff5bc0c1>.
14. George Bernard Shaw: *Back to Methuselah: A Metabiological Pentateuch* [De regreso a Matusalén: un Pentateuco metabiológico]. Nueva York: Brentano's, 1921, p. 6.
15. "QuickFacts: District of Columbia" [Datos rápidos: Distrito de Columbia], [en línea]. United States Census Bureau. Disponible en <https://www.census.gov/quickfacts/fact/table/dc/PST045217>.
16. Martin Austermuhle: "D.C. Homeless Population Decreases for Second Year, but Advocates Worry Many Are Still at Risk" [La población sin hogar de D. C. disminuye por segundo año, pero los defensores temen que muchos sigan en riesgo], [en línea]. WAMU: 8 de mayo de 2018. Disponible en <https://wamu.org/story/18/05/08/d-c-homeless-population-decreases-second-year-advocates-worry-many-still-risk>.
17. "Breakdown of Foster Care System" [Colapso en el sistema de crianza de acogida], [en línea]. Best Kids. Disponible en <https://www.bestkids.org/uploads/2/7/0/6/27067547/bestkidsbrochureupdated_2019.pdf>.
18. Emma Lazarus: "The New Colossus" [El nuevo coloso], [en línea]. Poetry Foundation. Disponible en <https://www.poetryfoundation.org/poems/46550/the-new-colossus>.
19. Mateo 25:40.
20. Santiago 4:2.
21. Mateo 7:7.

22. Jim Elliot, citado en Elisabeth Elliot: *Portales de esplendor*. Grand Rapids, Mich.: Editorial Portavoz, 1959, p. 172 [del original en inglés].

Epílogo. El año de bendición

1. "The Tomb of the Unknown Soldier" [La tumba del soldado desconocido], [en línea]. Arlington National Cemetery. Disponible en <https://www.arlingtoncemetery.mil/Explore/Tomb-of-the-Unknown-Soldier>.
2. Elizabeth M. Collins: "The Tomb of the Unknowns" [La tumba de los desconocidos], [en línea]. US Army: 26 de abril de 2010. Disponible en <https://www.army.mil/article/38013/the_tomb_of_the_unknowns>.
3. "H1288-Barak-Strong's Hebrew Lexicon (KJV)" [en línea]. Blue Letter Bible. Disponible en <https://www.blueletterbible.org/lang/lexicon/lexicon.cfm?t=kjv&strongs=h1288>.
4. John Newton: "Sublime Gracia", en *The Broadman Hymnal*. Nashville: Broadman, 1940, dominio público.
5. Números 15:22-29.
6. Charles Wesley: "Oh, que tuviera lenguas mil", 1739, dominio público.
7. 1 Corintios 10:13.
8. Lucas 4:1-12.
9. Lucas 4:18-19.
10. Lucas 4:21.
11. Isaías 61:2.
12. Juan 3:17.
13. Juan 1:12.
14. 2 Corintios 6:2.
15. Bernard Heinrich: *The Homing Instinct: Meaning & Mystery in Animal Migration* [El instinto del hogar: significado y misterio en

la migración animal]. Nueva York: Houghton Mifflin Harcourt, 2014, pp. 67-68.

16. San Agustín: *Confesiones*, Barcelona: Austral, 2017, p. 3 [del original en inglés].
17. Papa Francisco: *El nombre de Dios es misericordia: una conversación con Andrea Tornielli*, México D. F.: Planeta, 2016, p. 68 [de la versión en inglés].

Mark Batterson es un autor de quince superventas del New York Times, entre ellos *Susurro*, *Persigue tu león* y *El hacedor de círculos*. Es pastor principal de la National Community Church, una de las iglesias más innovadoras e influyentes de Estados Unidos. NCC es una iglesia que posee ocho centros de reunión y tiene la cafetería Ebenezer, el Teatro Milagro y el Centro Soñar. Mark tiene un doctorado en ministerio de la Universidad Regent. Él y su esposa Lora tienen tres hijos y viven en Capitol Hill.